JN441606

Travel Management & Practice

NCS 적용한 4차산업을 위한

여행경영실무

| 김규영 · 이정은 · 석미란 · 변효정 |

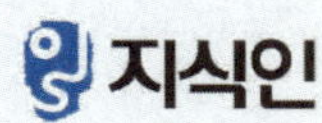

NCS 적용한 4차산업을 위한

여행경영실무

2018년 8월 10일 초판 1쇄 인쇄
2018년 8월 15일 초판 1쇄 발행

지은이 | 김규영 · 이정은 · 석미란 · 변효정
펴낸이 | 김종욱
펴낸곳 | 지식인
등 록 | 제301-2013-134호
주 소 | 서울시 도봉구 도봉로 180길 20 투웨니퍼스트 102동 602호
전 화 | 02)2266-8606 (대)
팩 스 | 02)2266-8607
E-mail | jisikin2013@naver.com
홈페이지 | www.jisikinbook.co.kr

ISBN 979-11-88105-22-9 (93320)

값 18,000원

NCS 적용한 4차산업을 위한

여행경영실무

PREFACE

관광산업 가운데 대표적인 여행사업은 시대적 여러 환경 속에서 변화하며 무역외수지 분야로서 국가경제 발전에 큰 영향을 미치고 있다. 특히 1988년 국외여행자유화제도 이후 여행사는 대한민국 관광산업을 발전·성장시키는데 큰 견인차의 역할을 해오고 있지만, 2017년 한해 중국관광객 감소와 대한민국 국민들의 해외여행 증가로 14조 7억원의 관광역조 현상을 보이고 있는 것이 현실이다. 특히 IT산업의 급격한 발전과 변화, 다양한 융·복합의 시대, 4차산업 시대를 맞이하여 복잡한 내·외적 환경변화 속에서 여행사의 경영은 효율성뿐만 아니라 관계직원들의 역할이 더욱 중요해지고 있다.

관광학은 사회과학 학문의 한 분류로, 이론과 실무를 결합하고 있는 종합적이고 실무적인 학문이다. 특히 여행사 업무는 언제든지 현장 업무에 투입될 수 있으며, 현장의 실무 업무가 가능하다고 할 수 있다. 이렇게 현장능력을 발휘하기 위해서는 여러 가지 이론적 지식과 업무 관련 능력에 대한 이해를 바탕으로 한 습득과 경험이 필요하다.

여행사를 통한 해외여행을 하는 관광객이 출발 전부터 도착하기까지 모든 것을 즐겁고 아름다운 기억으로 남을 수 있는 여행을 할 수 있도록 도와주는 업무로서 주로 여행인솔, 가이드 업무인 것이다. 그렇기에 여행에 관한 모든 책임을 지는 여행사와, 그 속에 함께 하는 여행인솔자 혹은 가이드들이 관광객이 처음부터 끝까지 불편함이 없도록 함께 하며 여행에 관련되는 관광정보를 제공해야 되는 책임과 의무를 가지고 있다.

이 책은 국가직무능력표준(NCS) 교육과정에 기반을 둔 『여행경영실무』로, 먼저 주제에 관한 이론적 내용을 설명하고 그 다음 현장실무 업무를 이해할 수 있도록 하였으며, 여기에는 서식 및 사례를 첨가하는 형태로 구성되어 있다. 세부적으로 NCS 교육과정의 이해, 여행사업의 이해, 경영수익, 여행일정표 작성, 여행요금 산출 등 여행에 관련한 전반적인 경영 업무와 국외여행인솔에 관련된 출국 전 사전 준비에서부터 출입국 절차, 탑승 진행, 현지행사 진행, 위기관리, 행사 후 귀국 절차, 정산 및 최종 업무보고 등 단계별로 실무습득에 필요한 내용 등으로 이루어져 있다. 그리고 최근 여행경영실무에서 약간 소외되었던 국내여행과 관련하여 여행상품과 6대 광역시의 여행상품에 대해 파악하고자 했다. 특히 NCS 국가직무능력표준 교과과정에 기반을 두어 국외여행 안내 업무들을 중심으로 관광 관련학과에서 단기간의 집중적인 교육을 통해 현장에서 효율적으로 사용될 수 있는 실무 위주로 구성하였다. 이를 알기 쉽게 설명하여 학습자의 이해를 돕고자 하였다.

마지막으로, 여러 가지 어려운 환경 속에서 흔쾌히 출판을 허락해주신 지식인에 감사를 드린다.

저자 일동

CONTENTS

국가직무능력표준(NCS) 이해

제1절 국가직무능력표준

1. 국가직무능력표준

1) 국가직무능력표준의 개념

국가직무능력표준National Competency Standards : NCS은 산업 현장에서 직무를 수행하기 위해 요구하는 지식과 기술, 소양을 국가가 체계화한 시스템이다. 직무에 필요한 능력을 부문별로 상세화하여 해당 기업의 지원자가 직무에 얼마나 적합한지 알려주는 기준이 된다. 국가직무능력표준을 간단히 표현하면, 산업 현장의 직무요구서 또는 직무기술서Job Descriptions이다.

유럽을 포함한 선진국들은 대체로 공급자인 학교 중심이 아닌 인력을 필요로 하는 수요자인 산업체가 중심이 되어 현장 중심으로 인재를 양성 · 배출하고 있다. 그러나 우리나라는 전통적으로 학교 중심의 교육을 통해 인재를 양성해왔고, 학문 위주나 상급학교 진학준비 위주의 교육이 진행되어 왔다. 이처럼 학교에서 현장과는 동떨어진 학문 위주의 교육으로 인해, 학생들은 졸업 후 취업을 하더라도 상당기간 동안 재교육을 통해 현장업무에 배치되어야만 한다. 학교에서 학습한 지식이나 교육이 산업 현장과 연계성이 떨어진다는 것으로, 이로 인한 사회적 비용이 많이 소요되고 있지만, 이러한 문제가 해결되기보다는 더욱 심화되고 있다. 이로 인해 교육과 현장의 미스매칭을 해소하여 산업 현장과 학교 간의 연계 방법이 필요했다. 그 방법이 바로 NCS이다. NCS의 핵심 키워드는 지금까지 교육의 초점을 '지식을 알고 있느냐'에서 '무엇을 할 수 있느냐'로 옮기는 것이다(박동열, 2013).

NCS는 산업 현장에서 직무를 수행하기 위해 요구되는 지식 · 기술 · 소양 등의 내용을 국가가 산업부문별 · 수준별로 체계화한 것으로, 산업 현장의 직무를 성공적으로 수행하기 위해 필요한 능력(지식, 기술, 태도)을 국가적 차원에서 표준화한 것을 의미한다(이순구 · 박미선, 2014).

우리나라의 국가직무능력표준은 「자격기본법」 제1장 총칙 제2조2항에 규정되어 있다. "산업 현장에서 직무를 수행하기 위해 요구되는 지식, 기술, 소양 등의 내용을 국가가 산업부문별 · 수준별로 체계화한 것을 말한다."라고 정의하고 있다.

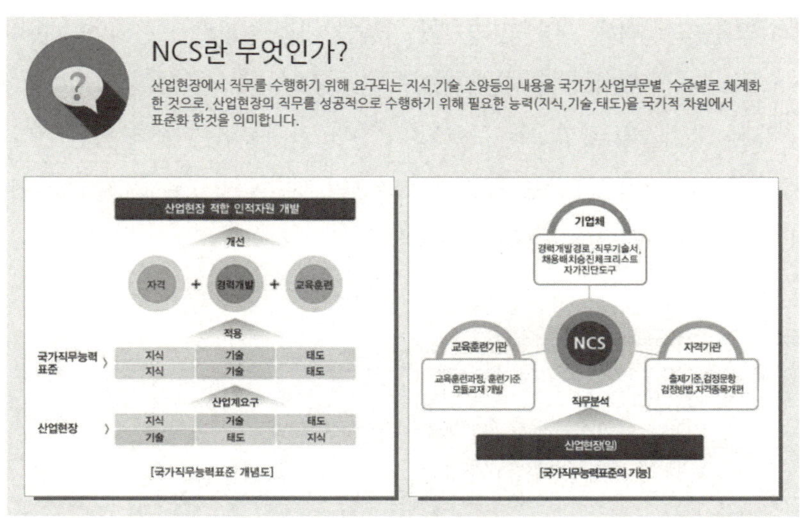

그림 1.1 국가직무능력표준 개념

2) 국가직무능력표준의 분류체계 및 구성

국가직무능력표준의 분류체계는 직무의 유형Type을 중심으로 국가직무능력표준의 단계적 구성을 나타내는 것으로, 국가직무능력표준 개발의 전체적인 로드맵을 제시한다. NCS의 분류체계는 대분류, 중분류, 소분류, 세분류, 능력단위 등으로 구분된다.

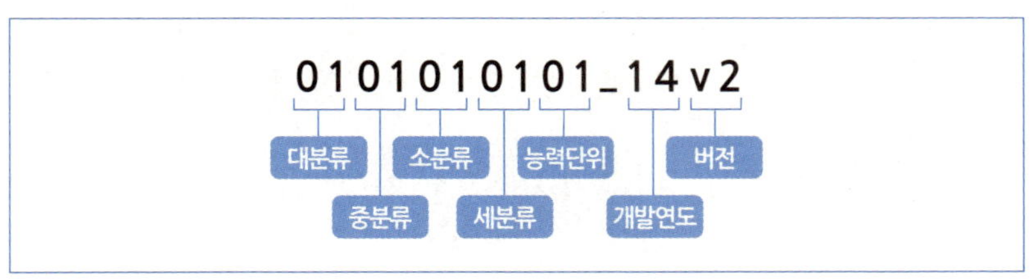

그림 1.2 국가직무능력표준 분류

NCS는 실제적인 직무수행 능력을 지향하기 때문에 단순히 지식을 나열하는 것으로 끝나지 않고, 산업 현장에서 성공적인 직무능력 목표에 도달하기 위해 어떤 실제적인 훈련을 했는지에 관심을 가진다. 따라서 NCS 기반 교육훈련 과정 개설 시 교육훈련 목표는 관찰 가능한 행동 목표로 진술된다. 산업 현장에서 어느 정도 직무를 수행할 수 있는지에 대해 관찰 및 평가가 가능한 행동 결과로 표현되어야 한다. 또한 NCS는 모듈Module의 형태로 구성된 것으로, 국가직무능력표준에서 직무능력은 여러 능력 단위Unit 요소들의 집합으로 구성되어 있다. 직무능력은 능력 위의 분류체계에서 세 분류를 의미하고, 세 분류 단위에서 표준이 개발되는 것을 원칙으로 한다(교육부, 2015). NCS 세부 분류기준은 표 1.1과 같다.

표 1.1 국가직무능력표준(NCS) 세부 분류기준

분 류	하위 능력
대분류	• 직능 유형이 유사한 분야(한국고용직업분류 참조)
중분류	• 대분류 내에서 산업이 유사한 분야 • 대분류 내에서 노동시장이 독립적으로 형성되거나 경력개발 경로가 유사한 분야 • 중분류 수준에서 산업별 인적자원개발협의체가 존재하는 분야
소분류	• 중분류 내에서 직능 유형이 유사한 분야 • 소분류 수준에서 산업별 인적자원개발협의체가 존재하는 분야 • 소분류 내에서 직능 유형이 유사한 분야

자료 : www.ncs.go.kr

직무란 세분류를 뜻하며, 능력단위의 집합이 된다. 즉 산업 현장의 어떤 직무를 NCS로 표준화 할 때 세분류가 직무의 단위가 된다. NCS에서 강조하는 '할 수 있는가'에 대한 관점에서 가장 핵심단위는 능력단위이며, 능력단위는 일련의 능력단위 요소로 구성된다. 또한 능력단위는 수행준거, 지식 · 기술 · 태도, 적용범위 및 작업상황, 평가지침, 직업기초능력으로 구성된다(서헌, 2016). 이러한 항목들은 표 1.2와 같은 항목적 특징이 있다.

표 1.2 국가직무능력표준(NCS) 구성항목

항 목	내 용
01. 능력단위분류번호 (competency unit code)	• 능력단위를 구분하기 위하여 부여되는 일련번호로서 14자리로 표현
02. 능력단위 명칭 (competency unit title)	• 능력단위의 명칭을 기입한 것
03. 능력단위 정의 (competency unit description)	• 능력단위의 목적, 업무수행 및 활용범위를 개략적으로 기술
04. 능력단위 요소 (competency unit element)	• 능력단위를 구성하는 중요한 핵심 하위능력을 기술
05. 수행준거 (performance criteria)	• 능력단위 요소별로 성취 여부를 판단하기 위해 개인이 도달해야 하는 수행기준을 제시
06. 지식 · 기술 · 태도 (KSA)	• 능력단위 요소를 수행하는데 필요한 지식 · 기술 · 태도
07. 적용범위 및 작업 상황 (range of variable)	• 능력단위를 수행하는데 있어 관련되는 범위와 물리적 혹은 환경적 조건 • 능력단위를 수행하는데 있어 관련되는 자료, 서류, 장비, 도구, 재료
08. 평가지침 (guide of assessment)	• 능력단위의 성취 여부를 평가하는 방법과 평가 시 고려되어야 할 사항
09. 직업 기초능력 (key competency)	• 직업인으로서 기본적으로 갖추어야 할 공통 능력

NCS는 표 1.3과 같이 수준체계를 가지고 있다. 수준체계는 산업 현장 직무의 수준을 체계화한 것으로, '산업 현장 - 교육 훈련 - 자격' 연계, 평생학습 능력, 성취단계 제시, 자격의 수준체계 구성에서 활용한다. 1~8단계의 수준체계에 따라 능력단위 및 능력단위 요소별 수준을 평정하여 제시하게 된다. 이러한 수준이 높을수록 지식 · 기술 · 태도 및 역량과 경력이 축적되는 정도가 높음을 의미한다(백평구, 2013).

표 1.3 국가직무능력표준(NCS) 수준체계

수 준	수준 정의	
8수준	정의	해당분야에 대한 최고도의 이론 및 지식을 활용하여 새로운 이론을 창조할 수 있고, 최고도의 숙련으로 광범위한 기술적 작업을 수행할 수 있으며 조직 및 업무 전반에 대한 권한과 책임이 부여된 수준
	지식 기술	해당분야에 대한 최고도의 이론 및 지식을 활용하여 새로운 이론을 창조할 수 있는 수준 최고도의 숙련으로 광범위한 기술적 작업을 수행할 수 있는 수준
	역량	조직 및 업무 전반에 대한 권한과 책임이 부여된 수준
	경력	수준7에서 2~4년 정도의 계속 업무 후 도달 가능한 수준

수 준	수준 정의	
7수준	정의	해당분야의 전문화된 이론 및 지식을 활용하여, 고도의 숙련으로 광범위한 작업을 수행할 수 있으며, 타인의 결과에 대하여 의무와 책임이 필요한 수준
	지식 기술	해당분야의 전문화된 이론 및 지식을 활용할 수 있으며, 근접 분야의 이론 및 지식을 사용할 수 있는 수준 고도의 숙련으로 광범위한 작업을 수행하는 수준
	역량	타인의 결과에 대해 의무와 책임이 필요한 수준
	경력	수준6에서 2~4년 정도의 계속 업무 후 도달 가능한 수준
6수준	정의	독립적인 권한 내에서 해당분야의 이론 및 지식을 자유롭게 활용하며, 일반적인 숙련으로 다양한 과업을 수행하고, 타인에게 해당분야의 지식 및 노하우를 전달할 수 있는 수준
	지식 기술	해당분야의 이론 및 지식을 자유롭게 활용할 수 있는 수준 일반적인 숙련으로 다양한 과업을 수행할 수 있는 수준
	역량	타인에게 해당분야의 지식 및 노하우를 전달할 수 있는 수준 독립적인 권한 내에서 과업을 수행할 수 있는 수준
	경력	수준5에서1~3년 정도의 계속 업무 후 도달 가능한 수준
5수준	정의	포괄적인 권한 내에서 해당분야의 이론 및 지식을 사용하여 매우 복잡하며 비일상적인 과업을 수행하고, 타인에게 해당분야의 지식을 전달할 수 있는 수준
	지식 기술	해당분야의 이론 및 지식을 사용할 수 있는 수준 매우 복잡하고 비일상적인 과업을 수행할 수 있는 수준
	역량	타인에게 해당분야의 지식을 전달할 수 있는 수준 포괄적인 권한 내에서 과업을 수행할 수 있는 수준
	경력	수준4에서 1~3년 정도의 계속 업무 후 도달 가능한 수준
4수준	정의	일반적인 권한 내에서 해당분야의 이론 및 지식을 제한적으로 사용하여 복잡하고 다양한 과업을 수행하는 수준
	지식 기술	해당분야의 이론 및 지식을 제한적으로 사용할 수 있는 수준 복잡하고 다양한 과업을 수행할 수 있는 수준
	역량	일반적인 권한 내에서 과업을 수행할 수 있는 수준
	경력	수준3에서 1~4년 정도의 계속 업무 후 도달 가능한 수준
3수준	정의	제한된 권한 내에서 해당분야의 기초이론 및 일반지식을 사용하여 다소 복잡한 과업을 수행하는 수준
	지식 기술	해당분야의 기초이론 및 일반지식을 사용할 수 있는 수준 다소 복잡한 과업을 수행하는 수준
	역량	제한된 권한 내에서 과업을 수행하는 수준
	경력	수준2에서 1~3년 정도의 계속 업무 후 도달 가능한 수준
2수준	정의	일반적인 지시 및 감독 하에 해당분야의 일반지식을 사용하여 절차화 되고 일상적인 과업을 수행하는 수준
	지식 기술	해당분야의 일반지식을 사용할 수 있는 수준 절차화 되고 일상적인 과업을 수행하는 수준
	역량	일반적인 지시 및 감독 하에 과업을 수행하는 수준
	경력	수준1에서 6~12개월 정도의 계속 업무 후 도달 가능한 수준
1수준	정의	구체적인 지시 및 철저한 감독 하에 문자이해, 계산능력 등 기초적인 일반지식을 사용하여 단순하고 반복적인 과업을 수행하는 수준
	지식 기술	문자이해, 계산능력 등 기초적인 일반지식을 사용할 수 있는 수준 단순하고 반복적인 과업을 수행하는 수준
	역량	구체적인 지시 및 철저한 감독 하에 과업을 수행하는 수준

교육부와 고용노동부가 주관하고 한국직업능력개발원과 한국산업인력공단이 개발한 NCS의 가장 큰 특징을 세 가지로 정리할 수 있다.

첫째, 산업 현장에서 직무수행의 과정보다 성공적 수행Performance-based에 초점을 둔다.

둘째, 산업 현장에서 지식, 기술 등을 통해 우수한 성과를 내고, 이를 관찰 · 평가 가능한 행동으로 표현하는 것에 중점을 둔다.

셋째, 단순히 얼마나 많은 종류의 능력을 갖추고 있는가를 평가하기보다는, 그러한 능력의 질이 일정 수준에 도달했는지를 확인하는 질 중심Quality-based의 표준이다(최동선 · 정향진 · 이민욱 · 문한나 · 추연우 · 현지훈, 2014).

NCS가 그 목적을 달성하기 위해서는 개발 자체에만 의미를 둘 것이 아니라 학교, 산업 현장, 자격검정기관 등 사회 저변에서 활발히 사용되어야 한다. 정부는 학교교육 · 평생학습제도 · 직업훈련 · 자격제도 등을 NCS 기반이나 현장 중심으로 개편하고 상호 연계하여 노동시장에서 능력에 따른 공정한 채용시스템과 직무능력평가제를 구축하고자 한다. 이는 능력 중심 사회구현을 위해 국가역량체계NQF : National Qualifications

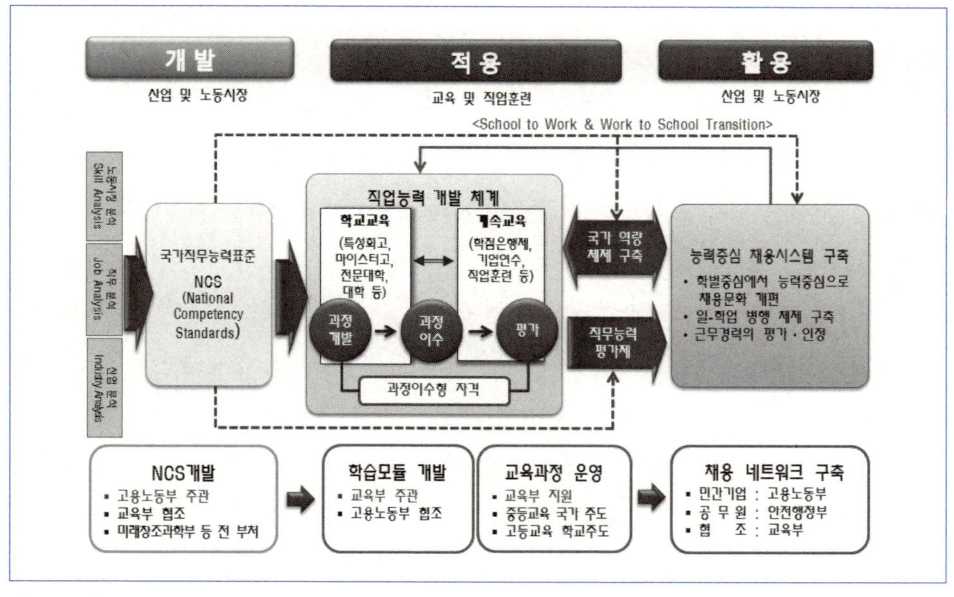

자료 : 교육부(2016). 전문대학 국가직무능력표준(NCS) 기반 교육과정 가이드라인 요약서

그림 1.3 국가직무능력표준(NCS) 교육과정 구조

Framework를 구축하고자 추진 중에 있다(김영규, 2015). 이 체계는 '교육 - 자격 - 직무현장'을 하나의 체제 아래에 두어 일관성을 유지하여 직업교육훈련TVET : Technical and Vocational Education and Training과 일반교육의 차별 제거, 평생학습의 촉진 등을 목적으로 하고 있다(조정윤, 2015).

최근 직업 교육 - 산업 현장의 불일치에 따른 사회적 비용을 줄이고(이영민, 2015), 국가 간에 원활한 인력이동을 추구하는 것으로, 최근의 글로벌 트렌드라 할 수 있다(조정윤, 2015). 이와 같은 정부정책에 따라 향후 NCS-NQF 체제에 의해 '직업교육과 훈련 - 자격제도 - 일'의 연계성이 확립될 경우, 산업 현장의 변화를 교육 현장에도 반영해야 할 필요성이 커지고 있다.

3) 국가직무능력표준 기반교육

교육부는 2018년 1학년부터 전면 적용되는 교육과정을 2015년 고시했으며, 그 총론을 통해 미래사회가 요구하는 핵심역량 함양의 필요성을 강조했다. 특히 고등학교 직업교육과정에서는 NCS를 활용하여 기초역량과 직무능력을 함양해야 함을 교육과정 구성의 중점 내용으로 밝혔다.

NCS 기반 교육과정이라는 명칭은 2015년 개정 교육과정에서 고교직업 교육과정에 적용되는 교육과정으로, NCS를 활용하는 기본 방향을 표현한 것이다. 이는 산업 현장에서 요구하는 직무 중심으로 직업교육 체제를 구축하여 '할 줄 아는 교육'을 지향함을 강조하는 교육과정이다.

NCS 기반 교육과정의 교과별 교육과정 구조는 그림 1.3에서 보는 바와 같이 해당 기준학과의 인력양성 유형을 설정하고 그 진로에 적합하도록 전문공통과목, 기초과목, 실무과목으로 편성되어 있다. 2009년 개정교육 과정과 다른 점은 실무과목 부분이다. 실무과목에 대해서는 NCS의 능력단위를 기준으로 학년별 · 학기별 교육과정 운영계획을 수립하여 운영하도록 고시했다(교육부, 2015). 또한 실무과목은 NCS에 기반해야 하고, NCS의 성취기준에 적합하게 교수 · 학습이 이루어져야 함을 분명히 밝히고 있다.

국가직무능력표준 기반 교육과정 편성은 현재 전문대학을 중심으로 수행되고 있으며, 한국연구재단(2015)의 NCS 기반 교육과정 가이드라인에서는 NCS 기반 교육과정 개발, NCS 기반 교육과정 운영 및 NCS 기반 교육과정 평가 및 교육품질 관리의 세 부분으로 제시되어 있다.

(1) NCS 기반 교육과정 개발

대학에서는 NCS 기반 교육과정을 위해 대학의 교육 목표에 부합하는 인재양성 유형 설정에서부터 교육부에서 제공한 가이드라인을 활용하여 NCS 기반 교육과정을 개발하고 있으며, NCS 미 개발학과나 유보적인 학과의 경우에는 자체적인 직무분석을 활용하여 교육과정을 개발하고 있다.

NCS 기반의 교육과정 개발단계는 환경분석 및 요구분석, 학과 인재양성 유형 설정 및 교육목표 수립, 직무정의 및 NCS 분류체계 기술, NCS 체계에 의한 직무모형 설정, 직무모형 검증, 교과목 도출, 교과목 프로파일 작성, NCS와 교과목 연계성 기술 및 직무별 교육과정 로드맵을 작성하는 순서로 구성되어 있다.

환경분석 및 요구분석 단계는 외부 환경분석과 내부 환경분석을 통해 학과 교육과정 개발 방향을 도출하는 것으로 산업체 현황 및 전망, 인력수요 현황 및 전망, 지역 산업체 인력수요 현황 및 전망의 분석, 인재양성 유형, 교육목표, 교육과정, 졸업 후 진로, 취득가능 자격증 등의 학과 현황과 신입생 충원율, 재학생 충원율, 취업률 등의 학생 현황, 전임교원 및 비전임교원 현황 및 전공의 분석, 채용 시 산업체에서 요구하는 자격, 면허, 직업 기초능력 및 전공능력과 기타 직무수행을 위해 필요한 핵심내용을 조사·분석하는 것을 주요 내용으로 진행한다(김동연·김진수, 2014).

학과 인재양성 유형 설정 및 교육목표 수립단계는 학과의 인재양성 유형과 교육목표를 수립하고, 직무별 현장전문가 선정 및 교육과정개발위원회를 구성한다. 직무정의 및 NCS 분류체계 기술단계는 학과별 인재양성 유형과 관련된 주요 담당업무 및 교육목표에 따른 직업군별 직무를 정의하고, 선정된 직무와 관련된 NCS 내용을 참고로 하여 분류체계를 기술한다(박융수, 2013).

NCS 분류체계에 의한 직무모형 설정은 기술된 NCS 분류체계를 바탕으로 직무모형을 설정하고 선정된 직무를 바탕으로 능력단위와 능력단위 요소를 기술한다(조성하, 2013). 직무모형 검증단계에서는 직무모형에서 도출된 능력단위에 대한 교육필요도 및 직무중요도 등을 바탕으로 하여 교육과정에 활용할 능력단위를 정한다. 능력단위를 선정할 때는 해당 능력단위요소, 수행준거 및 지식, 기술, 태도 등을 종합적으로 검토한다. 그리고 교과목 도출단계에서는 선정된 능력단위들의 내용과 크기 및

자료 : 교육부(2016). 전문대학 국가직무능력표준(NCS) 기반 교육과정 가이드라인 요약서

그림 1.4 국가직무능력표준(NCS) 교육과정 개발단계

관계 등을 고려하고, 교과목은 능력단위와 1 : 1, N : 1, 1 : N, N : N 등으로 자유롭게 편성이 가능하다(한국직업능력개발원, 2016).

교과목 프로파일 작성단계는 도출된 교과목에서 요구되는 수행준거와 지식, 기술, 태도 및 도구를 바탕으로 교과목 프로파일을 작성한다. NCS와 교과목 연계성 기술 단계에서는 도출된 교과목을 학기 단위로 분류하며, 능력단위 간 연계성을 표기한다. 또한 전체 교과목에 대한 NCS 활용 및 대학에서 자율적으로 도출된 교과목에 대한 총괄도를 작성한다. 직무별 교육과정 로드맵 작성 단계에서는 학기 혹은 학년 단위로 학생들이 구체적으로 도달해야 할 능력의 모습과 성취 수준 등을 고려하여 교육과정을 수립한다.

(2) NCS 기반 교육과정 운영

국가직무능력표준 기반 교육과정 운영은 교육운영 준비를 위한 단계, 교육운영 실행 및 평가단계, 그리고 교육운영의 평가를 통한 보완단계 등 3단계로 구성되어 있다.

준비단계Plan는 교육여건 개선과 학사운영체제 개선 등 교육운영을 위한 대학의 인프라를 계획하고 구축하는 단계이다. 실행단계Do & Check는 수업설계(강의계획서), 수업운영(학습모듈 활용, 교수 · 학습방법 적용, 현장실습 등), 수업평가(직무수행능력 평가 등)를 실행하는 일련의 과정이다. 보완단계Act는 수업운영 평가의 결과에 따라 필요한 향상 혹은 심화과정을 운영하는 단계이다.

(3) NCS 기반 교육과정 평가 및 교육품질관리

국가직무능력표준 기반 교육과정 평가 및 교육품질관리에서 학생의 직무능력 성취도는 직업기초능력 및 전공능력에 대한 직무수행능력평가 결과를 직무별로 산정한 값으로 학생, 직무, 학과, 대학의 종합적인 직무능력 성취도 산출이 가능하다. 대학은 교육운영에서 이루어지는 강의평가 및 재학생만족도 조사 등을 통해 지속적인 교육품질 개선활동을 수행한다. 직무능력 성취도를 직무수행 능력과 직업기초 능력으로 구성하여 능력단위평가 및 직업기초 능력에 가중치를 적용하여 성취도를 측정한다.

일반적으로 NCS 기반 교육과정 개발, NCS 기반 교육과정 운영 및 NCS 기반 교육과정 평가는 서로 밀접한 관련이 있으며, 지속적인 평가 및 교육품질 활동을 수행한다.

제2절 관광교육에서의 NCS

1. NCS 교육의 필요성

1) 산업 현장 직무능력 수준

여행서비스 분야의 산업 현장 직무능력 수준을 직능유형Skill Type과 직능수준Skill Level으로 구성된 매트릭스를 살펴보면, 여행서비스 분야의 직능유형Skill Type은 여행상품 개발, 여행상품 상담, 국내여행 안내, 국외여행 안내, 항공객실서비스 등 5가지이며, 직능수준Skill Level의 경우 3~6수준에 분포하고 있다.

여행상품 개발, 여행상품 상담, 국내여행 안내, 국외여행 안내의 경우 3수준은 3년, 4수준은 5년, 5수준은 8년, 6수준은 10년 이상의 경력이 요구되며, 보통은 전문대졸 이상의 학력이 요구된다. 항공객실서비스의 경우 3수준인 객실서비스 실무자는 1~7년의 경력 및 전문대졸 이상의 학력, 그리고 4수준인 객실서비스 관리자는 7년 이상의 경력이 요구된다.

세분류 직능수준	01. 여행상품개발	02. 여행상품상담	03. 국내여행 안내	04. 해외여행안내	05. 항공객실서비스
6수준	여행상품기획관리자				
5수준	여행상품개발관리자	여행상품관리자			
4수준	여행상품개발실무자	여행상담관리자			객실서비스관리자
3수준		여행상담실무자	관광통역안내사	국외여행인솔자	객실서비스실무자

자료 : http://www.ncs.go.kr

2) NCS와 여행서비스

산업군과 직종을 분류하는 대분류, 중분류, 소분류, 세분류, 세세분류로 나눌 수가 있으며 직무를 수행하기 위한 업무들이 능력단위인데, 각 부문별 세세분류의 능력단위는 그림 1.5와 같다. 또한 NCS의 각 부문과 훈련기준의 활용범위는 표 1.4와 같다.

표 1.4 NCS와 훈련기준의 활용 범위 비교

NCS	훈련기준
직무 해당 직무의 능력단위의 집합 직종 및 기능(function)의 구분단위 능력단위 구성의 유연성	훈련직종 NCS의 직무와 유사
능력단위 직무수행 시 요구되는 능력들의 단위 능력단위 요소의 집합	과정/과목 NCS의 능력단위 학습내용의 조합
능력단위요소 능력단위를 구성하는 단위 능력단위를 세분화하여 작성	단원명 세부 학습내용의 집합 NCS의 능력단위요소 또는 능력단위요소의 조합
수행준거 능력단위요소를 수행하기 위해 요구되는 수행수준	학습내용 NCS의 수행준거와 유사
적용범위 능력단위요소별 수행기준이 적용되는 환경 및 조건, 필요지식, 공구장비	
평가지침 해당 능력단위를 평가할 때 고려할 사항, 기타능력 등을 기술	훈련평가 NCS의 평가지침을 참고하여 작성
직업 기초능력 능력단위별 해당 직업 기초능력의 중요도를 평가	직업 기초능력 NCS의 직업 기초능력을 참고하여 작성

수준		여행상품개발	국내여행 안내	여행상품상담	해외여행안내	항공객실서비스
5수준	고급	여행상품 시장조사 여행상품성 검토 여행샘플상품 구성 여행상품 샘플투어 여행상품 자원관리 여행상품 출시 여행상품 관리 여행상품 교육훈련 여행상품 STP전략 여행상품 마케팅믹스		여행상품 상담교육		
4수준	중급	여행상품 원가분석		상품 설명 여행요금 상담 교통편 예약 여행상품 계약 여행 고객관리 교통편 발권 지상수배 여행서류 확인		객실승무 관리
3수준	초급		국내여행 안내 행사준비 영접(Meeting) 교통편 탑승 후 오리엔테이션 관광자원해설 국내여행 안내 행사진행 국내여행 안내 시 안전관리 국내여행고객 만족관리 환송(Sending) 국내여행 안내 정산 · 보고	고객응대 상품 추천 상품설명자료 작성 상담고객 관리	국외여행 안내 행사확정 확인 국외여행 안내 사전정보 확인 출국 업무 기내 업무 입국 업무 국외여행 행사관리 국외여행 시 안전관리 국외여행 고객 만족관리 국외여행 정산 · 보고	기내 안전관리 승객 탑승 전 준비 승객탑승 및 이륙 전 서비스 비행 중 서비스 착륙 전 서비스 착륙 후 서비스 승객 하기 후 관리 응급환자 대처 항공 기내방송 업무 고객만족서비스
2수준		여행상품 시장조사 지원 여행상품 원가조사 여행상품 교육훈련 지원	국내여행 안내 행사지시서 확인 영접(Meeting) 지원 환송(Sending) 지원	여행상품상담 교육 지원 교통편 조회 여행서류확인 지원	국외여행 안내 행사정보 파악 국외여행 안내 사전 정보 지원 출국장 업무	기내음료서비스 항공서비스업무 기본 항공서비스매너
		직업기초능력				
수준 / 직종		여행상품개발	국내여행 안내	여행상품상담	해외여행안내	항공객실서비스

※ 해당직종의 훈련과정을 편성하는 경우 훈련과정별 목표에 부합한 수준으로 해당 직종에서 제시한 능력단위를 기준으로 과정/과목을 편성하고, 이외 직종의 능력단위를 훈련과정에 추가 편성하려는 경우 유사직종의 동일 수준의 능력단위를 추가할 수 있음

자료 : http://www.ncs.go.kr

그림 1.5 각 부문별 세세분류의 능력단위

3) 사업체 및 종사자 수

여행서비스 분야의 사업체 및 종사자 수는 국가직무능력표준 분류체계의 세분류와 정확하게 연결되는 분류체계의 통계자료가 없어 각 세분류별로 사업체수와 종사자 수를 정확하게 파악하기가 어렵다. 통계청의 전국사업체조사 자료를 살펴보면, 여행서비스 분야의 세분류와 가장 연관성이 높다고 판단되는 여행사업, 기타 여행보조 및 예약서비스업과 항공 운송지원서비스업의 통계자료가 존재하므로, 이들 산업의 사업체수와 살펴보았다.

여행사업, 기타 여행보조 및 예약서비스업은 2011년을 기준으로 사업체수는 8,293개소, 종사자 수는 39,697명에 이르며, 항공 운송지원서비스업은 2011년 기준 사업체수 94개소, 종사자 수는 10,116명에 이른다.

소분류	세분류	관련사업	사업체수	종사자 수
여행서비스분야	01. 여행상품개발	여행사업, 기타 여행보조 및 예약 서비스업	8,293개소	39,697명
	02. 여행상품상담			
	03. 국내여행 안내			
	04. 해외여행안내			
	05. 항공객실서비스	항공운송지원서비스업	94개소	10,116명
합 계			8,387개소	49,813명

자료 : 통계청(2011). 전국사업체조사

4) 인력배출 현황

여행서비스 분야와 관련된 학과로는 관광학과와 항공학과 등이 있다. 관광학과는 2012년 기준으로 대학의 입학 인원은 총 2,929명, 졸업 인원은 1,971명이며, 전문대학의 입학 인원은 총 7,151명, 졸업 인원은 5,751명이다. 다음으로 항공학과는 2012년 기준으로 대학의 입학 인원은 총 1,853명, 졸업 인원은 1,321명이며, 전문대학의 입학 인원은 총 1,074명, 졸업 인원은 494명이다.

중분류	소분류	학 과	교육훈련기관	2010년(명)		2011년(명)		2012년(명)	
				입학	졸업	입학	졸업	입학	졸업
관광 · 레저	여행서비스	관광학	대학	3,296	1,767	3,032	2,112	2,929	1,971
			전문대학	7,024	5,172	6,758	5,436	7,151	5,751
		항공학	대학	1,453	1,192	1,838	1,236	1,853	1,321
			전문대학	635	400	756	332	1,074	494
합 계				12,408	8,531	12,384	9,116	13,007	9,537

세분류		01. 여행상품개발	02. 여행상품상담	03. 국내여행안내	04. 해외여행안내	05. 항공객실서비스
직업명		여행사무원		여행 및 관광통역 안내원		항공기 객실승무원
종사자 수		20,900명		13,100명		14,200명
종사 현황	연령	평균 37세		평균 42세		평균 34세
	임금	평균 206.3만원		평균 162.5만원		평균 333.5만원
	학력	평균 14.4년		평균 14년		평균 15.5년
	성비	남성 45.7%, 여성 54.3%		남성 45.9%, 여성 54.1%		남성 37.9%, 여성 62.1%
	근속년수	평균 6.1년		평균 4.8년		평균 9.3년
관련자격		관광통역안내사, 국내여행 안내사				–

자료 : 한국교육개발원(2011~2013). 교육통계연보

5) 직업정보

여행서비스 분야의 직업들로는 여행상품 개발 및 여행상품 상담 직무와 관련이 있는 여행사무원, 국내여행 안내와 국외여행 안내 직무와 관련이 있는 여행 및 관광통역안내원, 그리고 항공객실서비스 직무와 관련이 있는 항공기 객실승무원 등을 들 수 있다.

여행사무원은 종사자 수가 20,900명이고 평균연령은 37세, 월평균 임금은 206.3만원, 평균 학력은 14.4년, 성비는 남성 45.7%, 여성 54.3%, 그리고 평균 근속연수는 6.1년이다. 다음으로 여행 및 관광통역 안내원은 종사자 수가 13,100명이고 평균연령은 42세, 월평균 임금은 162.5만원, 평균학력은 14년, 성비는 남성 45.9%, 여성 54.1%, 그리고 평균 근속연수는 4.8년이다. 여행사무원과 여행 및 관광통역안내원과 관련된

자격으로는 관광통역안내사, 국내여행 안내사 등이 있다. 그리고 항공기 객실승무원은 종사자 수가 14,200명이고 평균연령은 34세, 월평균 임금은 333.5만원, 평균 교육기간은 15.5년, 성비는 남성 37.9%, 여성 62.1%, 그리고 평균 근속연수는 9.3년이다.

2. 교육현황 분석

1) 교육훈련기관 현황

여행서비스 분야와 관련된 학과로는 관광경영학과, 호텔경영학과, 호텔관광경영학과, 항공서비스과 등이 있다. 호텔·관광경영학과는 강원대학교, 건양대학교 등 46개의 4년제 대학교와 가톨릭상지대학교, 강릉영동대학교 등 88개의 전문대학, 강호항공고등학교, 경기관광고등학교 등 54개의 관광특성화고등학교 등 총 188개 대학과 관광특성화고등학교에 호텔·관광경영 관련학과가 개설되어 있다. 그리고 항공서비스과는 관동대학교, 광주대학교 등 12개의 대학교와 경남정보대학교, 경복대학교 등 33개의 전문대학, 경일관광경영고등학교, 새민정보고등학교 등 총 7개 관광특성화고등학교 등 총 52개 대학과 관광특성화고등학교에 항공서비스 관련학과가 개설되어 있다.

중분류	소분류	학 과	교육훈련기관		
			구 분	계	내 용
관광·레저	여행서비스	호텔·관광경영학과	대학	46	강원대학교, 건양대학교, 경기대학교, 경남대학교, 경동대학교, 경운대학교, 경주대학교, 경희대학교, 공주대학교, 광주대학교, 광주여자대학교, 대구대학교, 대구가톨릭대학교, 대구한의대학교, 대구한의대학교, 동국대학교, 동서대학교, 동신대학교, 동아대학교, 동의대학교, 배재대학교, 백석대학교, 부산외국어대학교, 상지대학교, 선문대학교, 세종대학교, 숙명여자대학교, 신라대학교, 안양대학교, 영동대학교, 예원예술대학교, 용인대학교, 우석대학교, 을지대학교(대전캠퍼스), 전남대학교, 전주대학교, 제주대학교, 창신대학교, 청주대학교, 초당대학교, 탐라대학교, 한려대학교, 한세대학교, 한양대학교, 호원대학교

중분류	소분류	학 과	교육훈련기관		
			구 분	계	내 용
			전문대학	89	가톨릭상지대학, 강릉영동대학, 강원관광대학, 강원도립대학, 경기공업대학, 경남도립거창대학, 경남도립남해대학, 경남정보대학, 경민대학, 경복대학, 경북과학대학, 경북전문대학, 경산1대학, 경인여자대학, 계명문화대학, 고구려대학, 공주영상대학, 구미1대학, 군장대학, 극동정보대학, 김천과학대학, 김포대학, 대경대학, 대구공업대학, 대구과학대학, 대구미래대학, 대구산업정보대학, 대덕대학, 대림대학, 대원대학, 동강대학, 동남보건대학, 동부산대학, 동서울대학, 동아인재대학, 동우대학, 동원과학기술대학교, 동원대학, 동의과학대학, 동주대학, 백석문화대학, 부산경상대학, 부산과학기술대학교, 부산여자대학, 부천대학, 상지영서대학, 서라벌대학, 서영대학교, 서정대학, 서해대학, 선린대학, 세경대학, 송호대학, 수원여자대학, 숭의여자대학, 신성대학, 신흥대학, 안산공과대학, 안양과학대학, 영남외국어대학, 영남이공대학, 영진전문대학, 오산대학, 인덕대학, 우송정보대학, 원광보건대학, 유한대학, 인하공업전문대학, 장안대학, 재능대학, 전남과학대학, 전남도립대학, 전북과학대학, 전주기전대학, 제주관광대학, 제주산업정보대학, 제주한라대학, 주성대학, 진주보건대학, 창원문성대학, 청강문화산업대학, 청암대학, 충청대학, 포항대학, 한국관광대학, 한림성심대학, 한양여자대학, 혜전대학, 혜천대학
			관광특성화고등학교	54	강호항공고등학교, 경기관광고등학교, 경기국제통상고등학교, 경남관광고등학교, 경민비즈니스고등학교, 경북관광고등학교, 경일관광경영고등학교, 경주정보고등학교, 계성여자상업고등학교, 논산여자상업고등학교, 대구관광고등학교, 대연정보고등학교, 대일관광고등학교, 동일여자상업고등학교, 무주고등학교, 부산관광고등학교, 부산마케팅고등학교, 부산문화여자고등학교, 부산정보관광고등학교, 부천정보산업고등학교, 분당경영고등학교, 삼성예술고등학교, 상서고등학교, 서서울생활과학고등학교, 서울관광고등학교, 서울컨벤션고등학교, 석정여자고등학교, 선정관광고등학교, 성남금융고등학교, 성보경영고등학교, 성심보건고등학교, 성환고등학교, 세민정보고등학교, 송곡관광고등학교, 순천효산고등학교, 신반정보고등학교, 신정여자상업고등학교, 양동고등학교, 여수정보과학고등학교, 영화관광경영고등학교, 울산여자상업고등학교, 인천비즈니스고등학교, 일산국제컨벤션고등학교, 제주고등학교, 중문고등학교, 증평정보고등학교, 평촌경영고등학교, 하성고등학교, 한국관광고등학교, 한국문화영상고등학교, 한국외식과학고등학교, 한국호텔관광고등학교, 해성국제컨벤션고등학교, 해운대관광고등학교

중분류	소분류	학 과	교육훈련기관		
			구 분	계	내 용
		항공서비스과	대학	12	관동대학교, 광주대학교, 광주여자대학교, 극동대학교, 동신대학교, 동양대학교, 영산대학교, 위덕대학교, 중부대학교, 탐라대학교, 한서대학교, 호원대학교
			전문대학	33	경남정보대학, 경복대학, 경인여자대학, 고구려대학, 공주영상대학, 극동정보대학, 대덕대학, 동서울대학, 동원대학, 동의과학대학, 동주대학, 두원공과대학, 부산경상대학, 부산여자대학, 서라벌대학, 서영대학교, 송원대학, 수원과학대학, 안동과학대학, 안양과학대학, 오산대학, 우송정보대학, 원광보건대학, 인하공업전문대학, 장안대학, 재능대학, 제주관광대학, 한국관광대학, 혜천대학
			관광특성화고등학교	7	강호항공고등학교, 경일관광경영고등학교, 새민정보고등학교, 서울관광고등학교, 성남금융고등학교, 인천비즈니스고등학교, 평촌경영고등학교

자료 : http://www.work.go.kr

2) 관련학과 교과과정

여행서비스 분야 관련학과 교과과정을 살펴보면, 관광 관련학과에서는 관광마케팅, 관광법규, 여행사경영론, 관광경제론, 여가산업론, 관광자원론, 관광영어토론, 관광학원론 등의 교과과정을 운영하고 있었다. 그리고 항공서비스 관련학과에서는 객실서비스실무, 객실업무개론, 서비스관리이론, 항공업무론, 항공객실영어회화 등과 같은 교과과정으로 운영하고 있는 것으로 나타났다.

중분류	소분류	교육훈련과정			
		구 분	과 목	내 용	비율
관광·레저	여행서비스	관광 관련학과 (대학, 전문대학, 관광특성화고등학교)	관광마케팅	관광기업의 마케팅 문제를 중심으로 교육	
			관광법규	관광기본법과 관광진흥법을 중심으로 관광진흥개발기금법, 관광단지개발촉진법, 공중위생법, 여권법, 자연공원법, 문화재보호법 등 관광과 관련된 제반 법규교육	
			여행사경영론	여행업 경영에서 실무처리 능력을 함양시켜 주기 위한 기초과정	

중분류	소분류	교육훈련과정			
		구 분	과 목	내 용	비율
			관광경제론	관광객이 관광지에 유입되어 관광지에 미치는 경제, 사회, 문화적인 영향을 연구	
			여가산업론	여가사업과 여가산업에 관련된 산업 전반에 걸쳐 이해의 위해 각 사업의 성격, 특성, 운영, 관리 등의 제반사항에 대해 교육	
			관광자원론	관광자원의 기본개념과 유형별 특성을 결정짓는 제반요인 및 요소, 관광자원 개발을 하는데 수반되는 조사 및 평가방법 등을 생태학적 접근방법을 통해 교육	
			관광영어토론	관광과 관련된 다양한 상황을 표현할 수 있도록 원어민과 Free-talking 형식으로 영어능력 교육	
			관광학원론	관광현상의 기초적인 이론과 실무지식을 습득하여 관광분야와 관련된 체계적이고 전반적인 이해 및 관광현상과 관련된 전체적인 틀을 설정하도록 교육	
			관광학개론	관광학의 학문적 개념과 이론을 체계적으로 정립하고 관광현상에 대한 이해와 관광구조에 대한 분석능력 함양	
			관광서비스예절	관광업종에 종사하는 서비스종사자의 기본자세와 에티켓을 통하여 전문 관광인으로서의 역할을 할 수 있도록 서비스예절 교육	
			여행업경영론	여행산업에 대한 체계적 이론을 습득하고, 여행 알선업을 둘러싼 경영환경을 이해하여 여행업 종사자로서의 업무능력을 배양	
			관광일어회화	여행사 및 호텔, 면세점 등 관광사업체 업무에서 필요한 단어와 문형을 중심으로 반복 학습하여 일본어회화 능력을 배양	
			여행실무	국내 · 외 여행관련 세관, 여권, 비자, 업무와 여행가이드로서의 역할과 임무 등 여행업 일반교육	
			여행업실무	여행사 업무에서 중심이 되는 실무분야들을 중점적으로 학습하여 여행사 마케팅 분야와 전문인력으로서의 실무능력 배양	
			외식산업	관광분야와 밀접한 관련이 있는 외식산업에 대한 지식을 습득, 외식산업의 이론과 실제 산업 현장에서 적용할 수 있도록 응용력 교육	

중분류	소분류	교육훈련과정			
		구 분	과 목	내 용	비율
			해외현장실습	해외현장에서 이론적인 학문의 기초위에, 실무경험을 통하여 보다 완벽하고 능력 있는 전문인으로 교육하기 위해서 실습근무를 하게 함	
			호텔경영론	관광산업에서 중심을 이루고 있는 호텔업에 대하여 그 경영상의 원리와 각 부서의 관리업무에 대한 포괄적인 이해와 지식 습득	
			레저산업론	현대사회의 특징과 여가 문제, 정서 순화, 건강생활 등을 관련지어 다양한 레저의 이론 등 교육	
		항공 서비스 관련학과 (대학, 전문대학, 관광특성화고등학교)	객실서비스실무	항공사 객실서비스와 승무원의 주요 직무에 대한 이해, 전반적인 서비스 절차, 객실서비스 전문용어, 고객서비스 스킬 등을 배우는 과정	
			객실업무개론	제반 승무규정 및 기내 서비스 내용 및 절차를 습득	
			서비스관리이론	관광분야에 대한 서비스의 중요성을 고취시키고 서비스 수준 향상을 위한 고객응대 요령, 예절매너 등 교육	
			항공업무론	항공기와 항공사의 여행자 운송에 대한 전면적인 사항과 항공요금에 대한 지식을 습득	
			항공객실 영어회화	비행 중 다양한 상황에서 외국인을 대상으로 원활히 의사를 전달할 수 있는 의사소통 능력 함양	
			항공중국어	중국어회화의 기초가 될 수 있는 기본회화를 중점적으로 연습, 특히 항공부문의 실무회화를 중점적으로 연습	
			항공실무영어	항공사 국제 업무 수행 관련영어를 파악하여 지상업무와 기내 업무 습득	
			항공운항과 안전	항공기 구조와 객실 안전, 항공의무기초 및 보안활동에 대한 전문적인 지식을 습득, 항공운항에서 가장 중요한 안전교육을 통하여 비상사태 발생 시 승객을 안전하게 보호하고 대피시킬 수 있는 비상탈출 방법 등을 학습	
			항공서비스 마케팅	서비스의 개념과 특성, 서비스마케팅전략, 서비스마케팅믹스, 서비스수요와 공급관리, 서비스대기관리, 서비스품질 등 서비스에 대한 전반적 이론, 연구, 우수서비스경영사례의 발표를 통해 항공사 등 서비스기업들의 고객만족서비스에 대한 전략적 접근방법을 이해하고 학습	

중분류	소분류	교육훈련과정			
		구 분	과 목	내 용	비율
			객실식음료실무	항공사, 호텔, 컨벤션, 외식산업 등의 서비스에서 제공되는 식사와 와인, 칵테일 제조법 등의 음료에 대한 기본적인 이론, 실습위주로 진행되는 과정	
			인간관계론	서비스산업에 있어서 인적서비스를 주요 상품화하여 이를 효율적으로 관리할 수 있는 방법 교육	
			기내방송 및 실습	표준어의 발음 및 정확한 언어 구사능력을 길러 기내 안내방송을 원활히 할 수 있는 능력 함양	
			항공예약발권 업무론 및 실습	여객 예약업무를 이해하기 위한 이론적 배경 학습. 항공사와 여행사에서 이루어지는 여러 종류의 여객 예약 관련 업무의 내용과 실무적 기초지식을 습득	
			항공실무	항공사 직원에게 요구되는 업무 내용과 서비스에 대한 실제적인 교육을 통해 항공업무의 수행에 필요한 실무능력 배양	

주: 목적에 따라 비율이 달라짐
자료: http://www.career.go.kr

3. 교육현황 분석

1) 국가기술자격 현황

중분류	소분류	등 급	종 목	취득자수(명)			
				누 계	2010년	2011년	2012년
관광 · 레저	여행서비스		해당사항 없음				

2) 국가자격 현황

중분류	소분류	종 목		등 급	취득자수(명)			
					누 계	2010년	2011년	2012년
관광 · 레저	여행서비스	관광 통역 안내사	영어	–	461	139	156	166
			일본어	–	938	303	357	278
			중국어	–	1,218	150	370	698
			불어	–	6	2	2	2
			독어	–	5	0	2	3
			러시아어	–	9	1	5	3
			베트남어	–	2	0	1	1
			태국어	–	19	4	4	11
			스페인어	–	5	2	1	2
			마인어	–	1	0	1	0
		국내여행 안내사		–	3,257	1,148	1,264	845
		국외여행인솔자		–	–	–	2,790	–

자료 : http://www.q-net.or.kr

여행서비스 분야와 관련된 국가기술자격은 관광통역안내사, 국내여행안내사, 국외여행인솔자 등이 있다. 관광통역안내사 자격은 영어, 일본어, 중국어, 불어, 독어 등으로 구분하여 취득 가능하며, 2012년 말 기준 관광통역안내사 자격증 취득자의 누계는 약 2,600여 명에 달하고 있다. 국내여행안내사 자격증 취득자의 누계는 3,257명이며, 국외여행인솔자 자격의 경우 관광통역안내사 자격증 취득자 중 소양교육 또는 여행업체 근무경력자 중 지정기관 교육평가 후 자격증 취득이 가능하다.

3) 공인민간자격 현황

중분류	소분류	등 급	종 목	취득자수(명)			
				누 계	2010년	2011년	2012년
관광 · 레저	여행서비스		해당사항 없음				

관광행동과 여행업의 이해

제1절 여행자의 변화

1. 여행자의 환경변화

급변하는 현대사회 속에서 여행시장의 수요층인 여행자의 환경도 많은 변화를 가져왔다. 이러한 환경변화는 국외여행 수요가 많은 모든 선진국에서도 공통적으로 나타나고 있으며, 여행시장의 여행자를 중심으로 변화를 이해해야 한다.

1) 노인인구의 증가

우리나라에서는 노인을 65세 이상인 자로 법률에서 정의하고 있다. UN에서는 고령화 사회를 3단계로 분류하고 있는데, 전체 인구 중 65세 이상의 인구비율이 7% 이상~14% 미만인 사회를 '고령화 사회'라고 하며, 14% 이상~20% 미만인 사회를 '고령사회Aging Society', 20% 이상인 사회를 '초고령사회Super-aged Society'라고 한다. 우리나라는 2000년에 이미 고령화 사회에 진입했으며, 현재 65세 이상 인구수는 662만 400명으로 총인구의 13.1%나 되고, 향후 2060년에는 40.1%로 상승할 것으로 전망하고 있다(통계청, 2016).

인간의 평균수명은 점점 길어지고, 노동시장에서의 은퇴 시기는 빨라져 가장 여가시간이 많은 실버계층은 모든 산업에 영향을 미치고 있으며, 여행업에도 막강한 영향력을 보여주고 있다. 고령화 사회에 접어들수록 의료관광을 포함한 건강관련 여행상품이 각광을 받고 있으며, 요양관광, 피서·피한관광, 골프관광, 크루즈관광 등이 인기를 끌고 있다.

현대사회의 여행자 환경은 인구통계학적인 변화에 따라 여행 패턴과 대상·욕구 등이 다양하게 변화하고 있다. 따라서 고령화로 인한 노인인구의 증가는 노인인구의 여가적 욕구를 충족시켜줄 수 있는 다양한 여행상품 개발이 필요함을 시사하고 있다.

2) 기혼여성의 경제활동 증가와 저출산

현대사회에서 자녀출산은 여성에게 필수가 아닌 선택사항이 되었다. 결혼과 동시에 자녀출산은 여성의 사회생활 지속에 대한 장애요인이며, 국가적 차원에서 육아문제가 해결되지 않는 한 쉽게 풀리지 않는 문제이다. 또한 각 가정마다 높은 비중을 차지하고 있는 교육비 부담은 출산을 기피하는 요인으로 작용하고 있다.

통계청(2016) 조사에서 보면, 우리나라 1년 동안 총 406,300명의 출생아수를 기록하여 한 가정 당 자녀출산이 1.17명으로 OECDOrganisation for Economic Co-operation and Development 국가 중 가장 낮은 출산율을 보이고 있다. 지속적인 저출산 추세로 가족제도는 급격히 핵가족화 되고 있으며, 기혼여성은 이전보다 더 육아에서 자유로워지고 경제활동에 참여하는 비율이 높아지게 되었다. 각 가정마다 1명 내지 2명의 자녀는 더욱더 의사결정 과정에서 아동의 역할이 중요하게 되었으며, 아이와 함께 할 수 있는 체험 및 교육적 요소가 여행 선택에서 중요한 가치로 등장하게 되었다. 기혼여성의 경제활동 증가로 인한 맞벌이부부 수의 증가는 가처분소득 증가로 이어지고 있으나, 부부 간의 휴가 불일치로 인해 비교적 단기간의 여행을 선호하게 된다.

3) 가처분소득과 여가시간의 증가

경제성장을 통한 국민소득의 증가는 각 가정의 가처분소득을 증가시켜 화목한 가정생활을 영위할 수 있는 바탕을 이루었고, 주 5일 근무제 도입으로 인한 근로시간 단축 및 DINKDouble Income No Kids족, 맞벌이부부 중 자발적으로 자녀를 갖지 않는 부부의 증가는 여가시간의 증가를 가져왔으며, 기존의 직장 중심으로 구성되었던 여가활동 패턴이 가족 중심의 여가 패턴으로 변화되었다. 여가시간의 증가와 자녀에 대한 교육비 등의 지출감소는 여행수요의 증가를 가져왔으며, 가족 중심의 여가 패턴은 가족여행의 증가를 가져왔다.

4) 여행 경험의 증가

1989년 시작된 해외여행 자유화 초기에는 대량생산을 통한 대량소비의 패키지 위주 여행이 대부분이었다. 패키지여행은 해외여행의 대중화를 선도하여 많은 사람들이 해외여행을 경험하게 되는 계기를 마련하였다. 이러한 해외여행의 경험은 목적지에서의 관광 매력물을 감상하는 것에서 끝나는 수동적인 패키지여행에서 벗어나, 자신만의 관심분야를 찾고 다른 지역의 문화를 직접 체험할 수 있는 여행을 선호하는 방향으로 전환되었으며, 패키지여행의 단체여행에서 개인여행으로의 형태로 전환되고 있다.

2. 여행자의 관광행동 변화

현대사회에서는 여가에 대한 가치가 높아짐에 따라 여가는 삶에 선택이 아닌 삶의 질을 높이는데 있어 필수적인 요소가 되었다. 과거에는 먹고살기 위해 돈을 벌고 일이 삶의 중심인 '일 지향형Work-oriented People'이었다면, 현대에는 자신의 취미와 여가생활을 유지하기 위해 일을 하고 자신의 삶 중심이 여가인 '여가 지향형Leisure-oriented People'이 점차 늘어가고 있다(김지선, 2007). 여가에 대한 가치관의 변화에 따라 여행을 향락적이고 소비적으로 보는 견해에서, 여행을 통해 무엇인가를 얻고자 하는 생산적인 견해로 변화되었다. 이러한 변화를 통해 여행자의 여행 동기와 관광 형태가 점차 변화되고 있다.

1) 여행 동기의 변화

과거의 여행 동기는 주로 해변에서의 단순한 휴식 및 유적지 · 자연관광자원 등의 관광 매력물 감상이 주류를 이루어왔다. 즉 개인의 다양한 욕구충족을 위한 목적지에서의 적극적인 참여와 활동보다는, 수동적으로 제공되는 관광매력물의 방문에만 초점이 맞추어져 있었다. 그러나 여행자의 여행 경험의 증가는 여행 동기를 단순한 목적지에서의 휴식과 감상에서 벗어나 체험과 교육 지향적으로 변화시켰다. 따라서 교육문화의 직접적인 체험, 지식습득과 학습, 스포츠 활동 참여와 경기관람 등의 새로운 동기에 의해 여행에 참여하게 되었다. 상용여행자의 증가와 더불어 친지방문과 관광을 겸하는 겸목적 관광이 성장하였다.

2) 관광 형태의 변화

1989년 해외여행 자유화 이후 우리나라의 해외여행자 수는 급격히 증가하였다. 초기의 해외여행 형태는 깃발관광으로 일컬어지는 패키지여행이 선호되다가, 여행 경험이 한층 성숙된 2000년대 이후에는 대량관광에서 개별관광과 개개인의 개성을 적극적으로 표현하는 소규모적이고 전문화된 관광으로 변모해가고 있다.

따라서 일정한 형태의 표준화되고 획일화된 패키지여행에 대한 거부와 다양성에 대한 선호가 증가하여 특별관심관광SIT : Special Interest Tourism이 인기를 끌고 있으며, 교육적 · 지적인 욕구가 높아져 다양한 체험에 적극적으로 참여하길 원하고, 과거의 역사와 문화에 대한 관심과 환경에 대한 높은 관심을 나타내고 있다. 또한 대규모적인 이벤트에 대한 관심 증가로 월드컵 · 올림픽 등의 스포츠경기 관람에 관한 관심도 높아지고 있다. 이에 따라 21세기에는 문화관광Cultural Tourism, 유산관광Heritage Tourism, 녹색관광Green Tourism, 스포츠관광Sports Tourism이 새로운 관광의 키워드로 각광받고 있다.

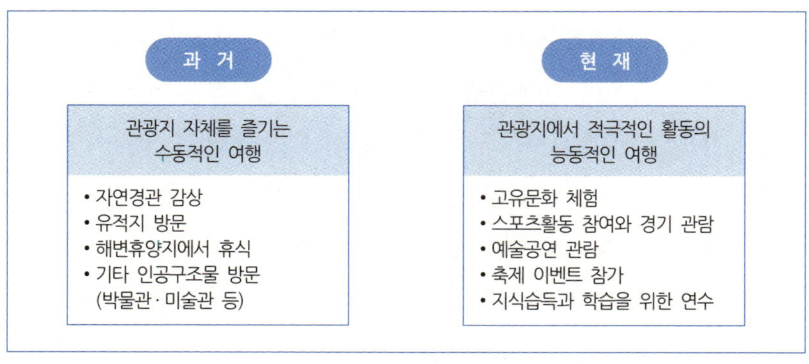

그림 2.1 관광객의 변화

문화관광Cultural Tourism은 고유의 문화와 문화적 환경에 초점을 둔 관광의 형태로, 영화 · 축제 · 이벤트 · 미술관 · 박물관 등 다양한 문화를 소재로 한 관광이 문화관광에 속한다. 우리나라는 한류열풍으로 일본 · 중국 · 대만 · 베트남 등 각국으로부터 외래여행자가 '겨울연가'와 '대장금' 등의 드라마 촬영지를 관광하기 위해 우리나라를 방문함으로써 관광특수를 누리고 있다. 뉴질랜드도 '반지의 제왕' 영화 촬영지로서 적극적인 관광마케팅을 펼쳐 아름다운 자연과 함께 신비와 모험을 체험할 수 있는 곳으로 이미지 변화에 성공하였다.

유산관광Heritage Tourism은 문화관광의 한 유형으로서, 미국관광업협회Travel Industry Association of America에서는 유산관광객Heritage Tourist이 일반관광객보다 더 오래 머무르고 더 많이 지출하는 경향이 있어 경제적 효과가 매우 크므로 고가등급관광객High-value Visitor으로 분류하고 있다. 이러한 유산관광객의 특징은 가계소득이 높고 교육수준이 높으며 유산관광지에서 교육적 욕구가 매우 강한 것으로 나타났다(김지선 · 이훈, 2009). 이들은 다양한 교육적 체험 프로그램을 선호하고, 유산은 관광자원이 과거로부터 물려받은 것으로서 노스탤지어를 지향하는 과거를 동경하는 향수관광의 성격을 띠고 있다.

녹색관광Green Tourism은 농촌관광 · 전원관광을 아우르는 총체적인 개념으로서 환경에 대한 중요성이 부각됨에 따라 녹색관광이 관광에서 중요한 부문으로 떠오르고 있다. 최근에는 이산화탄소 배출량 감소와 에너지원 고갈을 고려한 새로운 성장개념으로 '저低탄소 녹색성장'이 전 세계적으로 주목받고 있다. 우리나라도 여러 산업 분야에 '저탄소 녹색성장' 개념을 도입하고 있다. 관광산업 분야도 이미 지속가능한 관광개념으로 시행되고 있으며, 녹색관광 외에도 교육적이고 환경 보존적이며 지속가능한 관광의 유형으로 생태관광도 또 하나의 관심 대상이 되고 있다.

스포츠관광Sports Tourism은 국내 · 외 대규모 스포츠이벤트에 대한 관심 증가에 따른 경기관람과, 자신의 건강 · 취미 활동을 위한 스포츠 활동에 참가인원이 증가하면서 새롭게 부각되었다. 전파기술의 발달로 가정에서 TV를 통해 스포츠경기를 관람하게 됨에 따라 월드컵 · 올림픽 및 프리미어리그 축구경기 등의 경기 관람에 대한 관심 증가와, 스킨스쿠버 · 스키 · 골프 등을 즐기기 위해서 스포츠경기에 직접 참여하는 여행자가 급증하고 있다.

최근에는 환경을 보존하면서 지역주민과 밀착되어 현지문화를 이해하고, 공정한 상거래로 지역에 이익을 돌려주는 공정관광Fair Tourism, 책임관광Responsible Tourism이 등장하고 있으며, 이러한 관광은 관광의 소비적인 측면뿐만 아니라 생태와 지역민에 대한 관광객의 윤리적인 책임이 강조된 관광이라고 할 수 있다.

제2절 여행공급자의 변화

1. 인터넷을 이용한 직접 판매비중의 증가

IT기술의 발전과 인터넷 및 SNS로 인해 유통환경에 커다란 변화를 초래하여 기존의 전통적 유통경로와 다른 유통구조가 생겨나는 계기를 제공하였다. 디지털 환경에서의 온라인 시장은 빠르게 확산되어 일방적인 정보제공에서 벗어나 소비자의 직접적인 참여와 공유를 기반으로 한 양방향성 플랫폼으로서 기능을 하고 있다.

소비자는 공간적 · 시간적 제약의 한계를 극복하여 선택의 폭이 확대되었고, 상품과 관련된 풍부한 정보를 얻을 수 있을 뿐만 아니라 오프라인보다 가격이 저렴하고 편리하게 구매할 수 있다는 이점이 있다. 그래서 온라인 여행사가 새롭게 급부상하였으며, 기존 여행사에서도 온라인 마케팅을 병행하고 있는 추세이다.

인터넷상에서의 여행상품 판매는 거래가 온라인상에서 바로 이루어져 유통구조의 단순화로 인한 운영경비 절감의 혜택을 제공한다. 이것은 기존에 판매수수료를 지불하고 판매를 대행시키던 도매여행사의 수익구조를 변화시키는 획기적인 계기가 되었다. 온라인 여행상품 판매가 활성화될수록 공급자와 소비자의 직거래로 인해 중간상이 배제되는 속도는 빠르게 진행될 것으로 전망된다.

항공사 · 철도 · 호텔 · 렌터카 등 공급업자들은 자사의 웹사이트를 통해 여행자와의 직거래를 확대하고 있으며, 이것은 곧 여행사에 지급하던 판매수수료를 하향 조정하거나 폐지를 검토하게 되었다. 특히 항공사의 웹사이트를 통한 항공티켓의 직거래와 전자티켓의 시행으로, 여행사의 주 수익원이었던 항공권 발권수수료의 폐지는 여행업의 경영에 큰 타격을 주고 있다. 표 2.1은 주요 국가의 항공권 발권수수료에 관한 내용을 보여주고 있다.

1990년대 후반부터 미국과 유럽에서 기존 발권수수료를 8%에서 5%, 9%에서 7%로 축소하기 시작했고, 아시아 지역에서는 2000년부터 축소하기 시작하여 2017년에는 전 세계 대부분의 항공사가 여행자가 지불하는 실제의 항공요금이 항공권에 표기되는 제도로, 항공사에서는 여행제발권수수료를 지급하지 않는 제도Net Net Fares로 변경되었다.

이러한 항공사들의 여행사 대상 판매수수료 제도가 폐지되면서 여행업계에서는 대체수익원으로 여행업무 취급수수료TASF : Travel Agent Service Fee를 도입하였다. 고객이 여행사에서 항공권을 구입했을 때 여행사에서 징수하는 발권서비스 수수료제도를 말한다. 고객이 항공권을 카드로 결제한 경우, 여행사에서는 항공료와는 별도로 이니시스 결제를 통해 발권서비스 수수료인 TASF를 지급받게 된다.

2002년 본격적인 'Nett' 제도의 시행으로 업계의 1/3이 도산위기에 처했던 미국에서는 수익구조에서 '수수료' 체제로의 대전환을 감행하였다.

표 2.1 국가별 항공권 발권수수료 지급률 변화추이

국 가	발권수수료 축소	현행(2008년 현재)
미국	• 1999년 후반 8%에서 5%로 축소 및 지급금액 상한제(국제선 왕복 $100)	• Nett(0%) : UA · NW · DL 등 미국 주요항공사와 SQ · JL · NH · CX · AF · KL · LH · KE · OZ · OS · EK
유럽	• 1998년 9%에서 7%로 축소	• 1% : 프랑스 · 이탈리아 · 네덜란드 · 스페인의 주요 항공사 각국의 민법이나 상법 등에 수수료 명시됨 • Nett(0%) : 스위스 · 오스트리아 취항 AF · LH · EK · OS · SQ (지역별 · 항공사별로 지급률 상이)
아시아	• 2000년 9월 Nett SQ • 2001년 9%에서 7%로 축소 JL · CX	• Nett : 동남아시아(베트남 · 인도 제외) • 대체로 Override 수수료 지급 • 5% : 일본 JL · NH · NW · OZ 등
한국	• 2006년 7월 9%에서 7%로 축소(AF · KL · LH 등 유럽항공사) • 2008년 4월 9%에서 7%로 축소(KE · OZ 등 국적항공사와 외국항공사(UA제외)) • 2008년 7월 7%에서 5%로 축소(UA)	

자료 : 서선(2008). 한국지역의 국제선 항공권 발권수수료 연구. 『관광경영연구』, 35: 20-45.

미주여행업협회ASTA에 따르면, '서비스 수수료'를 받는 업체의 비율은 1998년부터 2005년 사이에 90%를 상회할 정도로 성장했으며, 서비스 수수료의 내용도 '단순예약 수수료'에서 '여행상품 기획 수수료' 등 개별 업무마다 부과되는 수수료 개념으로 세분화하면서 연간 수수료 징수율이 조금씩 올라갔다. 그러나 우리나라에서는 2010년 이후부터 도입된 TASF제도가 여행자들의 서비스 수수료에 대한 인식부족과 항공권 판매를 둘러싼 여행사들 간의 경쟁심화 등으로 제대로 정착되지 못하고 있다.

2. 저가항공사의 등장

항공운송산업의 규제 완화는 항공운임 및 노선 결정의 자유와 신규항공사의 시장 진입을 자유롭게 하여 기존 항공사들의 최대 취약점인 고비용 구조에 대응하는 저가항공사LCC : Low Cost Carrier의 등장을 촉진시키는 역할을 하였다. 저가항공사는 항공운송산업 내에서 후발주자로서 좁은 틈새시장을 선택하여 저비용을 추구하는 집중화 전략을 형성하고 있다.

저가항공사의 등장은 파격적인 항공료 인하로 관광총량의 증가를 가져왔다. 저가항공사의 대명사인 미국 사우스웨스트항공Southwest Airlines은 1971년 보잉737 비행기 3대로 출발했지만, 미국의 경기불황과 9·11테러 등을 겪으면서도 창사 이래 연속흑자를 기록하는 등 저가항공사의 성공모델로 연구대상이 되었다. 1980년대 이후 지속적인 회사인수를 통해 네트워크를 늘림으로써 강력하게 성장했는데, 2012년에는 에어트랜Air Tran을 인수하면서 2015년 기준으로 직원은 4만 6천여 명 정도로 하루 3,400회에 달하는 항공편을 운항하고 있으며, 연간 매출액이 약 21조 원으로 전 세계 항공사 중 7위에 있다. 그러나 사우스웨스트항공은 에어트랜과의 합병으로 국내선 거점공항을 확보하고 다수의 국제선 노선을 새로이 열었으나, 대표적인 저가항공사의 역할은 1998년 설립된 젯블루Jet Blue Airways 항공코드 : B6와 1980년 설립된 스피릿항공Spirit Airlines 항공코드 : NK 등에 내주었다.

저가항공사의 대표적인 운영전략은 표 2.2와 같다.

표 2.2 저가항공사의 대표적인 운영전략

구 분	특 징
항공기 운항전략	• 제2공항(secondary airport) 이용으로 항공기 가동시간 향상과 착륙료 등의 비용절감 • 단거리의 Point to Point 운항으로 운항빈도수 증가에 따른 운송구간 내 빈번하고 편리한 운항스케줄 • 동일기종의 항공기 운항으로 초기투자 비용과 정비 및 조종사 인력의 효율적 운영 • 30분 이내의 Turnaround Time으로 지상 체재시간을 줄여 비용절감 및 항공기 가동시간 향상
기내 서비스전략	• 일반석 위주의 단일 클래스 운영으로 탑승정원의 확대 • 기내서비스 유료화로 기내 승무원 축소와 비용절감 • 지정좌석제 미 시행으로 정시 출발
판매전략	• 화물운송을 배제한 여객 중심 운영체제로, 지상조업 비용절감 및 비행중량 감소로 비용절감 • 상용고객우대제도는 최소화 • 운임 클래스의 단순화 • 티켓리스트서비스로, 티켓비용 절감 • 인터넷을 이용한 직접 판매로, 여행사에 지불되는 발권수수료 절감과 콜센터 운영 비용절감
조직 운영전략	• 조직구조의 단순화로 의사결정 및 과정의 신속성 • 퇴직 전문인력 활용, 아웃소싱으로 비용절감

자료 : 선행연구를 근거로 저자 작성

유럽 제2의 저가항공사인 이지젯EasyJet Airline 항공코드 : U2은 1995년 영국에 설립되었으며, 처음 보잉737-200 2대로 런던 루톤London Luton, 공항코드 : LTN에서 글래스고우Glasgow, 공항코드 : GLA와 에딘버러Edinburgh, 공항코드 : EDI 2개의 노선으로 시작하였다. 2017년 기준 263대의 항공기를 보유하고 유럽전역 802개 노선을 확보하고 있다. 반면, 직원은 10,000여 명으로 경량경영을 실천하여 2016년 46억 6,900만 파운드(약 6조 9,000억원)의 시장을 점유하고 순이익 4억 9,500만 파운드(약 733억원)를 달성하였다. 이지젯은 사우스웨스트항공사Southwest Airlines, 항공코드 : WN의 비즈니스모델을 벤치마킹하여 핵심 경영전략을 빠른 항공기 회전시간으로 항공기의 운항 효율성을 높이고, 인터넷 예약과 기내서비스의 추가요금 부가 등으로 운영비용의 절감을 실현하고 있다.

국내에서는 '한성항공'이 2005년 8월 처음으로 청주CJJ－제주 간의 운항을 시작하면서 저가항공시장을 개척하였고, 또한 2005년 1월 애경그룹(75%)과 제주도(25%)의 공동출자로 민 · 관 합작 법인 형태의 '제주항공'이 설립되어 2006년 6월 첫 운항을 시작했으며, 부산지역을 기반으로 한 '영남에어'는 2008년 7월 부산－제주 구간을 취항하기 시작했다.

'한성항공'은 고유가와 고환율 및 미국발 금융위기의 여파로 자금난이 가중되어 경영이 어려워지자 2008년 10월 운항을 중단하였으며, '영남에어'는 불과 5개월 만인 2008년 12월 4일 자금난에 시달리다 최종 부도처리 되었다. '제주항공Jejuair 항공코드 : 7C'은 2009년 3월 20일부터 인천ICN－오사카ITM와 인천－기타큐슈KKJ 구간을 취항하여 국내 저가항공사 최초로 국제선 정기노선을 취항하였고, 현재 중국 · 대만 · 필리핀 · 태국 · 베트남 · 괌 · 사이판 등 아시아 주요도시 42개의 노선을 운항하고 있다. 2016년 국내 LCC 최초로 가입한 LCCLow Cost Carrier : LCC항공 동맹인 밸류얼라이언스Value Alliance의 창립 멤버이다. '진에어Jin air 항공코드 : LJ'는 대한항공에서 100% 출자하여 설립한 저가항공사로 대한항공korean Air 항공코드:KE자회사이다. 2008년 7월 김포－제주 구간 운항을 시작으로 현재 방콕 · 괌 · 클락CRK · 마카오MFM · 삿포로CTS · 세부CEB · 홍콩HKG에 취항 중이며, 저가항공사 중 유일하게 하와이HNL와 호주 노선에 취항하고 있다. '이스타항공Eastar Jet, 공항코드 : ZE'은 2009년 1월 김포－제주 노선에 첫 취항하였고, 현재 일본 · 중국 · 대만TPE · 방콕BKK · 코타키나발루BKI · 씨엠립REP에 취항 중이며, '티웨이항공twayair 공항코드 : TW'은 한성항공으로 시작하여 2008년 경영을 중단했다가 다시 티웨이항공으로 항공사명을 바꾸고 2010년 9월 김포－제주 노선에 재취항하였으며, 현재 일본 후쿠오카FUK를 비롯하여 도쿄 · 삿포로 · 오키나와OKA · 오이타OIT 및 중국 · 동남아 · 괌GUM · 사이판SPN 노선에 취항 중에 있다. 모기업의 재무 불안정으로 2013년까지 경영에 어려움을 겪다가 이후 흑자전환에 성공하면서 안정화되고 있다. '에어부산'은 부산 · 경남의 향토기업 등과 아시아나항공Asiana Airlines 항공코드 : OZ이 출자하여 설립한 저비용항공사로서 부산을 거점으로 2008년 10월 첫 취항하였다. 현재는 국내선 부산PUS－서울GMP, 제주CJU, 서울(김포)－제주 노선을 운항 중이며, 일본 · 중국 · 동남아시아 각지에 국제선 노선을 운항 중이다. 2016년 9월 부산 출발 국제선이 아닌 대구TAE 출발 국제선을 신설하여 사실상 포화상태인 김해국제공항에서 대구국제공항으로 출발지를 늘리고 있다. 2015년 4월 첫 취항한 국내 6번째 저비용항공사인 '에어서울RS'은 지역 향토기업과 합작으로 만들어진 에어부산Air Busan 항공코드 : BX과 달리 아시아나항공이 100% 자본금을 출자하여 출범한 항공사이다. 에어서울은 아시아나계열 항공사인 에어부산에 대응하여 인천국제공항을 기반으로 하며, 김포－광주KWJ 간

시험운항을 마치고 2017년 현재 국내선 김포 - 제주 구간을 비롯하여 일본 · 동남아 지역(코타키나발루 · 씨엠립)을 운항하고 있다.

국내의 일부 저가항공사들은 초기에 자금난 등으로 인해 매각설에 휩싸이기도 했으나, 중 · 단거리 노선의 국제선 취항으로 대한항공과 아시아나 항공에 경쟁하면서 경영이익에 상승기류에 있다. 그러나 외국의 저가항공사들이 철도교통 등을 대체하는 수단인 것과는 달리, 국내 저가항공사들은 철도와 같이 경쟁을 하는 교통수단이며, 국내의 환경적인 조건으로 인해 항공시장 규모가 작기 때문에 서비스와 가격 측면에서 많은 어려움이 있다.

표 2.3 국내 저가항공사 취항노선

항공사	첫 취항과 현재 취항노선
한성항공	• 2005년 8월 청주 – 제주 노선 취항 • 2008년 10월 18일 운항 중단
제주항공	• 2006년 6월 김포 – 제주 노선 첫 취항 • 2009년 3월 인천 – 오사카, 기타큐슈 취항, 국내 저가항공사 최초 국제선 정기노선 취항 • 국내선 : 김포, 부산, 청주 – 제주 국제선 : 일본(오사카, 나고야, 오키나와, 후쿠오카, 도쿄, 삿포로), 대만(타이베이), 대양주(괌, 사이판), 중국(마카오), 말레이시아(코타키나발루), 베트남(다낭, 하노이), 중국(홍콩), 태국(방콕, 푸껫), 필리핀(마닐라, 세부)
진에어	• 2008년 7월 김포 – 제주 노선 첫 취항 • 국내선 : 김포, 부산, 청주 – 제주 국제선 : 일본(도쿄, 오사카, 후쿠오카, 삿포로, 오키나와, 기타큐슈), 중국(마카오, 상하이, 시안, 홍콩), 동남아(방콕, 푸껫, 세부, 클락, 비엔티엔, 하노이, 타이베이, 코타키나발루, 다낭), 대양주(사이판, 괌, 케언즈), 미주(하와이)
영남에어	• 2008년 7월 부산–제주 취항 • 2008년 12월 최종부도 처리
에어부산	• 2008년 10월 부산 – 김포 노선 첫 취항 후 12월 부산 – 제주 노선 취항 • 2010년 3월 부산 – 후쿠오카 노선 취항 • 국내선 : 김포 – 부산, 제주, 부산 – 제주 국제선 : 일본(도쿄, 오사카, 후쿠오카, 삿포로), 동남아시아(대만, 타이베이, 가오슝), 세부, 다낭, 씨엠립, 중국(옌지, 칭다오, 시안, 장자제, 홍콩, 마카오, 산야), 몽골(울란바트로), 대양주(괌)
이스타항공	• 2009년 1월 김포 – 제주 노선 첫 취항 • 2009년 12월 인천 – 코타키나발루 국제선 첫 취항 • 국내선 : 김포, 청주, 군산, 부산–제주 국제선 : 중국(닝보, 지난, 선양, 상하이, 옌지, 하얼빈, 다롄, 홍콩 등), 일본(도쿄, 오사카, 오키나와, 후쿠오카), 동남아(대만, 코타키나발루, 방콕, 푸껫, 씨엠립, 하노이, 다낭), 대양주(사이판)

항공사	첫 취항과 현재 취항노선
티웨이항공	• 2010년 9월 김포-제주 노선 첫 취항 • 2011년 12월 인천-후쿠오카 노선 취항 • 국내선 : 김포, 대구, 광주, 무안-제주 국제선 : 일본(도쿄, 사가, 삿포로, 오사카, 오이타, 오키나와, 후쿠오카), 중국(마카오, 산야, 윈저우, 칭다오, 하이커우, 상하이, 난닝, 홍콩), 동남아(다낭, 방콕, 비엔티엔, 호치민, 타이베이, 송산, 타오위안, 세부), 대양주(사이판, 괌)
에어서울	• 2016년 7월 김포-제주 취항 • 국내선 : 김포-제주 국제선 : 일본(다카마쓰, 시즈오카, 나가사키, 히로시마, 요나고, 도야마, 우베), 동남아(씨엠립, 코타키나발루, 마카오), 중국(홍콩), 대양주(괌)

3. 항공사 제휴

1990년대 후반 항공사의 재무위기 극복을 위한 방편으로 항공사 간 제휴 열풍이 불기 시작하였다. 항공사 간 제휴로 인해 항공사가 여행자 운송수요와 화물 운송수요를 큰 재정적 부담 없이 해외 파트너를 통해 적절히 대응할 수 있게 되었고, 광범위한 글로벌 네트워크를 확장시켜 나갈 수 있게 되었다.

항공사의 제휴방식도 제휴 항공사별로 자산을 독립적으로 운영하며, 각각의 기업 목표를 추구하면서 코드셰어Code Share, 공동마일리지, 좌석할당Block Space 등의 영업 편의성을 위한 초보적 단계의 상업적 제휴Commercial Alliance에서 제휴 항공사 간의 청사 내 시설, 정비기지, 항공기 및 인력, 운송권 등의 자산을 통합하여 공동의 목표 달성을 위한 전략적 제휴Strategic Alliance로 발전하였다. 전략적 제휴는 공동브랜드 사용, 동일서비스 표준화, 공동마케팅 등을 통해 사실상 단일 회사처럼 움직이는 다자 간 기업 연합체의 성격을 띤다. 여행자들은 여러 항공사가 하나의 시스템으로 통합되기 때문에, 이들 항공사를 이용할 때 하나의 항공사를 이용하는 것과 같이 편리하다.

1997년 항공동맹체인 얼라이언스의 출범은 그동안 유지한 항공사 간의 지역적 파트너 관계에서 벗어나 글로벌 얼라이언스 형태로 발전시켰다. 전 세계의 항공사들은 스타 얼라이언스Star Alliance, 스카이 팀Sky Team, 원 월드Won World 등의 글로벌 얼라이언스를 통해 세계 항공업계의 변화추세에 대응하고, 누적되는 적자와 재정난을 극복하며 국제적인 경쟁력을 갖추는데 큰 이익이 있다. 국적항공사인 대한항공이 2001년에 스카이 팀에 가입하였고, 아시아나항공도 2003년에 스타 얼라이언스에 가입하였다. 우리나라의 저가항공사인 제주항공도 밸류얼라이언스에 2016년부터 가입되어 있다.

1) 스타 얼라이언스

1997년 5월 설립된 세계 최초의 글로벌 얼라이언스로, 5대 항공사가 노선 · 라운지 · 수속 · 발권 등 고객의 만족도를 높이고 항공사들의 효율성을 개선하기 위해 동맹을 맺은 이후, 2017년 기준 27개 회원 항공사가 네트워크를 형성하고 있으며, 세계 최대 규모의 항공사 제휴시스템을 갖추고 있다. 최근 스타 얼라이언스Star Alliance 네트워크는 그 영역을 라틴아메리카와 중국으로 확장하여 190개 취항국에 1,300개가 넘는 목적지를 매일 18,450회 이상 운항하고 있다www.staralliance.com.

그림 2.2 스타 얼라이언스 제휴항공사 네트워크

2) 스카이 팀

스카이 팀Sky Team은 네덜란드 암스테르담에 본부를 두고 2000년 6월에 설립된 항공 동맹체이다. 20개 항공사가 동맹을 맺고 있으며, 항공사 간에 공동 운항 · 공동 운임을 포함하여 노선 공유Route-sharing, 체크인 카운터 공동사용Sharing Check-in Office, 사무실 공유Joint Office, 승무원 교환근무, CRS 등에 걸쳐 다양한 업무를 제휴하고 있다. 2017년 기준 177개국의 1,062개 취항도시를 매일 17,343회 운항하고 있다www.skyteam.com.

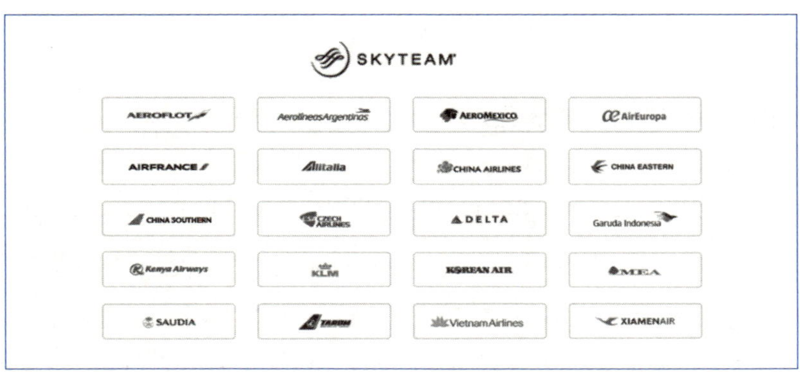

그림 2.3 스카이 팀 제휴항공사 네트워크

3) 원 월드

원 월드Oneworld는 유럽의 영국항공British Airways과 미국의 아메리칸항공American Airlines

그림 2.4 원 월드 제휴항공사 네트워크

이 주축으로, 호주항공Qantas 및 캐세이퍼시픽항공Catchy Pacific과 함께 1998년에 설립하였다. 원 월드는 항공 동맹으로 회원 항공회사와 그 계열사 간에 스케줄, 항공권, 공동운항, 환승편의 운영, 마일리지서비스, 공항라운지 공유, 경비절감, 승무원 훈련 등 자원의 공유나 업무의 협력을 실시하고 있다. 2017년 기준 14개 항공사가 소속되어 있으며, 150개국 1,000개의 목적지를 비행하고 있다www.oneworld.com.

4. 여행업의 통합과 대형화

여행산업 선진국인 독일 · 영국 등의 여행업체는 수직 통합Vertical Integration과 수평 통합Horizontal Integration을 통한 다른 나라의 여행과 관광 관련기업체 매입에 의한 규모의 경제를 통해 시장의 지배력을 확장시켜 나갔다. 또한 대각선 통합Diagonal Integration을 통해 출판업 · 보험업 등의 기업체를 인수 · 합병하여 사업다각화를 이루어 나갔다. 그 대표적인 여행업체가 TUI, Thomas Cook, JTB, CWT 등이다.

1) TUI AG

TUI AGTouristik Union International는 독일에 기반을 둔 여행업체로 1959년 Preussag AG라는 상호로 소비재 산업을 중심으로 창업하여 조선 · 전기 · 화학 · 운송 · 통신 · 건축 사업으로 성장한 회사이다. 1997년 Hapag-Lloyd라는 해운회사를 매입하면서 본격적으로 서비스사업에 뛰어들었고, 1998년 Hapag-Lloyd를 통해 여행 브랜드인 TUI의 주식 50.1%를 인수했으며, Thomas Cook의 지분 24.9%도 매입(2001년 매각)하였다.

이후 1999년 Preussag Plant Engineering을 시작으로 점차적으로 조선 · 전기 · 화학 · 건축 등 다른 산업분야를 매각하면서 관광 · 해운 · 물류회사로 사업영역을 확장하였다. 대표적으로 1999년 TUI AG의 주식을 100% 매입하였고, 2000년 영국 최대의 여행업체인 Thomson Travel Group과 2002년 프랑스의 Nouvelles Frontieres를 매입하였다. 또한 같은 해에 TUI Airlines를 설립하였으며, Preussag AG에서 TUI AG로

그룹명을 개칭하여 관광산업체로서의 이미지 변신을 꾀하였다.

TUI의 사업영역은 여행 알선과 온라인 여행판매 등을 포함한 여행사업 분야, 호텔과 리조트 분야, 크루즈여객선 운영분야 등 크게 세 가지이다. 계열사인 TUI Hotels & Resorts는 유럽 최대 호텔체인 가운데 하나로, 27개 나라에 261개 호텔과 17만 개 침실을 보유하고 있다. 크루즈여객 분야에서는 주로 독일어 사용권 나라를 대상으로

표 2.4 TUI 사업분야별 브랜드

Airlines	Hotel Brands	Cruise lines
• TUI Airlines Netherlands • Corsair International • TUIfly Belgium • Thomson Airways • TUIfly • TUIfly Nordic	• TUI Blue • Robinson • TUI Magic Life • Riu • TUI Sensimar • TUI Sensatori • TUI Family Life • Atlantica • Barut • Dorfhotel • Grupotel • Iberotel • Jaz • Karisma • Nordotel • Sol Y Mar • Toskana Resort Castelfalfi • TT Hotels	독일 • Hapag-lloyd Kreuzfahrten • TUI Cruises(50% 지분) 영국 • Thomson Cruises
Travel Agency	**Tour Operator**	**Incoming Agencies**
• TUI Group Germany • Thomson Holidays • TUI Nordic • TUI Nederland • TUI Travel Belgium • TUI France • TUI Suisse • TUI Hotlemarken	• Thomson Holidays • First Choice • TCS World Travel • TUI Deutschland • 1-2-Fly • Wolters Reisen • Star Tour • Fritidsresor • Finnmatkat • Falcon • Nazar Nordic • Sunwing Travel Group	• TUI Espana(Spain) • TUI Portugal(Portugal) • TUI Hellas(Greece) • Tantur Turizm(Tukey) • Travco Goup(Egypt)

영업을 하고 있는데, 2009년 봄 첫 번째 크루즈인 'Mein Schiff('나의 배')'을 시작으로 2017년 5월 Mein Schiff 6호까지 출항하였다. 세계 각국에 여행대리점 3,700개, 항공기 88대를 보유하고 있으며, 본사는 하노버에 있다.

TUI Airlines는 5개의 항공사를 통합하여 별도로 운영하고 있는데, 유럽에서 7번째로 큰 항공사이다. 총 150대의 항공기를 보유하고 있고, 보잉787 드림라이너를 장거리 목적지로 운영하고 있다.

TUI AG의 2015~2016년 총매출은 172억 유로(약 21조 7,700억원)이며, 전체 직원은 67,000명이다www.tui-group.com.

2) JTB

JTB 그룹은 2001년 1월 JTBJapan Travel Bureau에서 JTB Corporation으로 명칭을 변경하였다. JTB는 일본의 풍경을 해외에 소개하고 외국인에게 각종 정보를 제공하며, 일본을 방문한 외국인여행자의 편의를 증진하는 것이 주요사업으로, 세계 각 지역에 지사를 설치한 일본 최대의 여행사이며, 세계에서도 대형 여행업체 중의 하나로 꼽힌다.

표 2.5 JTB 그룹 사업내용

사업분야	사업내용
여행관련업	• 지역종합형 : 법인 또는 개인여행 판매, 이벤트컨벤션 유치 • 개인영업특화형 : 쇼핑센터와 터미널 내에서 여행상품 판매 • 기능특화형 : 각종회의 및 제품 프로모션 기획 운영, 해외거점에서 외국인을 대상으로 여행상품 판매, 인터넷 여행상품 판매 • 제품개발회사 : 판매 자회사에 다양한 제품 및 서비스 제공 • 지원회사 : 관광회사 운영자 파견, 해외여행 수속, 소책자 판촉물 제작 등 각 여행업체의 활동지원
솔루션 업체	• 조사, 회의 및 전시회의 기획 · 운영, 복리후생 아웃소싱 등 기업의 다양한 문제 해결
출판 · 광고회사	• JTB 시각표 간행, 관광관련 분야를 중심으로 한 프로모션 광고기획
상업회사	• JTB 그룹, 여행기념품 · 여행용품 · 숙박시설 · 도시락 등 여행에 관련된 다양한 상품 판매
기타	• 호텔, 사진, 긴급지원서비스 등
그룹활동 지원	• 교육, 인재파견, 정보시스템 제공
해외사업 분야	• 유럽 · 북미 · 오세아니아 · 아시아 · 하와이 · 중국 · 미크로네시아 등 해외 주요 거점에서 여행지원 및 현지거점에서 출발하는 여행상품 판매

2007년 롯데그룹과 JTB는 50 : 50 지분으로 한국에 롯데 JTB를 탄생시켜 한국 아웃바운드 시장에도 진출했는데, 이 때문에 한국인들에게 매우 익숙한 이미지를 가지게 되었다. JTB는 처음 일본정부에 의해 운영되었지만, 현재는 여행부분에서 뿐만 아니라 표 2.5와 같이 이벤트 산업, 정보서비스, 교육, 운송, 무역, 광고 등 다방면에 걸쳐 사업영역을 확장하여 글로벌 네트워크를 형성하고 있다www.jtbcorp.jp.

3) Thomas Cook

Thomas Cook은 1841년에 영국 철도여행회사로 출범하였으며, 창업자인 토마스 쿡은 오늘날의 패키지투어 기틀이 된 상품을 최초로 만들어서 판매하였다. 여행 분야에서 시장을 선도하는 역할을 하였다.

1867년 호텔의 바우처Voucher제도를 처음으로 시작하였고, 1872년 세계일주 상품을 판매하기 시작했으며, 1874년 Circular Notes의 이름으로 여행자수표를 발행하기 시작하였다. 그러나 1992년 독일의 Westdeutsche Landesbank에 90%의 지분을 매각하여 영국 여행업계의 자존심이던 Thomas Cook은 독일 여행업체로 변경되었다. 현재 토마스 쿡Thomas Coo) 그룹은 2007년 6월에 루프트한자와 카슈타트가 공동소유주로 있는 C&N 관광주식회사C&N Touristic AG와 마이 트래블 그룹My Travel Group PL)의 합병에 의해 탄생되었다.

Thomas Cook은 2008년 캐나다의 여행 도매업체인 IFS Voyages(Fun Sun Vacations, Intair, Exotik Tours, Boomerang Tours 등 포함)를 사들여 업계에 뜨거운 논쟁이 되기도 하였다. Thomas Cook은 27,000명의 종업원으로 2016년에 90억 파운드(약 13조 2,000억원)의 매출을 기록하였다www.thomascook.com.

4) CWTCarlson Wagon-lits Travel

1872년 창립된 Wagon-lits은 호텔업 중심으로 인수·합병을 통해 성장하였다. 1994년 미네아폴리스의 Carlson Travel Network와 파리에 기반을 두고 있던 Accor그룹의

Wagonlit Travel이 통합하여 Carlson Wagonlit TravelCWT을 설립하였고, 1997년부터 이 새로운 회사가 글로벌 비즈니스여행 서비스를 처음으로 국제적으로 제공하기 시작하였다.

CWT는 2016년 총매출 230억 달러(25조 6,000억원), 150개국에 직원수 18,000명의 유럽과 아시아·태평양 지역에서 선두를 이끄는 여행업체이다www.carlsonwagonlit.com.

2016년 글로벌 호텔업계 리더인 ACCOR는 Sofitel, Novotel, Mercure, Suite Hotel, Ibis, Motel 6, Etap, Formule 1, Adagio 등 18개의 호텔 브랜드를 가지고 있고, 전 세계에 3,700개 이상의 호텔, 480,000실을 보유하고 운영 중이며, 직원수는 240,000명이다.

그림 2.5 ACCOR Group Hotel Brands

5) 우리나라의 여행업

우리나라에서는 아직 TUI나 Thomas Cook과 같은 통합성장에 의해 글로벌한 여행기업으로 성장한 곳이 아직까지는 없다고 볼 수 있다. 그러나 2000년 하나투어의 기업공개를 통한 주식시장 상장을 시작으로 모두투어·롯데관광 등의 상장으로 재정적

안정을 이루었다. 그 이후 하나투어와 레드캡투어에서 공동투자로 오케이투어를 인수 · 합병하였고, 세중여행사는 한화투어몰을 인수 · 합병하여 세중투어몰을 탄생시키면서 점차 대형화 추세에 있다. 그러나 이러한 여행업체끼리의 수평적 통합을 통한 몸집 불리기식의 대형화는 대부분 성공을 하지 못했지만, 외국의 사례처럼 후방위 수직통합을 통한 호텔의 인수 · 합병이 하나투어와 모두투어에서 진행되고 있다. 하나투어는 2012년 센터마크호텔을 시작으로 티마크 명동, 삿포로 티마크시티호텔, 티마크그랜드호텔까지 운영하고 있고, 모두투어 역시 2012년 제주도의 로베로호텔을 시작으로 써튼호텔, 스타즈호텔 1호 · 2호 · 3호점까지 성공적으로 운영하고 있다.

대기업도 여행업 진출이 이루어지고 있는데, 롯데그룹에서는 일본의 JTB와 제휴를 통해 롯데 JTB를 탄생시켰으며, CJ그룹에서는 CJ월디스를 출범시켜 모기업에서의 재정적 뒷받침을 통한 영업활동을 시작하였다. 이외에도 삼천리자전거도 참좋은여행을 인수 · 합병하여 여행업에 진출하였다.

우리나라의 여행사는 주식시장 상장과 대기업에서의 투자 등으로 점차 대형화되고 있는 추세이다. 여행사의 대형화는 공급업자에 대한 지배력이 강화되어 더 경쟁력 있는 항공요금과 호텔요금을 확보할 수 있게 되고, 더 많은 공급량의 확보가 가능하게 된다. 이러한 규모의 경제는 여행자에게 더욱 저렴한 가격으로 여행상품 제공이 가능하게 된다.

5. 항공기 대형화

세계적으로 항공기 제작사는 유럽의 에어버스사Airbus S.A.S., Société Par Actions Simplifiée와 미국의 보잉사The Boeing Company가 대표적이다. 유럽의 에어버스사는 보잉사의 보잉747 대형여객기와 경쟁하기 위해 2000년 12월 19일 대형여객기의 개발에 착수하여 완전한 2층 구조의 853석(일반석 기준) 규모의 초대형여객기인 A380 개발에 성공하였고, 2005년 4월 27일 프랑스 툴루즈에서 처녀비행을 성공적으로 마쳤다. 2007년 10월 25일 싱가폴항공SQ380편으로 싱가포르 창이국제공항에서 시드니 킹스포드 스미

스국제공항으로 가는 첫 상업비행 이후 운항이 계속되고 있다.

기존 여객기 중 규모가 가장 커서 '슈퍼점보'라고도 불리는 A380은 동체 길이가 약 72.8m, 날개폭이 79.8m, 꼬리날개 높이가 24.1m이고, 객실이 2층으로 되어 있어 동시에 많은 승객이 탑승할 수 있다. 대한항공은 2011년 6월부터 A380 항공기를 도입하였고, 아시아나항공은 2014년 6월부터 첫 취항을 시작하여 장거리 국제선 및 중단거리 대량수송 노선에 운항 중인데, 2층 전체가 비즈니스석이며, 세계 최초 기내면세품 전시공간이 운영되어 객실서비스를 업그레이드했다.

에어버스사의 A380은 좌석 당 12%의 연료절감과 전체적으로 10%의 비용절감 효과가 있다고 하여, 향후 항공요금의 인하에 영향을 미칠 수도 있을 것으로 보인다. 한편, 보잉사에서는 현재 '보잉787', 일명 '드림라이너'는 2007년 『타임』지가 선정한 최고의 발명품으로 선정되었고, 삼성경제연구소에서도 '최고경영자에게 가장 영감을 주는 발명품'으로 뽑힌 기종으로 기존의 알루미늄 재질 비행기와 달리 첨단복합 소재

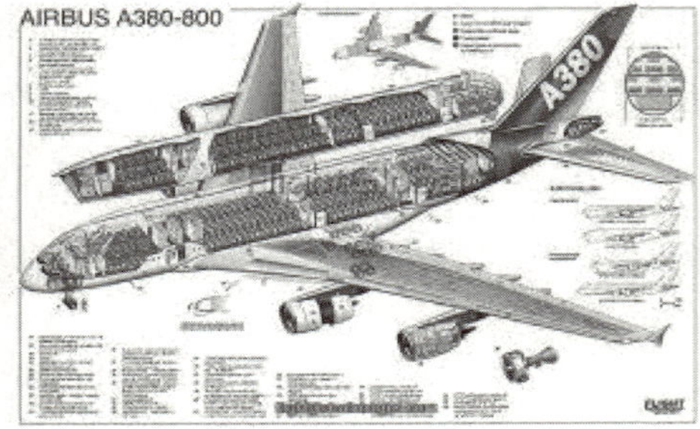

[A380의 모습]

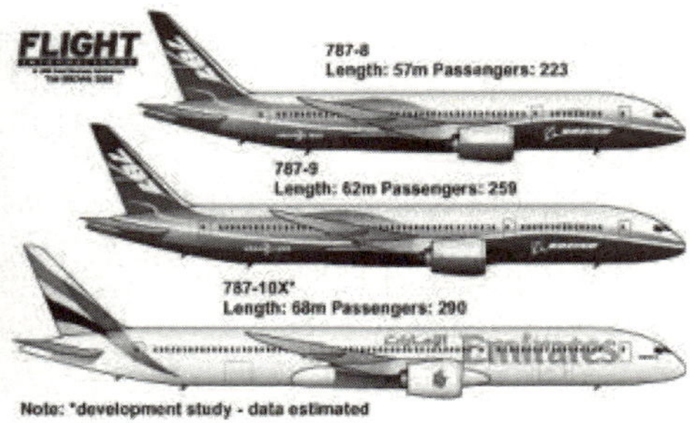

[B787의 모습]

를 사용하여 무게를 15% 이상 줄여 연료 효율성도 20% 이상 좋아지고 이산화탄소 배출량도 크게 줄였다. 또한 전자식 창문 스크린, LED 조명, 넓은 수납공간, 적은 기내소음 등이 대표적인 특징이다.

여행사 업무의 이해

제1절 여행사 개념과 주요업무

1. 여행사의 개념

「관광진흥법」에서 "여행업이란 여행자 또는 운송시설, 숙박시설, 기타 여행에 부수되는 시설의 경영자 등을 위해 당해시설 이용의 알선이나 계약체결의 대리, 여행에 관한 안내, 기타 여행의 편의를 제공하는 업"으로 정의하고 있다.

현대사회에서의 여행사 개념은 단순히 소비자와 공급자 사이에서 매개역할을 하며, 알선수수료를 수익으로 운영하는 단계에서 벗어나, 여행상품을 기획 · 개발하여 적극적인 마케팅 활동을 통해 소비자에게 상담 · 판매할 뿐만 아니라 여행자에게 안내 편의를 제공하기도 하면서 영리를 추구하는 기업이라고 정의할 수 있다.

2. 여행사의 업무

현대사회에서 여행사의 업무는 매우 다양하고 복잡하지만, 아웃바운드Outbound 여행사의 기본적인 주요 업무는 다음과 같다.

1) 여행상품의 기획 · 개발 업무

여행자와 공급업자의 매개역할로 예약을 대행해주고 수수료를 받는 알선에서 벗어나, 다양해진 여행자의 욕구에 맞는 여행상품을 기획하고 새로운 관광지를 개발하여 고객욕구를 만족시키는 것이 여행사의 업무 중 가장 핵심적인 업무라고 할 수 있다.

2) 마케팅 업무

여행자들의 욕구충족을 위한 다양한 여행상품을 구성하여 일간지광고 · 온라인광고 등에 의한 적극적인 마케팅 활동을 통해 여행상품을 판매하고자 하는 업무이다. 최근에는 대형 여행사를 중심으로 TV드라마나 프로그램의 협찬 및 제작지원을 통한 마케팅 활동도 펼치고 있다.

3) 여행상담 · 예약 업무

여행자에게 여행전문가로서 여행상품과 여행지역에 대한 정보를 제공해줄 뿐만 아니라 전반적인 여행준비에 대한 안내 등과 여행자의 요청에 따라 항공권 · 숙박권 · 기획여행 상품 등을 예약 접수하는 업무이다.

여행상품은 모방성이 강하여 타 여행사와 상품의 차별화가 어려운 상황에서 여행사 종사원들의 친절하고 해박한 전문지식은 타 여행사에서 모방할 수 없는 무형의 자산이 된다.

4) 수배 업무

여행자의 요청에 따라 항공권, 숙박시설, 목적지에서의 교통운송기관, 가이드 등 여행에 필요한 제반사항에 대한 예약을 대행해 주는 업무이다. 여행자의 욕구를 정확히 파악하는 것이 중요하며, 욕구를 충족시킬 수 있는 수배를 통해 불만족 요인을 최소화하고 여행자 만족을 극대화시켜야 한다.

5) 발권 업무

공급업자들과의 계약에 의거하여 여행상품의 판매에 따른 항공권, 숙박권, 기타 교통기관의 탑승권 등을 대리 발권하는 업무이다.

6) 수속대리 업무

여행자를 대리하여 여권 · 비자 수속을 대행해 주며, 여행자보험 가입도 여행자를 대리하여 가입해 주는 업무이다. 그러나 2008년 전자여권제도의 시행으로 여행사의 여권수속 대행은 불가능하게 되었으며, 비자대행 업무는 여행사의 업무 중 극히 일부분일 뿐만 아니라 거의 수익성이 없으며 대부분 고객관리 차원의 업무로 간주되고 있다.

7) 여행자 인솔 업무

여행자의 요청에 따른 여행상품의 예약 및 수배 업무로 끝나지 않고, 국외여행인솔자TC : Tour Conductor가 동행하여 여행자의 출국에서부터 귀국까지 모든 일정을 관리하고 효율적으로 진행시켜주는 업무를 말한다.

8) 예산 및 정산 업무

여행상품 판매에 따른 여행자의 경비입금과 지출내역에 대한 예산안을 작성하고 이 예산안에 따라 집행하며, 여행자의 귀국 후에는 정산을 하여 수익 및 수익에 따른 세액을 확정짓는 업무이다. 또한 여행상품의 원가계산, 견적, 손익산출 업무도 예산 및 정산 업무의 일부이다.

제2절 여행사의 특성

1. 여행사의 경영 측면에서의 특성

1) 입지적 특성

여행사는 유동인구가 많고 여행자의 눈에 쉽게 보이는 1층에 위치하는 것이 좋다.

여행자의 접근성이 용이하여 손쉽게 방문할 수 있는지의 여부는 구매로 이어지는 중요한 요소가 된다. 업무의 효율성을 높이기 위해 항공사와 대사관(영사관)과의 접근성도 신중히 고려해야 한다. 인터넷의 발달로 점차 여행사를 직접 내방하는 여행자가 많이 줄어들고 있으나, 전통적으로 고려하는 입지조건은 여행사의 이미지에 많은 영향을 미친다.

2) 규모적 특성

여행사는 인적자원 중심의 서비스산업으로, 고정자산이 별로 없으므로 소규모 자본으로도 창업이 가능하다. 일반적으로 국내여행업 3천만원, 국외여행업 6천만원, 일반여행업 2억원 이상의 자본만 있으면 창업이 가능하여, 일반적으로 타 산업에 비해 소규모의 자본으로도 가능하다.

그러나 패키지상품 판매를 위주로 하는 대형 여행사는 막대한 마케팅 비용과 인적자원 위주의 산업으로 급여지급에 따른 운영비는 많이 소요되고 있어, 창업은 용이하나 창업 후 지속적인 유지는 쉽지 않은 편이다.

3) 인적자원 중심의 경영

무형의 상품판매에 따른 종사원들의 친절하고 상세한 상담을 위한 전문화된 인적구성은 여행사 성패의 중요한 요인이다. IT산업의 발달로 인적자원의 의존도가 낮아지고 있지만, 서비스 제공에는 한계가 있으므로 인적자원은 매우 중요하다.

4) 과당경쟁

여행사는 특별한 기술 없이 소규모로도 창업이 가능하기 때문에, 많은 여행사들이 난립하여 과당경쟁을 부추기고 있다. 또한 여행상품의 무형성과 손쉬운 모방으로 인해 서로 비슷한 여행상품을 판매하게 되어 상대적으로 가격요인에 의한 경쟁이 심화

될 수밖에 없는 상황이다.

5) 정보 및 아이디어산업

현대사회에서 정보의 중요성은 새삼 말할 나위도 없지만, 특히 여행업에서의 경쟁사보다 한 발 빠른 정보의 수집은 마케팅 성공의 중요한 요인이다. 경쟁사에서 생각해내지 못한 아이디어는 여행상품의 차별화를 가져올 수 있는 매우 중요한 요인이다.

2. 여행사 사회현상 측면에서의 특성

1) 수요의 집중성

여행업은 성수기와 비수기의 구분이 뚜렷하여 성수기에는 공급의 부족현상이 발생하고, 비수기에는 수요의 부족현상이 발생한다. 또한 중국 · 일본 등 지리적으로 가까운 지역의 금요일 저녁 출국, 일요일 저녁 귀국, 허니문여행지의 일요일 저녁 출국 등은 비수기일지라도 공급의 부족현상이 나타나고 있다. 따라서 비수기 중에는 수요의 창출이, 성수기에는 공급의 확보가 여행사의 중대한 성패의 요인이다.

2) 신용사업

여행사의 신용은 두 가지 측면에서 중요하다. 첫째, 여행자에 대한 신용이고, 둘째, 공급업자에 대한 신용이다. 여행상품은 직접 경험을 하지 않고서는 상품의 품질을 알 수 없기 때문에, 여행자는 여행사의 신용을 바탕으로 여행상품을 구매하는 경향이 높다. 또한 여행 개시일 전에 이미 많은 여행경비를 지급하기 때문에도 여행사의 신용은 매우 중요하다. 공급업자와의 신용은 공급량과 공급단가에도 영향을 미칠 뿐만 아니라 바우처Voucher 등을 이용한 신용거래에도 막대한 영향을 미친다.

3) 사회적 책임

여행사의 해외여행 업무는 많은 외국을 대상으로 하기 때문에, 외국에서 여행자의 행동은 곧 국가의 이미지와 연결된다. 따라서 그 나라의 문화와 법을 존중하고, 그 나라의 주민들에게 피해를 주는 행동을 통제해 나가야 하는 책임이 있다. 여행자는 국외에 나가 민간 외교관으로서 좋은 이미지를 심어주기 위해서는 사전교육이 필수적이며, 이러한 역할을 여행사가 해주는 것이 좋다.

제3절 여행사의 의무와 여행자 편익

1. 여행사의 의무사항

1) 보증보험의 가입

「관광진흥법」 시행규칙 제18조(보험의 가입 등) 1항에는 "여행사를 운영하기 위해서는 여행사가 여행 알선과 관계한 사고로 인하여 여행자에게 피해를 준 경우, 그 손해를 배상할 것을 내용으로 하는 영업보증금을 예치하거나 보증보험 및 한국관광협회중앙회의 공제에 가입해야 하고 지속적으로 유지"해야 한다.

보통 영업보증금의 예치보다는 보증보험이나 공제의 가입이 일반적인데, 가입 금액은 직전 사업연도의 매출액이 1억원 미만일 경우에는 일반여행업의 경우 5천만원, 국외여행업의 경우 3천만원, 국내여행업의 경우 2천만원 이상이다. 또한 「관광진흥법」 시행규칙 제18조(보험의 가입 등) 3항에 따르면, 영업보증보험 등의 가입 외에도 기획여행을 실시하고자 할 경우에는 별도의 보증보험 등에 가입하거나 영업보증금을 예치하고 지속적으로 유지해야 한다.

표 3.1 보증보험 등 가입

직전 사업연도 매출액 \ 여행업 종류	국내여행업	국외여행업	일반여행업
신규, 1억원 미만	20,000,000원	30,000,000원	50,000,000원
1억원 이상~5억원 미만	30,000,000원	40,000,000원	65,000,000원
5억원 이상~10억원 미만	45,000,000원	55,000,000원	85,000,000원
10억원 이상~50억원 미만	85,000,000원	100,000,000원	150,000,000원
50억원 이상~100억원 미만	140,000,000원	180,000,000원	250,000,000원
100억원 이상~1,000억원 미만	450,000,000원	750,000,000원	1,000,000,000원
1,000억원 이상	750,000,000원	1,250,000,000원	1,510,000,000원

업종별	가입금액	요율(년)	공제분담금		
			1년	2년	3년
일반여행업	50,000,000원	0.5%	250,000원	500,000원	750,000원
국외여행업	30,000,000원	0.5%	150,000원	300,000원	450,000원
국내여행업	20,000,000원	0.5%	100,000원	200,000원	300,000원

2) 표준약관의 게시 및 고지

여행업자는 사업장 내의 내방객이 보기 쉬운 곳에 표준약관을 게시해야 하며, 여행계약 체결 시에는 반드시 약관을 설명하여 여행자에게 피해가 없도록 해야 한다. 일반적으로 여행계약서 뒷면에 여행 약관이 게시되어 있다.

3) 여행계약서의 교부

「관광진흥법」 제14조(여행계약서 교부)에는 여행업자는 여행자에게 여행계약서를 교부하여 여행서비스의 내용을 상세하게 알려주어야 한다. 만약 여행업자가 여행계약서를 교부하지 않았을 경우에는 일반여행업 800만원, 국외여행업 400만원, 국내여행업 200만원의 과징금을 납부하게 된다.

4) 유자격 국외여행인솔자의 고용

여행업자는 국외여행인솔자의 인솔이 필요한 경우에는 「관광진흥법」 제13조(국외여행인솔자)에 따라서 유자격자를 고용해야 한다. 유자격자는 관광통역안내사 또는 국외여행인솔자 자격인정증을 소지한 자를 말한다. 만약 여행업자가 무자격 국외여행인솔자를 고용하여 여행인솔을 시켰을 경우에는 1차 적발 시 사업정지 10일, 2차 적발 시 사업정지 20일, 3차 적발 시 사업정지 1개월, 4차 적발 시 사업정지 3개월의 행정처분을 받게 된다.

2. 여행자의 여행사 이용에 따른 편익

여행사는 여행자의 여행준비에 따른 불편함을 제거해주고, 어려움을 해결해 줄 뿐만 아니라 여행 목적지에서의 안전하고 쾌적한 여행을 안내하는 등 여행자의 편의를 위해 존재한다. 여행자의 여행사 이용의 편익은 다음과 같다.

1) 신뢰성

새로운 세계로 여행을 떠나려고 하는 여행자는 새로운 세계에 대한 불안감에 따른 긴장감을 느끼게 된다. 그래서 여행자는 사전에 교통편이나 숙박시설을 준비하고 싶은 마음일 것이다. 이러한 상황에서 여행자를 위한 교통편이나 숙박시설 등의 예약과 여행 전문가로서의 안내는 여행자에게 안심하고 여행을 떠날 수 있게 안정감과 신뢰감을 제공해야 한다.

2) 정보판단력

현대사회는 정보화 사회 혹은 4차산업혁명사회라고 한다. 그만큼 많은 정보의 홍수 속에 살고 있다. 그러나 많은 정보 속에서 정확하고 본인에게 필요한 정보만을 선택해 내는 일은 쉽지 않다. 여행사에는 최근의 정확한 정보가 풍부할 뿐만 아니라 경험 많은 종사원들로 인해 필요한 정보에 대한 신속하고 정확한 판단력으로 좋은 정보를 제공해 줄 수 있다.

3) 시간과 비용의 절약

여행자가 직접 여행상품을 기획하고, 기획한 상품에 따라 적절히 수배하는 등의 업무는 여행전문가가 아닌 상황에서는 불가능한 일이다. 여행 전문지식이 있어서 업무가 가능할지라도 많은 비용과 시간이 소요된다. 그러나 이러한 일들을 전문적으로 처리하는 여행사에서는 훨씬 적은 비용으로 빠른 시간 내에 해결이 가능하다.

4) 염가성

여행사를 통한 항공권 · 숙박권 등의 구입은 여행자가 직접 공급업체에 예약할 경우 보다 훨씬 저렴하며, 특히 패키지여행 등 단체여행일 경우 더욱 저렴한 가격으로 구입이 가능하다.

3. 여행사의 분류

여행사의 분류는 학자들에 따라 분류방법이 다소 상이하다. 「관광진흥법」에서 분류와 현재 여행업계에서 실제로 분류되고 있는 방법에 따라 여행사를 분류하였다.

1) 관광진흥법 상 분류

「관광진흥법」 시행령 제2조 1항의 규정에서는 일반여행업 · 국외여행업 · 국내여행업으로 분류된다. 일반여행업은 내국인의 국내여행Domestic Tour, 내국인의 국외여행Outbound Tour, 외국인의 국내여행Inbound Tour 업무가 가능한 여행사를 말한다.

국외여행업은 내국인의 국외여행 업무만을 취급할 수 있으며, 국내여행업은 내국인의 국내여행 업무만을 취급할 수 있다.

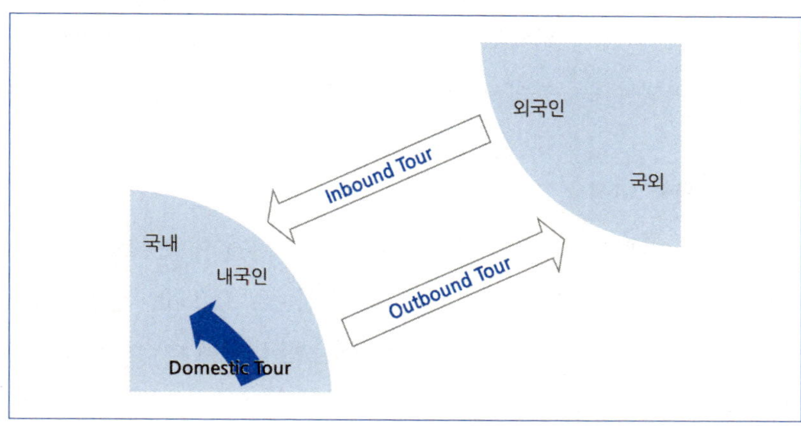

그림 3.1 Inbound, Outbound, Domestic Tour

2) 판매 방식에 따른 분류

(1) 간접 판매 여행사

간접 판매 여행사는 여행자에게 직접적으로 여행상품 판매활동을 하지 않고 대리점여행사를 통해 여행상품을 판매하는 여행사를 말한다. 간접 판매 여행사에서는 여행상품을 기획하여 제공하며, 대리점 여행사에서는 제공된 상품을 여행자에게 판매하고 판매액에 따른 일정액의 수수료를 받는다. 하나투어 · 모두투어 등이 간접 판매 여행사로 분류된다.

(2) 직접 판매 여행사

직접 판매 여행사는 실제 여행에 참가하는 여행자를 대상으로 일간지 광고, 온라인 광고 등의 다양한 마케팅 활동을 통해 판매 활동을 하는 여행사를 말한다. 롯데관광, 자유투어, 온누리여행사, 참좋은여행사, 노랑풍선여행사 등이 직접 판매 여행사로 분류된다.

(3) 온라인 판매 여행사

온라인 판매 여행사는 IT산업의 발달로 새롭게 부각된 여행사로서, 기존의 오프라인 마케팅 방식에서 탈피하여 포털사이트 광고, 블로그, 카페 등을 통해 여행상품을 판매하는 여행사를 말한다. 허니문전문 여행사인 리조트허니문, 필리핀전문 여행사인 꼼꼼투어 등 여행상품을 특화시켜 틈새시장을 공략하는 여행사들이 대부분이다.

(4) 오프라인 판매 여행사

오프라인 판매 여행사는 기존의 간접 판매와 직접 판매 여행사를 말하며, 온라인 판매 여행사가 등장하기 이전부터 신문광고 등의 기존의 오프라인 방식을 통해 여행상품을 판매하는 여행사를 말한다. 그러나 요즘에는 간접 판매 여행사인 하나투어 · 모두투어에서도 일간지광고를 통한 직접 판매를 하고 있으며, 직접 판매 여행사인 롯데관광, 한진관광 등 대리점 여행사를 통한 간접 판매를 하고 있다. 또한 인터넷 인구의 급증으로 인해 모든 오프라인 판매 여행사에서도 온라인 판매를 병행하고 있는 등 각 여행사마다 고유의 판매방식만을 고집하지 않고 경쟁우위를 위하여 여러 가지 판매 방식을 병행하여 다소 모호해진 부분도 있다.

3) 판매 상품에 따른 분류

(1) 패키지 여행사

패키지 여행사는 주로 우리나라의 대형 여행사로서 자체적으로 여행상품을 기획하여 간접 판매와 직접 판매 등을 통해 여행자를 모집하여 송출하는 여행사를 말하며, 하나투어 · 모두투어 · 롯데관광 · 레드캡투어가 대표적이다.

(2) 상용 여행사

상용 여행사는 자체적인 기획여행 상품을 보유하고 있지 않은 중 · 소형 여행사들로서, 주로 일반 기업체의 출장수요를 위한 항공권과 희망 여행상품의 판매에 주력하는 여행사를 말한다.

4) 전문 여행사

전문 여행사는 허니문 · 배낭여행 · 크루즈 · 전시이벤트 · SIT 등 특정분야에만 주력하여 전문 여행 상품만을 취급하는 여행사를 말하며, 여행자의 욕구가 다양해질수록 전문여행사는 점점 더 세분화되고 다양하게 출현하게 될 것이다.

(1) 허니문 전문 여행사

허니문여행 상품만을 자체적으로 기획하여 판매하는 여행사로, 중 · 소형 여행사들이 대부분이며, 온라인을 통한 광고를 많이 이용하고 있다. 허니문여행사 · 리조트허니문 등이 있다.

(2) 배낭여행 전문 여행사

대학생 · 직장인 등을 위한 배낭여행 상품만을 기획하여 판매하는 여행사로 단체배낭여행, 개별배낭여행, 호텔팩 등 다양한 종류의 배낭여행 상품을 판매한다. 또한 배낭여행을 위한 항공권 · 철도패스 · 유스호스텔증 · 국제학생증 등을 판매하기도 하고, 목적지에 도착해서 스스로 모든 것을 해결하며 자유롭게 여행할 수 있도록 정보를 제공하기도 한다. 키세스투어, 배재항공여행사, 신발끈여행사 등이 있다.

(3) 크루즈여행 전문 여행사

외국의 유명 크루즈선사의 총판대리점GSA : General Sales Agent 계약을 맺고 크루즈여행 상품만을 판매하는 여행사로 크루즈 인터내셔널(코스타, 실버시, 크리스탈, 카니발, 리젠트 크루즈 등), 투어마케팅 코리아(로얄캐리비안, 셀러브러티 크루즈), 아이투어 & 크루즈(MSC 크루즈) 등이 있다.

(4) 전시 · 이벤트 여행상품 전문 여행사

해외에서 개최되는 전시회 · 박람회 · 학회 등 참관단을 모집하는 여행사로 베테랑여행사 · 메디컬투어 등이 있다.

(5) SIT 전문 여행사

SITSpecial Interest Tour 여행사는 여행자의 특별한 관심분야를 대상으로 기획한 테마여행을 전문적으로 판매하는 여행사이다. 골프여행 · 스킨스쿠버여행 · 식도락여행 · 와인여행 등의 전문적인 여행상품을 판매한다.

4. 여행사의 조직구조

여행사는 제조업과는 달리 고정자산의 비중이 높지 않고, 인적자산의 비중이 매우 높다. 특히 여행업의 무형성과 모방의 용이성으로 인해 타 여행사와의 경쟁우위를 점유하기 위해서는 우수한 인적자원에 대한 의존도가 높을 수밖에 없다. 이러한 인적자원의 효율적인 운영을 위해 필요한 것이 여행사의 바람직한 조직구조이다. 효율적인 인적자원의 활용과 경영의 합리화를 위해서는 대표적인 방안이 다음과 같다.

(1) 유연성을 갖춘 동적 조직이어야 한다.

현대사회에서의 기업 환경은 빠른 속도로 변화하고 있다. 특히 여행업은 외부 환경에 의해 많은 영향을 받으므로, 유연하고도 동적인 구조를 갖추어 수시로 변화할 수 있어야 한다. 또한 성 · 비수기 간에도 조직의 변화는 자연스럽게 이루어져야 한다.

(2) 권한위임 체계를 갖춘 조직이어야 한다.

여행업은 매우 역동적이며 수시로 돌발 상황이 발생될 수 있으므로, 이런 상황에 대비하여 권한위임 체계를 갖추어 즉시 대응할 수 있도록 해야 한다.

(3) 고객지향적인 조직이어야 한다.

모든 것을 고객의 입장에서 생각하고 고객의 이익을 우선하는 고객지향적인 조직을 갖추어야 한다.

(4) 부서 간 서로 조화를 이룬 조직이어야 한다.

각 부서 간 상호협조와 조화가 잘 이루어질 때 여행사의 경영이념 실현과 목표달성이 가능해질 수 있다.

5. 여행사 조직구조의 유형

여행사의 기본조직 구조는 일반적으로 몇 가지 유형이 있으나, 대부분의 여행사에서는 여행사 실정에 맞게 기본조직 구조를 변형시켜 운영하고 있다. 여행사의 기본조직 구조는 크게 기능별조직과 라인조직으로 나눌 수 있으며, 그 내용은 다음과 같다.

1) 기능별조직

기능별조직은 우리나라의 중·대형 여행사에서 일반적으로 이용하고 있는 조직구조이다. 그림 3.2는 기능별 조직의 유형을 나타내고 있다. 이 조직은 업무의 유사한 기능을 묶어 전문화시킨 조직으로서 종사원들은 한 업무에 집중할 수 있어 전문화를 통해 업무의 효율성을 극대화시킬 수 있다는 장점이 있다. 그러나 타 부서와 업무협조가 잘 이루어지지 않으며, 각 부서별 인원부족 현상과 과잉인원 현상이 나타날 수 있다.

그리고 종사원의 입장에서는 한 가지 업무에 전문화될 수 있는 반면에, 여행업의

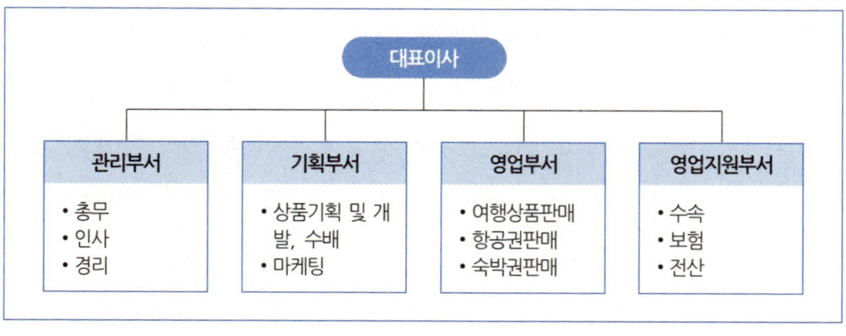

그림 3.2 기능별조직

다양한 업무 습득이 쉽지 않아 부서 간 인원의 부족과 과잉현상이 발생해도 바로 부서를 옮겨 적응하기가 쉽지 않다.

2) 라인조직

라인조직은 우리나라의 소규모 여행사에서 주로 이용하고 있는 조직구조이다. 이 조직은 소규모 여행사에서 소수의 종사원이 여러 가지 업무에 종사하게 되는 조직 유형을 말한다.

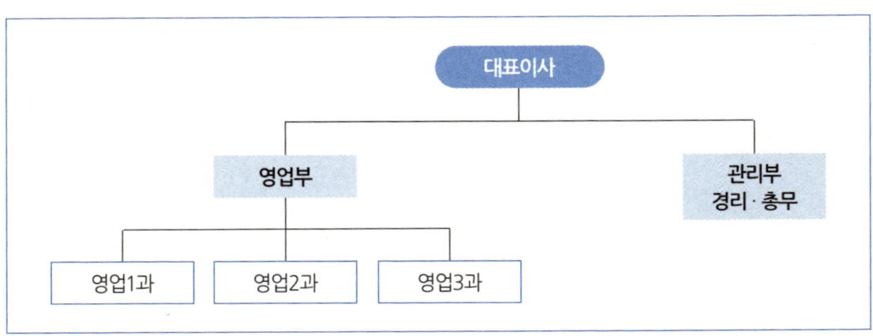

그림 3.3 라인조직

3) 일반여행업 여행사의 기본조직 구조

우리나라의 일반여행업 여행사의 대부분은 기능별 조직 형태를 띠고 있으며, 영업부 조직을 여러 사업부로 세분화시켜 전문화를 꾀하고 있다. 그리고 소비자의 욕구 변화에 따라 해외여행부에서 해외여행상품 판매와 국제선 항공권 판매 등의 고유의 업무에서 벗어나 법인영업(일반 기업체 종사원 인센티브 행사)과 배낭여행·어학연수 등 특수사업 업무도 취급하고 있으며, 일부여행사에서는 해외여행부와는 별도로 특수사업부로 독립시켜 집중하기도 한다. 그림 3.4는 일반여행업 여행사의 기본조직 구조를 보여주고 있다.

모든 일반여행업 여행사들의 조직구조가 그림 3.4와 같이 운영되지 않는다. 여행

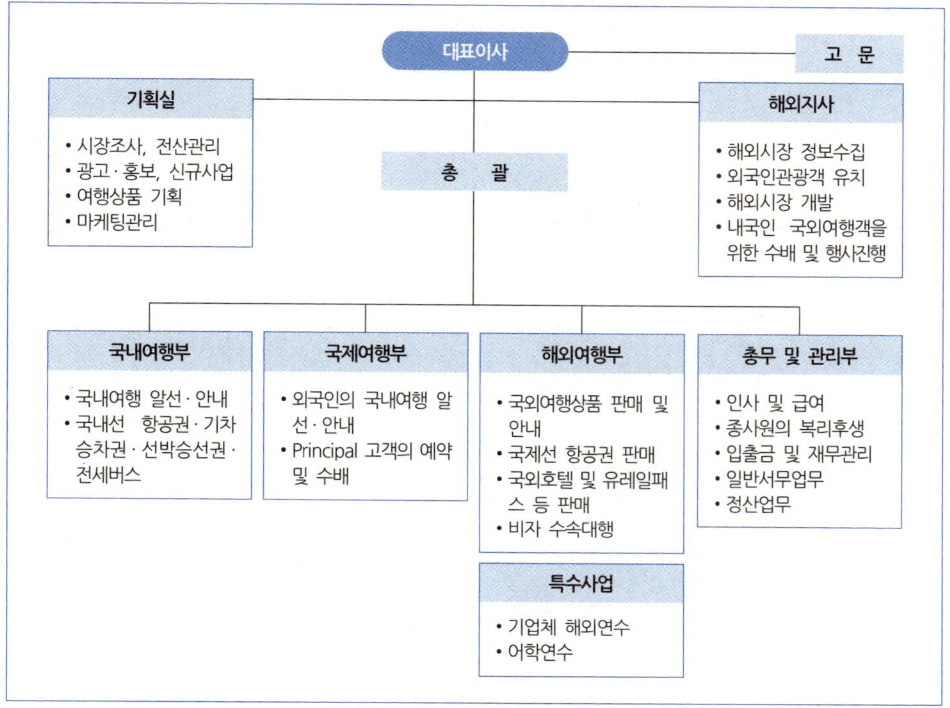

그림 3.4 일반여행업 여행사의 기본조직 구조

사의 실정에 맞게 변형된 조직구조를 보이고 있다. 특히 우리나라의 일반여행업 중 인바운드와 아웃바운드 업무를 동시에 주력하고 있는 여행사는 롯데관광 등 일부이며, 대부분의 여행사에서는 인바운드와 아웃바운드 한쪽에만 치중하고 있다.

아웃바운드 위주의 여행사도 판매방식에 따라 간접 판매 여행사와 직접 판매 여행사 간에 다소 조직구조의 차이가 있다. 간접 판매 여행사는 대리점 판매를 위한 영업부 조직이 발전되어 우리나라를 지역별로 나누어 그 지역의 전담 영업팀을 구성하여 지역 내의 중·소형 여행사를 대상으로 판촉활동을 하고 있다.

여행자와 직접적으로 상대하는 직접 판매 여행사는 전 세계를 동남아시아·중국·일본·유럽·미주·대양주 등 수요에 따라 권역 및 국가별로 나누어 그 지역을 전담하는 부서를 배치하여 여행 상담에서부터 항공예약 및 수배업무까지 부서 내에서 처리하고 있다.

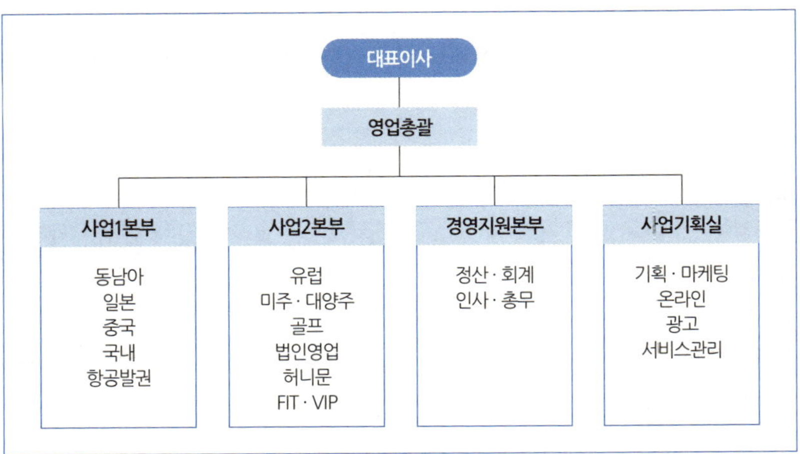

그림 3.5 직접 판매 여행사의 조직구조

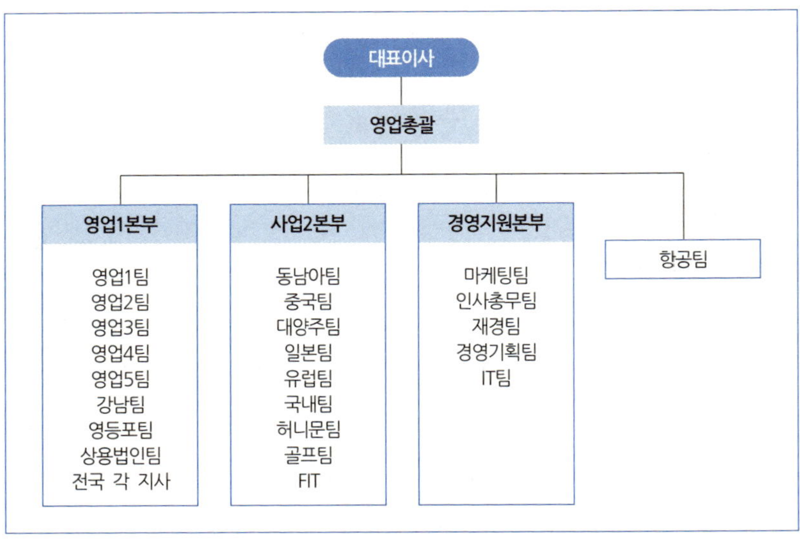

그림 3.6 간접 판매 여행사의 조직구조

여행상품의 이해

제1절 여행상품의 개념과 특성

1. 여행상품의 개념

상품은 매매의 대상이 될 수 있는 유·무형의 재화로서 인간의 물질적 욕구를 만족시킬 수 있는 실제적 가치를 지니고 있으며, 매매를 위해 이동이 가능한 유형의 재산을 말한다.

현대적 의미의 상품은 인간의 욕구충족 대상이 되는 유형재뿐만 아니라 무형재인 서비스와 정보 같은 요소들도 포함하는 개념으로 확대되고 있다. 따라서 상품의 개념은 유·무형의 구별이 없으며, 이동·비이동의 차이와 실제적·관념적인 차이도 무의미해졌다. 최근에는 상품의 구성요소로서 무형의 재화가 차지하는 범위와 중요성이 더욱 확산되고 있는 추세이며, 여행상품에 대한 이해와 여러 학자의 연구를 바탕으로 한 여행상품에 대한 개념을 정리하면 다음과 같다.

여행상품은 여행사에서 여행자의 욕구충족을 위해 여행에 필요한 구성요소들인 여행 목적지, 숙박, 교통, 식사, 쇼핑, 제반 서비스 등의 모든 요소들을 선별하여 결합한 여행 코스 및 일정이라고 할 수 있다.

표 4.1은 여행상품에 대한 다양한 정의를 보여주고 있다.

표 4.1 여행상품의 정의

연구자	여행상품의 정의
UNWTO	여행상품은 여행 목적지, 숙박, 교통시설, 보조서비스, 관광매력을 결합시킨 것
Medlik(1973)	여행자 마음속에 이미지를 포함한 여러 시설 및 접근성으로 여행의 시작과 전개과정 그리고 목적지에서의 활동을 위한 시설을 중심으로 규정
Wahab(1975)	동적인 부분과 여행 목적지에서 체재하는 정태적인 부분의 전체적인 결합으로 상호보완적 결합체로 인식
Hurke & Barry(1975)	관광에 관련된 제품과 서비스가 결합된 상품

연구자	여행상품의 정의
Foster(1993)	제조 기업에서 생산한 상품과는 달리 잠재고객인 구매자가 직접 이용하기 전에는 이를 느끼거나 맛볼 수 없고, 견본을 뽑아볼 수도 없는 패키지로 구성하고 여행 산업의 통합적인 측면을 강조
한국관광공사	여행자가 일정한 장소나 목적지에서 관광을 즐기도록 여행업체가 생산해 낸 여행코스의 일정
윤대순(1986)	관광상품의 협의 개념으로, 관광기업이 관광객의 욕구를 유발시키고 충족시켜줄 관광대상을 바탕으로 각종 서비스를 제공하는 유 · 무형의 상품
정찬종(1991)	숙박 · 교통 · 음식 기타 여행 관련시설 등 여행 소재의 결합과 이를 운영하는 시스템을 추가하여 부가가치를 창출한 시장거래의 목적물
표성수 · 장혜숙(1994)	여행의 출발부터 여행 종료에 이르는 전 과정에 걸쳐 소요되는 제반시설과 서비스를 종합적으로 조합한 유 · 무형의 복합시스템 상품
이선희(1995)	여행자들이 이용 가능한 상품으로 숙박, 교통, 식음료, 쇼핑, 기타 상품을 말하고, 이는 단일 상품이 아니라 여행의 출발에서부터 도착에 이르는 전 과정을 통해서 소요되는 여러 시설과 서비스를 종합적으로 조합한 상품
이경모(1998)	여행에 필요한 숙박 · 교통 · 음식 및 관광지 매력 등 여러 요소의 적절한 혼합을 통해 여행자에게 유 · 무형의 시설과 서비스를 제공하는 상품

2. 여행상품의 특성

1) 무형성

일반상품은 유형성을 가지고 있어 인간의 오감을 이용하여 살펴볼 수 있고, 일정한 부피를 가지고 있어 공간을 차지하고 있다. 그러나 여행상품은 비행기나 철도 · 선박 등에 탑승하거나 호텔 숙박, 관광지 관람 등을 직접 경험해 보기 전에는 상품을 보거나 만져볼 수도 없고, 실물을 제시할 수도 없는 무형적인 특성을 가지고 있다. 이렇듯 무형적인 특성은 상품의 형태나 견본을 보여줄 수 없기 때문에, 소비자가 구매하도록 설득하거나 상품의 내용을 설명하기가 쉽지 않다. 또한 여행에 대한 효용가치나 효과는 여행자가 상품을 사용한 후에 평가나 만족여부를 알 수 있는 특징도 있다.

무형성을 가지고 있다는 특성을 고려하여 여행상품을 개발할 때는 무형성을 유형화 할 수 있어야 한다. 따라서 여행자가 제공받을 서비스에 대해 간접적으로라도 경험할 수 있도록 상품의 이해를 돕는 팸플릿과 브로슈어 및 여행하고자 하는 곳의 동영상이나 사진 등을 통한 방법을 이용하고 일정표를 보다 상세하게 만드는 것도 필요하다.

2) 계절성

여행상품은 계절에 민감하여 그 수요 역시 일정한 시기에 편중되어 증가하거나 감소하기도 한다. 특히 여행의 대중화가 이루어지면서 요일과 계절에 따른 수요의 집중화 현상이 더욱 두드러져 수급 조절이 어려워지게 되었다. 계절성은 일반적으로 기상조건에 따라 영향을 받는 여행상품을 의미하지만, 요일 또는 하루의 시간대에 따른 여행상품 수요편중성을 의미하기도 한다. 여행상품은 계절성에 따라 성수기On-season와 비수기Off-season가 발생하게 된다.

여행상품을 개발할 때는 요일과 계절에 따른 요금의 차별화 및 판매조건의 개선을 고려해야 하나, 이러한 방안에는 한계가 있다. 따라서 연간 평균적으로 수요를 발생시키는 여행상품(신혼여행상품, 전시 · 박람회 참관 여행상품, 성지순례 등)을 개발하여 계절적 수요 감소에 대처하는 방안도 마련하는 것이 좋다.

최근 들어, 특정 기간에만 집중되던 휴가가 연중 사용 가능하게 된 사회 전반적인 분위기로 인해 비수기 동안 저렴한 여행상품을 이용하고자 하는 실속형 여행자가 증가하고 있는 것은 긍정적인 현상이다.

3) 상품의 유사성과 모방의 용이성

여행상품은 일정과 내용이 유사한 경우가 많은데, 이러한 현상은 여행상품 구성요소의 공급업자가 제한되어 있어서 타사제품과 확연하게 차별화되는 상품을 만들기가 용이하지 않기 때문이다.

여행상품은 아직까지 지적재산권의 보호가 되지 않고, 단지 상품의 브랜드만을 특허로 인정하고 있기 때문에 여행상품의 내용은 법적 보호를 받을 수 없다. 여행상품의 유사성과 모방이 쉽다는 점을 고려하여 시의적절한 상품과 차별화된 아이디어를 가지고 경쟁업체보다 먼저 여행상품을 개발하고, 선점한 지역의 이점을 고려하여 파생적인 연계상품 등으로 지속적인 변화를 주는 것도 경쟁사와의 차별화를 이루는 방법이 될 수 있다.

4) 비저장성

농산품이나 공산품은 수요를 대비하여 제품을 비축하거나 저장시설만 양호하다면 생산품의 변질 없이 재고관리가 가능하지만, 항공기의 좌석이나 호텔의 객실은 당일 내에 판매되지 않으면 상품판매 기회가 상실되어 소멸된다. 따라서 적절한 재고관리를 통한 이윤증대를 위해서는 사전예약에 대해 가격할인과 같은 각종 혜택 제공 등의 방법을 강구해야 한다.

5) 효용의 주관성

여행상품의 효용과 가치는 여행자의 주관적 기준에 의해 결정되는 특성이 있다. 똑같은 여행상품을 구입하여 동일한 일정의 여행을 경험했어도 여행자의 욕구와 감정 상태에 따라 그 효용과 가치가 달라진다는 것이다. 여행상품의 객관적 평가가 어렵고 여행자가 여행상품을 소비했을 때의 감정 상태나 기분 등에 의해서 상품소비의 만족도가 좌우될 수 있음을 의미한다. 여행자의 욕구에 부응하는 완벽한 수배와 알선이 이루어졌다하더라도 여행자의 심리상태나 안내원의 안내방법에 따라서 달라질 수도 있다. 이렇듯 여행자가 가지는 여행의 평가와 효용 및 가치는 최종적으로 개인의 심리적인 측면에서 결정된다.

6) 복수의 동시소비 불가능성

여행상품은 일반 제조업과 같은 타 상품과 비교하여 상품을 먼저 구입해 놓았다가 필요할 때 사용할 수 있는 상품이 아니라, 소비자가 직접 참여함으로써 상품화되는 것으로서 수요가 없으면 공급은 그 자체가 독립적으로 성립되지 않는다. 즉 여행상품은 시 · 공간적 제약을 받으며 상품의 생산 · 구매 · 소비 · 효용의 평가가 동시적으로 발생되는 불가분성을 의미한다. 그러므로 소비자인 여행자가 복수의 여행상품을 동시에 소비한다는 것은 불가능하다.

7) 생산과 소비의 동시성

제조품의 경우에는 공장에서 생산되어 물류창고와 도 · 소매점을 이동한 후 소비자에 의해 소비된다. 그러나 여행상품은 생산과 소비 내지는 공급과 수요가 같은 장소에서 동시에 이루어진다는 특성이 있다. 이것은 여행자가 항공 좌석이나 호텔 객실과 같은 여행상품을 먼저 구입하고, 여행에 참여하는 동시에 소비되는 것이다.

8) 설비투자비의 상대적 저렴성

일반 제조업이 상품을 생산하기 위해서는 대부분 대규모 생산설비가 필요하고, 이러한 설비에 대한 초기투자액도 상당액이 소요된다. 여행상품의 소재를 제공하는 항공 · 기차 · 선박 등과 같은 교통기관이나 호텔 · 콘도미니엄 등의 숙박시설 등도 거액의 설비투자비가 필요한 것이다. 그러나 이러한 다양한 여행 구성요소를 조립하여 여행상품을 생산하는 여행업은 여행상품의 조립에 대한 설비투자비가 다른 산업에 비해 상대적으로 적다는 특성이 있다.

제2절 여행상품의 분류와 여행상품 수명주기

1. 여행상품의 분류

여행상품은 학자들의 관점에 따라서 다양하게 분류된다. 따라서 여행상품의 분류에 있어서는 보편적인 견해가 나타나 있지 않다. 여기서는 실제 여행업에서 일반적으로 분류하는 경우와 학제적 분류를 종합하여 정리하였다.

1) 참가 대상 및 목적지에 따른 분류

(1) 국내 여행상품

국내 여행업과 일반 여행업에서 국내 여행을 하는 내국인을 대상으로 판매하는 상품이며, 국내에 거주하는 외국인에게 판매한 경우도 국내 여행상품으로 본다.

(2) 국외 여행상품

국외 여행업과 일반 여행업에서 국외를 여행하는 내국인과 국내에 거주하는 외국인에게 판매하는 여행상품을 말한다.

(3) 외국인 여행상품

일반 여행업에서 국내를 여행하는 외국인과 국외 거주하는 교포 등을 대상으로 판매하는 상품을 말한다.

표 4.2 여행상품의 분류

분류기준	구성내용
참가대상 및 목적지	국내 여행상품, 국외 여행상품, 외국인 여행상품
참가형태	단체조직형 여행상품, 개인참가형 여행상품, FIT형 여행상품
참가규모	개인 여행상품, 소그룹 여행상품, 단체 여행상품
판매시장	일반모집형 여행상품, 인센티브형 여행상품, 유연단체형 여행상품, 인터넷 통신판매 여행상품
기획주최자	기획 여행상품, 공동주최 여행상품, 주문 여행상품
여행목적	순수 여행상품, 겸목적 여행상품
체류형태	관광형 여행상품, 휴양형 여행상품
참가자층	신혼 여행상품, 중년 여행상품, 실버 여행상품

자료 : 선행연구 기초로 작성

2) 참가 형태에 따른 분류

(1) 단체조직형 여행상품

기업이나 법인, 협회, 각종단체 등을 모체로 하여 조직된 단체여행이며, 참가자끼리 여행참가 이전에 어떠한 관계가 형성되어 있고, 여행사에서는 그 관계의 중심에 있는 여행주관자Tour Organizer와 접촉하여 단체 여행상품을 판매하는 것이 특징이다.

(2) 개인참가형 여행상품

여행사에서 주관하는 여행에 개인적으로 참가하여 단체를 구성하여 이루어지는 여행상품으로, 여행 대상이 불특정하다는 것이 특징이다.

(3) FIT형 여행상품

개인이 여행을 기획하고 현지의 행동도 개인단위가 되는 여행상품이다. 여행상품의 흐름에 있어서 개인참가형 여행상품에서 FIT형 여행상품으로 이동하고 있으며, 앞으로 여행업에서는 FITForeign Independent Tours 여행으로의 확대와 그에 맞는 상품개발이 전체 여행시장을 주도할 것으로 예상된다.

3) 참가 규모에 따른 분류

(1) 개인 여행상품

여행자의 규모가 단체 여행상품에 못 미치는 경우로서 상품마다 다르게 적용되지만, 일반적으로 10인 미만의 인원이며 주로 FIT 여행상품이 해당되는 경우가 대부분이다. 자유행동 · 일정 변경 · 상품내용 변경 등이 가능하고, 할인혜택이 적으며 예약수배가 복잡하여 가격이 비싼 편이다.

(2) 소그룹 여행상품

단체 여행상품의 특징인 저렴한 요금 혜택과 개인 여행의 장점을 복합적으로 적용한 상품으로, 주로 휴양지여행상품 · 골프여행 · 가족여행 등 4명 정도의 인원으로 구성되는 경우가 해당된다. 특히 항공사에서도 최소단체 구성인원을 2~4명으로 낮추어 판매하는 경우가 있다.

(3) 단체 여행상품

여행자의 규모가 10인 이상인 경우를 말하며, 주로 GITGroup Inclusive Tour 상품이라 한다. 여행사에 의해 정해진 일정으로 진행되어 일정 변경이 어렵지만, 짧은 기간 시간을 유용하게 이용할 수 있고 단체할인 등으로 인해 가격이 저렴한 것이 특징이다.

4) 판매시장에 따른 분류

(1) 일반모집형 여행상품

불특정다수를 일반모집 하는 기본적인 형태로, 패키지여행Package Tour의 전형적인 여행상품이다. 특별한 목적성이 아닌 순수여행상품이 대부분이다.

(2) 인센티브형 여행상품

여행을 인센티브Incentive, 즉 포상 · 보상 등을 위해 사용하는 경우로 단체조직형 여행상품의 한 형태이다. 일반적으로 여행업계에서는 10인 이상의 친목단체나 어떤 형태의 모임에서 단체 인원을 구성해서 가는 희망여행을 인센티브여행으로 표현하고 있으나, 인센티브여행은 주최가 개인이 아닌 조직이나 단체가 되며, 비용도 개인이 아닌 조직이나 단체에서 지급한다는 것과 인원 또한 10~20명 정도가 아닌 더 큰 규모로 진행된다는 특징이 있다. 예를 들면, 세계적 글로벌 기업인 암웨이Amway의 인센티브 행사Incentive Tour나 국내 대기업의 장기근속자 여행과 같이 대규모 단위의 회사 주최여행을 말한다.

(3) 유연단체형 여행상품

어피니티그룹Affinity Group의 상품으로, 단지 여행만이 목적이 아닌 조직원의 친목과 화합을 목적으로 구성되는 여행상품이며, 회원조직 · 단체를 모체로 한 단체조직형 여행상품의 한 형태이다. 유연단체는 예를 들면, 의사회 · 노인회 · 부인회 등의 각종 회會 또는 모임이나 단체를 위주로 한 여행상품이다.

(4) 인터넷 및 홈쇼핑을 통한 통신판매 여행상품

여행사에서는 점차 전문화된 상품에 대한 관심이 많아지고 판매방법의 다양한 경로가 있다. 적은 비용으로도 여행상품 판매가 용이하고 전문화된 상품의 홍보와 정보접근이 쉬워진 인터넷 통신판매가 각광을 받게 되었다. 초기에는 저가상품 위주였으나, 최근에는 인터넷과 홈쇼핑을 통한 판매는 시장에서 많은 여행사와 경쟁하고 있다.

5) 기획 주최자에 따른 분류

(1) 기획여행 상품

기획여행 상품Ready Made Tour은 여행사에서 독자적으로 상품을 기획하고 판매하는 상품으로, 여행사에서 사전에 수요를 예측하여 여행조건 · 여행경비 · 일정 등을 책정하여 참가자를 모집하는 단체여행이다.

(2) 공동주최 여행상품

공동주최 여행상품Half Made Tour은 여행사에서 단독으로 상품을 기획하는 것이 아니라, 각종 단체의 대표와 협의하여 공동으로 기획하고 상품을 운용하는 것을 말한다.

(3) 주문 여행상품

주문여행상품Order Made Tour은 개인이나 단체의 요구대로 여정을 작성하며, 그 여정을 근거로 하여 여행조건을 제시하고 총 소요경비 등을 계산하는 방법으로 희망여행상품이라고도 한다.

6) 여행 목적에 따른 분류

(1) 순수 여행상품

여행 그 자체를 목적으로 하는 상품으로 국내·외를 불문하고 가장 많은 형태의 여행상품이다. 예를 들면 북경에서 자금성·만리장성·이화원 등의 관광지를 둘러보거나, 파리에서 에펠탑·개선문 등의 관광지를 둘러보는 일반적으로 흔히 알려진 형태의 여행상품을 말한다.

(2) 겸목적 여행상품

두 가지 이상의 여행 목적을 위하여 구성된 여행 형태이다. 예를 들면, 업무상의 출장과 여행 또는 친지방문과 여행이 결합된 여행상품을 말한다.

7) 체류 형태에 따른 분류

(1) 관광형 여행상품

관광지 내의 매력물을 대상으로 지속적으로 돌아다니는 여행 형태를 말한다. 지속적인 이동으로 여러 곳을 방문할 수 있으나 여행의 피로도가 높다. 주로 호주, 뉴질랜드, 캐나다, 중국의 북경과 상해, 일본의 동경 등의 여행상품을 말한다.

(2) 휴양형 여행상품

해변휴양지를 끼고 있는 리조트에서 오랜 기간 머물면서 휴식을 취하는 여행 형태를 말한다. 여러 곳의 방문보다는 한 곳에서 머물면서 여유로운 여행을 즐길 수 있다. 주로 괌, 사이판, 필리핀의 세부와 보라카이 등의 여행상품을 말한다.

8) 참가계층 특성에 따른 분류

(1) 신혼 여행상품

신혼 여행상품은 결혼을 기념한 여행상품으로 여행상품 중 가장 부가가치가 높은 상품이다. 여행 목적지가 휴양지에서 관광지나 유명도시로 점차 다양화되고 있어 그 개발의 폭이 넓은 상품이다.

(2) 중년 여행상품

가정이 안정되고 재력을 갖게 되는 중년층을 대상으로 한 여행상품이다. 중년 여행상품은 장기간의 여행보다 단기간의 여행을 자주하게 되는 것으로, 여행상품의 가변성이 있는 것을 선호하게 된다.

(3) 실버 여행상품

생활환경의 개선 및 의학의 발달 등으로 점차 노인층이 증가하고 있어 새로운 여행시장으로 부각되고 있는 노인계층을 대상으로 한 여행상품이다. 이 상품은 다른 계층의 상품보다 일정상의 여유로움과 한가함이 있어야 하기 때문에, 일반적으로 온천이나 휴양지를 포함하는 것이 유리하다.

2. 여행상품수명주기

여행상품수명주기TPLC : Tourism Product Life Cycle는 제조업의 상품수명주기를 표본으로 하여 작성된 것으로, 각 단계별로 적합한 여행상품 판매전략을 적용하는데 필요로 하는 기준이 된다. 여행상품의 단계별 판매전략을 세우기 위해서는 여행상품이 성장기 · 성숙기를 거쳐 결국 쇠퇴기에 접어들게 되는 이유를 찾아내는 것이 중요하다. 그러나 여행상품의 수명주기 현상은 단순하지 않아 주기의 단계별로 다양하게 원인을 나타낸다. 보통의 여행상품수명주기 현상의 주요 요인이 되는 것으로는 시장포화 · 신상품 · 경쟁 등 3가지 요인에서 찾아볼 수 있다.

1) 여행상품수명주기 현상의 3요소

(1) 시장포화

여행시장의 포화는 여행자가 재방문할 경우가 대체적으로 많지 않은 동일 여행상품을 여행사마다 판매하는 경우이다. 대부분 이런 경우 여행상품은 성장기와 성숙기의 일정기간 후 수요층은 줄어들고 여행상품의 과다공급으로 판매가 감소되기 시작한다.

(2) 신상품의 등장

이미 판매되고 있는 여행상품에 대해 새롭고 참신한 요소들로 구성된 새로운 여행상품이 개발되어 시장에 도입되는 경우이다. 이런 신상품의 등장은 기존 여행상품에 대한 구매력을 감소시켜 판매감소를 일으켜 상품수명을 단축시키게 한다.

(3) 경쟁

대부분의 여행상품 시장은 그 안에서 서로 비슷한 상품의 치열한 판매경쟁으로 인해 상품 점유율이나 수익구조가 분할되어 결국에는 만족스럽지 못한 수익을 가져다주는 시장으로 전락하게 된다.

2) 여행상품수명주기의 단계별 사항

(1) 기획 · 개발기

기획 · 개발기Product Development Stage는 새로운 여행상품에 대한 아이디어의 기획 · 개발 단계이다. 새로운 여행 목적지를 개발하였거나 기존 여행상품의 쇠퇴기를 맞이하여 새로운 여행상품 개발의 필요성에 의해 이루어진다. 이 단계에서는 여행상품의 여행자 계층에 대한 정확한 표적시장을 설정하기 위해 여행자의 욕구와 여행시장 조사 및 분석이 철저하게 이루어져야 하며, 이러한 결과에 근거하여 여행상품의 기획 · 개발이 이루어져야 한다.

(2) 도입기

도입기Introduction Stage는 기획 · 개발된 여행상품이 여행시장에 최초로 출시되는 단계로서 시장개척기 또는 시장개발기라고도 한다. 이 시기에는 여행상품에 대한 인지도나 수용도가 매우 낮은 편이다. 따라서 수요가 적고 신 여행상품에 대한 인지도가 낮아서 시장 저항이 강하기 때문에, 판매율은 광고나 사용해 본 주변사람들의 구전에 의한 인지도에 따라 서서히 수요가 환기되므로 선택적 수요보다 기본적 수요를 더욱 자극시켜야 한다. 따라서 여행사는 여행상품 설명회와 전시회 및 경품 제공 등의 적극적이고 공격적인 판매촉진 전략을 수립 · 실시해야 한다. 이에 따른 비용의 증가는 투자의 개념으로 받아들여야 한다.

(3) 성장기

성장기Growth Stage는 여행상품에 대한 인지도가 서서히 높아짐에 따라 수요가 증가하는 단계이다. 즉 여행상품에 대한 각종 판매촉진 전략에 의해 여행상품에 대한 인지도가 높아지고 구매 후 사용 경험의 증가로 수요가 급속하게 증가되어 판매매출액이 급격히 늘어나는 단계이다. 또한 여행상품의 품질에 만족할 경우, 반복구매와 여행자의 구전효과에 의한 파급효과로 신규 수요도 급속하게 창출되는 시점이다. 이 단계는 매출액이 증가하면서 점차 이익이 증가한다.

(4) 경쟁기

불안정기Turbulence Stage라고도 하며, 주변 경쟁업체들이 모방한 여행상품을 등장시켜 여행사 간 경쟁이 심하게 일어나고 있기 때문에, 경쟁 여행상품의 등장에 대비하는 고객대응 전략과 적극적인 광고활동 · 선전활동이 매우 중요시되는 단계이기도 하다. 따라서 각 여행사는 성장기 단계를 장기화 내지 지속적으로 유지하기 위한 다양하고 차별화된 마케팅 전략을 강구해야 한다.

(5) 성숙기

성숙기Maturity Stage는 포화기라고도 하며, 판매수요 증가가 어느 정도 둔화되어 완만한 자연증가율을 나타내는 시기이며, 상품에 대한 고객 확보율이 고정화되어 대량 생산과 판매체계를 갖추게 된다. 그러므로 원가가 절감되고 이익창출의 비율이 높아지는 단계이다. 경쟁사의 대응전략으로 경쟁상품을 등장시키거나 또는 여행시장에서 여행자의 새로운 욕구등장 등에 따른 신 여행상품 개발이 요구되는 등의 영향요인에 의해 수요 증대보다는 오히려 수요 감소가 서서히 일어날 수 있는 단계이다.

여행사는 새로운 여행자를 모색보다 기존 여행자의 이용률을 높이고 구매빈도를 높이도록 해야 한다. 따라서 기존 여행상품의 품질개량이나 신용도 개척 등으로 여행상품의 다양화를 모색해야 한다. 또한 이 단계 동안 판촉활동의 예산부분을 확대하기보다는 매출수익의 증가가 없다면 각종 지출비용에 대한 절감을 통해 비용 축소에도 노력해야 한다.

(6) 쇠퇴기

쇠퇴기Decline Stage는 여행상품의 수요가 감소하고 매출액이 지속적으로 감소되는 단계이다. 따라서 쇠퇴기에 도달하면 여행사 마케팅 관리자들은 새로운 용도개발 여부, 여행상품의 광고비 적절성, 새로운 여행시장의 존재 여부, 여행상품의 약점을 장점으로 변화, 여행상품의 판매전략 수정 여부, 새로운 판매경로 개척 여부 등을 재정비해야 한다.

이 단계의 특징은 여행자의 욕구변화, 국내 · 외 시장 환경의 변화, 여행시장의 치열한 경쟁 등에 의해 여행상품에 대한 각종 판매촉진 전략이 거의 등한시된다. 이러한 결과로 여행상품의 판매량이 급속히 감소하며, 이익발생도 하락하게 되어 생산이나 판매과정 상의 단순화, 시장에서 여행상품의 폐기 등의 전략이 필요하다.

경우에 따라서는 쇠퇴기라고 여겨지던 여행상품이 품질개량으로 인해 다시 각광받고 있는 경우도 있다. 예를 들면, 태국 같은 경우는 해외여행자유화 이후 수많은 여행자가 방문한 후 일정기간 소강상태를 보여 쇠퇴기로 가는 것처럼 보였으나, 저가상품의 이미지에서 벗어나 고급화와 골프 및 휴양지 상품의 출시로 인해 강제적 쇼핑과 옵션 투어에서 탈피하여 새로운 모습으로 여행자가 다시 찾게 되는 지역으로 되살아난 좋은 예이다.

따라서 여행상품은 다양한 수명주기를 가지고 있기 때문에, 여행업은 여행상품의 내용·성질과 수요의 정도 및 예상 증감 추세 등을 종합적으로 검토하여 판매 전략을 세워야 한다.

제3절 여행상품의 판매 방식

여행상품의 판매 방식은 도매업과 소매업으로 구분되어 있는 일반 제조업보다 훨씬 복잡하고 다양한 구조를 이루고 있다. 더구나 우리나라에서는 영국·독일 등 선진국 같이 여행 도매업과 소매업의 구분이 명확하게 나누어져 있지 않아서 도매업과 소매업의 구분보다는 간접 판매와 직접 판매의 구분이 더 설득력이 있을 것으로 보인다.

1. 간접 판매

간접 판매는 실제 여행에 참가하는 여행자들과 직접 접촉하지 않고 중간의 판매상 또는 중개인을 통해 여행상품을 판매하는 방식을 말한다. 이러한 간접 판매에는 다음과 같은 방법이 있다.

1) 대리점여행사를 통한 판매

여행상품 판매에 관한 정보를 모든 타 여행사에 제공하여 그 여행사로부터 송객을 받는 형태로, 송객을 제공한 여행사가 대리점여행사가 되어 송객과 함께 여행상품 판매대금을 여행자로부터 지불받아 대리송금하고 그에 따른 세금계산서를 발행해 주면 송객을 받은 여행사에서는 일반적으로 여행상품가의 5~9% 수수료와 지급되는 수수료의 10%를 부가가치세로 지급하게 된다. 대부분의 여행사는 별도의 여행대리점 계약 없이 타 여행사의 상품을 판매할 수 있으며, 여행상품을 기획 · 판매하는 여행사에서는 소정의 수수료를 지급하고 있다.

2) 유연단체를 통한 판매

협회, 학회, 각종 단체 등에서 수익사업을 목적으로 여행사와 공동으로 여행상품을 기획하여 회원과 그 가족들을 대상으로 판매하는 방법으로, 모객이 용이하며 여행자와의 직접적인 접촉을 유연단체에서 처리해 줌으로써 여행사에서는 별도의 업무가 발생되지 않는 장점이 있으나 유연단체의 수익을 보장해 줌으로써 수익률은 다소 떨어질 수도 있다.

3) 오거나이저를 통한 판매

오거나이저는 여행에 참가하는 여행자를 대표하여 여행을 주선하는 사람으로, 이러한 오거나이저에 의해 판매되는 방법은 주로 순수여행 목적의 패키지상품 판매에서 많이 나타나고 있다. 오거나이저는 보통 여행 경험이 많고 사회적으로 많은 활동을 하고 있는 사람들이 대부분으로, 자신의 수익을 위해 여행을 주선하는 오거나이저와 자신의 수익보다는 여행 자체를 즐기는 것을 좋아하는 오거나이저 두 종류가 있다.

4) 신용카드사를 통한 판매

신용카드사의 많은 회원을 대상으로 하여 신용카드 소식지에 여행상품을 삽입하여 판매하는 방법이다. 신용카드사에서는 특정여행사와 계약에 의해 그 여행사의 상품을 판매하게 된다.

5) 포털사이트 및 홈쇼핑을 통한 판매

대부분의 포털사이트 및 홈쇼핑 채널에서도 여행상품을 판매하거나 해당 여행사로 알선을 해주고 있다.

2. 직접 판매

직접 판매는 중간에 대리점이나 중개인을 두지 않고 여행에 참가하는 여행자와 직접 접촉을 하여 판매하는 방식이다. 직접 판매는 중간상을 두지 않으므로 간접 판매보다 저렴한 가격의 여행상품을 판매할 수 있는 장점이 있다. 이러한 직접 판매를 위해 사용되는 방법은 다음과 같다.

1) 매체를 이용한 판매

(1) 일간지광고

가장 일반적인 여행상품의 판매방법으로, 외적으로 보이는 모객의 효과도 매우 크다. 그러나 많은 불특정다수를 대상으로 하여 높은 광고비에 비한다면 모객의 효율성은 다소 떨어진다. 현재 기획여행 상품의 광고가 대다수이지만 골프여행, 전시회 참가여행, 에어텔 등에 대한 일간지광고도 늘어나고 있는 추세이다.

(2) 잡지광고

표적시장에 따른 광고가 가능하다는 장점이 있고, 광고비용도 일간지광고에 비해 저렴한 편이지만, 외적인 모객 효과는 떨어진다.

(3) 퍼블리시티

퍼블리시티public city는 새로 개발된 신상품, 특이한 관광목적지의 여행, 특별한 목적의 여행 등 기사화시킬 수 있는 여행의 정보를 일간지 등의 매체에 제공하면, 그 매체에서는 무료로 기사화시킴으로써 일반광고보다 훨씬 소비자들의 신뢰도를 높일 수 있다.

(4) 지상파

TV광고는 광고비용이 가장 높지만, 실질적인 모객의 증대보다는 여행사의 이미지 제고 및 브랜드인지도를 높이기 위한 광고방법이다. 프로그램의 협찬이나 제작지원도 마찬가지다. 또한 홈쇼핑을 이용한 광고방식은 특정상품의 폭발적인 모객효과가 있으나 단발성으로 모객의 지속성이 없고, 광고비용 대신에 총수익을 홈쇼핑 업체와 여행사에서 배분하는 방식으로 이루어지고 있다.

(5) 온라인광고

IT산업의 발달로 인해 새롭게 각광받고 있는 마케팅 방식으로, TV나 신문의 광고보다 저렴하고 젊은 층을 대상으로 상당한 모객의 효과를 보이고 있다. 그러나 단시간 내에 여행상품의 비교분석이 가능하여 가격경쟁에 의한 문제점들이 많이 발생되고 있다.

2) 인적판매

여행사종사원과 여행자와의 1 : 1 대면을 통한 판매방식으로 판매를 종결지을 수 있는 가장 효과적인 방법이며, 여행자의 필요한 정보를 정확히 전달해 줄 수 있다. 그러나 인건비의 증가가 문제점으로 발생될 수도 있다.

3) 판매촉진

판매촉진은 단기간 내 여행자의 여행상품 구매를 촉진시키기 위한 활동이라고 할 수 있다. 조기예약 할인 · 동반자 할인 · 재구매 할인 등의 할인율 제공, 쿠폰 제공 등의 판매방법을 이용하여 단기간의 모객률을 극대화시킬 수 있으나, 할인율만큼 여행사의 수익률은 떨어질 수밖에 없다.

제4절 여행상품의 일간지광고와 온라인광고

여행상품의 광고매체는 매우 다양하지만, 현재 우리나라 여행업에서 보편적으로 이용되고 있는 광고매체가 일간지광고와 온라인광고이다. 일간지광고는 대부분 대형 여행사에서 주로 이용하고 있으며, 온라인광고는 대형 여행사에서도 이용하고는 있지만, 중소형 여행사에서 주로 이용하고 있다.

1. 기획 여행상품의 일간지광고

기획 여행상품의 일간지광고를 실시하기 위해서는 여행자의 피해를 방지하기 위해서 「관광진흥법」과 업계 자율 결의사항 그리고 공정거래위원회 고시에 의한 별도의 조건을 충족시켜야만 가능하다.

1) 관광진흥법 시행규칙에 의한 조건

「관광진흥법」 시행규칙 제18조(보험의 가입 등)3항에 따르면, 기획여행 상품의 일간지광고를 실시하기 위해서는 직전 사업년도의 손익계산서에 표시된 매출액에 따라 표 4.3과 같이 보증보험에 가입하거나 영업보증금을 예치하고 이를 유지시켜야 하는

표 4.3 보증보험 가입금액

직전 사업연도의 매출액	보증보험 또는 영업보증금 예치금액
신규 50억원 미만	2억원
50억원 이상~100억원 미만	3억원
100억원 이상~1,000억원 미만	5억원
1,000억원 이상	7억원

주: 손익계산서를 작성하지 않았거나 직전 사업연도의 매출액이 없는 사업개시년도의 경우에는 2억원 이상으로 한다.

데, 이것은 여행사가 여행 알선과 관련한 사고로 인해 여행자에게 피해를 준 경우 그 손해를 배상하기 위한 조치로서 여행사가 보증보험에 가입되어 있지 않을 경우 소비자들의 신뢰를 얻기가 어렵다.

「관광진흥법」 시행규칙 제21조(기획여행의 광고)에 따르면 광고에 반드시 표시해야만 하는 사항은 다음과 같다.

- 여행업의 등록번호, 상호, 소재지 및 등록관청
- 기획 여행명과 여행일정 및 주요 여행지
- 여행경비
- 교통 · 숙박 · 식사 등 여행자가 제공받을 구체적인 서비스 내용
- 최저 여행인원

2) 일간지광고에 대한 여행업계 자율결의 사항

기획 여행상품의 일간지광고에 대한 업계의 자율결의 사항은 여행업계의 과당경쟁으로 인한 수익성 악화를 방지하기 위해 자율적으로 일간지광고의 크기를 제한하고 있으며, 추가경비의 한도 및 표기방식을 별도로 정하고 있는데, 그 내용은 다음과 같다.

(1) 기획여행 상품 일간지광고 시 준수해야 할 규격

광고 횟수의 제한 없이 일간지에 해외여행상품 광고 시에는 세로 8단(27.2cm)×가로 12칼럼(36cm) = 총 979.2cm^{2}로 제한되어 있으며, 국내여행상품 광고 1단(3.4cm)을 추가하여 9단 광고까지 가능하다.

(2) 추가경비의 표기방식

여행업체의 강요나 일방적으로 책정하여 모두에게 부과하는 금액은 팁으로 보기가 어렵다. 개별적인 팁은 여행 편의를 위해 업계의 관례와 현지의 관습 등을 정보로 제공하여 여행자가 자의로 지불하는 금액을 말한다.

- 추가경비 있음(OOO원) 또는 추가경비 OOO원
- 추가경비 없음(단, 개별적인 팁, 선택관광, 각국 비자비용은 별도)

(3) 추가경비의 한도

여행상품 판매가격 외의 추가경비는 여행상품 가격의 50% 이하로 한다.

3) 공정거래위원회의 고시에 의한 조건

공정거래위원회 고시 제2007-5호(중요한 표시 · 광고사항 고시)에 의거하여 기획여행 상품의 광고를 위해서는 다음과 같은 내용이 나타나야 한다고 규정하고 있다.

① 광고대상 중요정보 항목

- 광고상 제시한 가격 외의 추가경비의 유무(다만, 광고되는 다수의 여행상품에 공통적으로 적용되는 추가경비는 이를 한 개의 공통항목으로 기재 가능)
- 필수경비(공항이용료 · 전쟁보험료 · 관광진흥기금 · 유류할증료 등 여행 시 소비자가 반드시 부담해야 하는 필수적인 경비)가 광고상 제시한 가격에 포함되어 있는지의 여부
- 선택경비(선택관광 경비, 안내원 봉사료 등 현지에서 개별 구매자의 필요나 선택에 의해 지출하게 되는 경비)가 있는지의 여부

② 「관광진흥법」 시행규칙 제18조3항의 규정에 의한 보증보험 가입여부 또는 영업보증금의 예치 여부

그림 4.1 기획 여행상품 일간지광고

2. 여행상품의 온라인광고

IT기술의 발달로 새롭게 등장한 광고매체가 온라인광고이다. 현재 여행상품의 온라인광고는 일간지광고처럼 여러 가지 규제가 정해져 있지 않아 중 · 소 여행사에서 주력하고 있으며, 대형 여행사에서도 오프라인광고와 함께 운영하고 있다.

1) 디스플레이광고

포털사이트의 초기화면 일부에 광고주의 여행사광고를 게재하는 방법으로, 광고비용이 다소 비싼 편이다. 배너광고는 가장 효과적인 디스플레이광고 중의 하나이다.

2) 키워드광고

(1) CPA 방식Cost Per Action

일정기간 동안 특정 키워드의 고정된 비용만을 지불하는 정액제 방식의 키워드광고로, 특정 액션(구매 · 회원가입 등)을 기준으로 광고비가 부가된다. 여행자가 특정 키워드를 검색했을 경우 계약한 일정기간 동안은 안정적으로 광고가 노출되지만, 계약기간이 종료되면 입찰경쟁 방식에 의해 새롭게 계약을 해야만 광고가 지속될 수 있다.

(2) CPC 방식Cost Per Click

소비자들이 포털사이트의 검색창에 특정 키워드를 검색했을 경우에 검색화면의 노출에 대한 광고비는 지불하지 않고, 소비자들이 실제로 클릭하여 해당업체의 홈페이지를 방문한 경우에만 광고비를 지불하는 종량제 방식의 키워드광고를 말한다. 키워드의 추가와 광고의 노출 · 중단 등 광고운영이 자유롭지만, 실시간 입찰경쟁 방식에 의한 상위 5개 업체만이 화면에 노출되므로 순위 변동 · 광고비 변화 등을 지속적으로 확인하는 등의 광고관리 활동이 필요하다. 이처럼 CPC 방식은 노출의 안정성보다는 광고 운영의 자율성을 염두에 둔 검색광고 상품이다.

여행상품 개발기획의 이해

제1절 여행상품 개발기획 업무

1. 여행상품 기획의 개념

여행상품 기획이란, 여행자의 여행 목적과 욕구를 파악하여 여행자가 바라는 형태의 여행상품을 만들어 여행자의 욕구를 충족시키려는 활동을 말한다. 여행자의 욕구 다양화, 교육수준의 향상, 겸목적 여행의 증가, 여행 목적의 다변화로 인해 현대사회에서의 여행상품 기획 업무는 매우 복잡하고 다양하게 되었다. 다양해진 여행자의 욕구와 여행 목적을 충족시키기 위해서는 여행상품도 보다 더 다양해져야 하며, 한층 더 성숙해진 여행자의 만족을 위해서는 더 좋은 상품을 기획해야만 한다.

그림 5.1은 기획여행 상품의 기획과정을 보여주는 것으로, 여행사에서 아이디어를 창출하여 항공사와 항공요금을 확정하고 지상수배업자 또는 현지여행사를 통해 지상비의 책정과 현지여행 정보를 수집하여 여행상품을 기획하는 과정을 나타내고 있다.

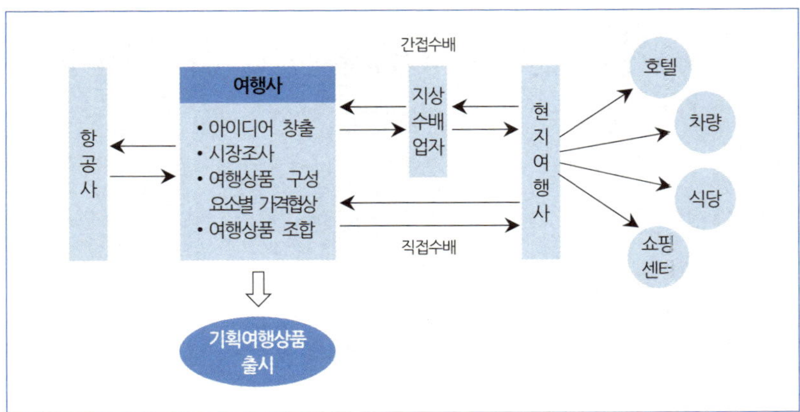

그림 5.1 여행상품 기획과정

2. 기획여행 상품 기획 시 고려사항

기획여행은 여행사에서 판매되고 있는 패키지여행으로 「관광진흥법」 제2조(정의)3항과 국외여행 표준약관 제3조(용어의 정리)1항에 규정되어 있다. 여행업자가 미리 여행 목적지 및 관광일정, 여행자에게 제공될 운송 및 숙식서비스 내용, 여행요금을 정하여 광고 또는 기타방법으로 여행자를 모집하여 실시하는 여행을 말한다.

기획여행은 단기적으로 판매되는 것이 아니라 장기간 지속적인 시리즈로 판매된다. 따라서 기획여행 상품을 기획하고자 할 경우에는, 장기적인 관점에서 새롭게 출시될 상품에 대한 시장의 분위기와 시장의 요구에 대한 적합성, 상품 자체의 경쟁력 등을 철저한 분석을 통하여 밝혀내는 것이 선행되어야 한다.

1) 시장 환경 분석

시장 환경 분석은 마케팅 환경에 대한 유익한 정보와 유해한 정보를 지속적으로 수집하는 활동이다. 시장 환경에 대한 정보를 지속적으로 수집하기 위해서는 미시적 관점에서 최종소비자뿐만 아니라 경쟁자 · 공급업자 등에 관한 정보와 거시적 관점에서 사회적 · 경제적 · 정치적 등 사회 전반에 대한 영향요인들을 조사해야 한다.

(1) 미시적 환경 분석

① 최종 소비자 분석

- 여행자의 여행상품에 대한 선호도
- 새로운 여행상품을 구입하고자 하는 여행자의 계층과 구입의사
- 새로운 여행상품에 기꺼이 투자하고자 하는 비용
- 여행자의 새로운 여행상품 구매사유

② 경쟁자 분석

- 기존 유사상품과의 경쟁우위 관계

- 경쟁여행사의 선별
- 경쟁여행사의 강점과 약점
- 경쟁여행사의 전략과 목표

③ 공급업자 분석

- 경쟁여행사가 이용하는 공급업자 분석
- 공급업자가 제공하는 항공·호텔 등 여행상품 구성요인의 시장가격과 경쟁여행사에 제공되는 가격대
- 경쟁여행사와 계약관계에 있는 공급업자 대비 경쟁우위 분석

(2) 거시적 환경 분석

① 사회적 요인

- 전체인구의 증가와 감소
- 노인층의 증가 등 특정 연령층의 변화
- 늦은 결혼과 자녀를 두지 않은 부부, 독신의 증가 등 특정부류의 변화
- 표적시장 인구층의 변화

② 경제적 요인

- 경기상황 : 경기불황에 따른 소득의 저하는 소비위축을 가져와 여행수요의 급감을 가져온다. 1997년 말 IMF 외환위기 시기에 국외여행 수요는 급감하여 대형여행사들의 도산사태로 이어졌다.
- 환율변동 : 환율의 변동에 따라 여행자의 수요변동이 크게 나타난다. 원화가치가 상승하면 국외여행은 증가하고, 원화가치가 하락하면 국외여행은 감소한다.

③ 정치적 요인

- 목적지 국가와의 정치적 관계 : 목적지 국가와의 정치적 관계는 여행수요에 큰 영향을 미치는 요인으로, 예를 들면 1992년 중국과의 수교로 대만과의 외교가

단절되면서 모든 직항로가 폐쇄되어 여행이 단절되었던 것이나, 2008년 금강산 관광객 피격사건으로 금강산관광이 단절된 것이 그러한 사례이다.

- 목적지 국가의 정치적 상황 : 목적지 국가의 정치적 불안으로 인하여 정부에서 여행금지국가 · 여행자제국가 등으로 통제가 된다면 수요는 급감할 수밖에 없다.

2) 여행상품 분석

시장환경 분석을 통한 외부환경 분석도 중요하지만, 상품 자체가 시장의 요구에 얼마나 부합되는지에 대한 분석을 통해 여행자의 욕구를 충족시킬 수 있는 여행상품을 기획해야 한다.

(1) 여행상품의 아이디어

여행상품의 아이디어는 시장의 요구에 부합되는지의 분석이 필요하다. 아무리 좋은 아이디어라도 시장의 요구와 부합되지 않으면 판매와 연결되지 못하고 아이디어로 끝날 뿐이다.

(2) 여행상품의 목적

현대사회에서의 여행은 다양한 목적에 의해 이루어지고 있다. 즐거움을 추구하는 순수관광에서 시작하여 상용, 친지방문, 취미활동, 지적 욕구충족 등 여행의 목적은 매우 다양할 뿐만 아니라, 겸목적 여행의 증가로 여행자의 여행 목적을 쉽게 단정하기는 매우 어려운 일이다. 그러나 여행 목적지가 이미 결정되어 있는 상용 · 친지방문 등을 제외하면 크게 다음과 같이 두 가지로 분류될 수 있다. 따라서 여행자의 여행 목적에 적합한 여행상품이 기획되어야 한다.

① 여행 목적지 자체가 여행 목적이 되는 순수여행

파리의 에펠탑과 루브르박물관, 북경의 만리장성과 자금성, 괌의 아름다운 해변 등 관광지 자체가 여행의 목적이 되어, 이미 가고자 하는 특정 목적지가 선정된 경우에는 그 관광지의 관광 매력물을 중심으로 상품을 기획해야 한다.

② 여행 목적지 자체보다는 다른 목적이 있는 겸목적 여행

관광지의 관광매력물보다는 다른 특별한 활동(스키 · 골프 · 온천 · 쇼핑 등)이 여행의 주된 목적이 되는 겸목적 여행의 경우에는, 우선적으로 여행 목적에 부합하는 여행 목적지의 선택이 매우 중요하다. 이런 경우에는 여행 목적지의 관광매력물의 방문은 여분의 시간을 이용하고, 대부분의 여행일정은 여행 목적에 부합하는 활동으로 채워져야만 한다.

(3) 여행상품의 기간

여행자의 여행기간에 따라 여행상품의 기획은 많이 달라진다. 단기간의 여행은 그 짧은 기간을 최대한 효율적으로 보낼 수 있도록 기획되어야 하고, 장기간의 여행은 지루함을 느끼지 않고 편안한 여행이 될 수 있도록 기획되어야 한다.

① 단기여행

단기여행을 기획하는 경우라면, 주로 근거리여행 목적지를 선택하여 짧은 일정 속에서도 그 여행의 목적을 최대한 이룰 수 있는 상품을 기획해야 한다. 여행기간이 짧은 경우에는 대체적으로 주중 일정이 불가능한 여행자가 대다수이므로, 가급적 주말을 이용한 상품기획이 바람직하다.

② 장기여행

장기여행을 기획하는 경우에는 보다 더 폭넓게 여행 목적지를 선택할 수 있으며, 여행 목적지에서 휴식과 관광 및 특별활동의 적당한 조화로 여행자의 만족도를 높여야 한다.

(4) 여행상품의 가격

표적시장에 따른 적정한 상품가격을 책정했을 때 실제 구매로 이어질 수 있으며,

상품가격대가 너무 높으면 아무리 좋은 여행상품을 기획했을지라도 판매에 어려움이 있다. 표적시장에 따라 저렴한 알뜰여행 및 고품격여행 등을 구분하여 적정한 판매가가 되도록 여행상품을 기획해야 한다.

3. 희망 여행상품 기획 시 고려사항

국외여행 표준약관 제3조(용어의 정리)2항에 의하면, "희망 여행이란 여행자가 희망하는 여행 조건에 따라 여행업자가 운송 · 숙식 · 관광 등 여행에 관한 전반적인 계획을 수립하여 실시하는 여행"을 말한다. 사전에 여행상품을 기획하여 불특정 다수를 대상으로 판매하는 기획 여행과는 반대되는 개념으로, 특정 여행자의 주문에 의해서만 생산되어 '주문 여행'이라고도 한다.

희망 여행은 대부분 여행자가 여행 목적지와 서비스 제공조건 등을 제시하므로, 기획여행 상품과는 다르게 장기적 관점에서의 다양한 시장 환경 분석보다 여행자의 요구에 부합되는 여행상품을 경쟁사보다 저렴한 가격에 제공하는 것이 매우 중요하다. 그림 5.2는 희망 여행상품 기획과정을 비롯한 진행과정을 나타내고 있다.

여행자가 여행사에 여행상품의 견적을 의뢰하면, 여행사에서는 항공사에 항공요금을 확인하고 지상수배업자 또는 목적지 여행사에 지상비견적서를 의뢰하고, 그것을 토대로 하여 여행상품의 일정표와 원가를 산출하여 적정판매가를 책정한다. 그리고 여행자에게 일정표와 함께 여행견적서를 제출한다.

여행자가 견적서대로 행사진행을 수락하면, 여행사에서는 여행자의 명단을 받아 항공좌석을 예약하고 지상수배업자 또는 목적지 여행사를 통한 목적지의 호텔 · 차량 · 식당 · 가이드 등을 수배한다. 이러한 준비 작업이 최종 확정된 후 여행자와 정식 계약을 체결하고 나면 판매가 완료된다.

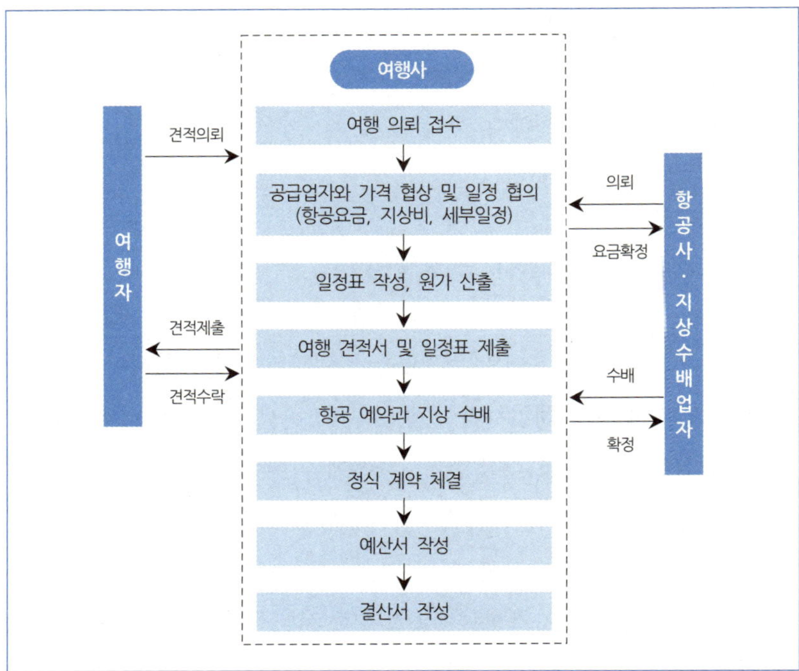

그림 5.2 희망 여행상품 기획 및 진행과정

희망 여행상품 기획 시 고려해야 할 사항이다.

- 희망 여행은 철저하게 여행자의 요구에 의해 기획되어야 한다.
- 여행사 종사원의 폭 넓은 지식과 다양한 경험을 통하여 여행자의 취향에 맞는 여행서비스 내용을 선별하여 경쟁사와 차별화시켜야 한다.
- 공급업자들과 가격협상을 통하여 경쟁력 있는 여행상품 요금을 산출해내야 한다.
- 일반 패키지상품과는 별도의 차별화된 서비스 제공이 필요하다.
- 단체여행의 구성원에 맞는 여행상품의 기획이 필요하다. 가족여행은 가족들 간의 우애를 돈독히 할 수 있는 계기를 만들어주고, 기업체 연수는 화합의 장을 만들어 줌으로써 기업체의 목적을 달성할 수 있게 기획해야 한다.

4. 여행상품 기획 시 유의사항

1) 여행상품 구성에 대한 유의사항

- 가장 손쉽고 효과적인 마케팅기법은 가격전략이다. 여행자가 구매하고자 하는 여행상품에 기꺼이 지불할 수 있는 적정수준의 가격대가 될 수 있어야 한다.
- 지나치게 싼 가격만의 강조는 품질의 저하를 초래하여 여행자 불만의 대상이 되기도 한다. 항공 · 호텔 · 식사 등의 적절한 조화는 여행자가 지불한 가격과 가격대비 품질에 대해 모든 여행자를 만족시킬 수 있을 것이다.
- 표적시장에 맞게 상품의 구성요인을 적절히 이용해야 한다. 고품격상품은 다소 가격이 비싼 국적항공사와 특급호텔, 여러 가지 특식을 제공하고, 교통편도 최단 시간 이동으로 편안한 여행이 될 수 있게 해야 하며, 저가알뜰상품은 저가항공사 LCC : Low Cost Carrier의 이용, 1급호텔 이하의 호텔 이용, 기본식사의 제공 등으로 여행자가 지불한 가격대비 만족을 느낄 수 있는 품질을 유지하면서도 파격적인 가격을 제시해야 한다.
- 마케팅 비용 대비 수익성을 고려해야 한다. 지나치게 표적시장이 좁을 경우에는 그 표적고객만을 위한 DMDirect Mail 발송 또는 그 표적고객층이 선호하는 잡지 등의 광고로 마케팅 비용을 최소화시켜야만 상품의 수익성이 보장된다.
- 눈으로 보는 관람형 관광과 실제로 여행자가 직접 참여하는 체험형 관광의 적절한 조화로 여행자의 흥미를 높여주어야 한다. 사찰체험을 할 수 있는 템플스테이와 양털 깎기, 어린 양 우유주기, 치즈 만들기 등의 체험을 할 수 있는 목장방문 등의 체험은 여행자에게 깊은 감동과 추억을 남길 수 있다.
- 여행상품의 분위기를 연출할 수 있어야 한다. 자금성을 방문하여 자금성의 내부 모습만을 보고 오는 것이 아니라, 실제로 중국 고대왕의 복장을 입고 왕이 되어 사진을 찍거나 영화촬영지를 방문하여 영화 속의 주인공이 되어보는 등의 그 여행지만의 이미지를 각인시킬 수 있는 분위기를 연출해야 한다.
- 특별이벤트의 소재를 활용하는 것도 좋은 방법이다. 월드컵 · 올림픽 · 축제 · 메가

이벤트 및 지역이벤트 등을 연계한 여행상품의 개발은 좋은 반응을 일으킬 수 있다.

2) 여행상품 구성요소 선별에 대한 유의사항

- 출발시간대를 고려해야 한다. 지나치게 이른 새벽 출발 비행편은 너무 부담스럽게 작용될 수 있고, 너무 늦은 밤 출발은 여행의 피로를 가중시키며, 여행자에게 현지에서 차량이용 시간과 식사횟수 등을 줄여 원가절감만을 고려했다는 비난을 받을 수도 있다.
- 가급적 직항편을 이용하는 것이 좋으나, 직항편의 항공료와 경유항공편의 항공료가 너무 차이가 클 경우와 알뜰상품을 기획하고자 할 경우에는 경유항공편을 이용하는 것도 좋은 방법이 될 수 있다. 경유항공편을 이용할 경우에는 경유공항에서의 대기시간을 최소화시키는 것이 좋다.
- 목적지에서의 이동 시에도 가급적 최단시간에 이동하고, 편안한 교통기관을 이용해야 한다. 원가절감만을 위한 LDCLong Distance Coach의 이용은 원가를 절감시킬 수는 있으나, 여행자의 피로를 가중시키고, 짧은 여행기간에 많은 이동으로 인한 시간소요는 상품의 만족도를 떨어뜨리며, 유럽에서의 TGV 이용 등 다른 교통기관을 이용하는 여행은 또 다른 즐거움을 느낄 수 없게 한다.
- 숙박 장소는 다음날 관광목적지의 이동이 용이해야 하며, 가급적 시내에 위치해야 한다. 지나치게 외곽에 위치한 호텔은 이동시간만 증가시켜 여행자에게 나쁜 이미지를 줄 수 있다.
- 해변휴양지에서의 휴식이 많은 여행상품일수록 리조트형의 특급호텔을 이용하여 다양한 부대시설을 이용할 수 있어야 하고, 관광 위주의 일정은 호텔의 등급은 다소 떨어져도 관광지 접근이 용이하며, 깨끗하고 넓은 객실 및 아침조식이 푸짐한 호텔이 좋다.
- 관광지에서의 식사는 현지식과 한정식의 적절한 조화가 중요하며, 그 나라의 유명한 특식을 제공하는 것도 여행자의 만족도를 높일 수 있는 중요한 요인이다.
- 적당한 쇼핑도 여행의 활력소이다. 그 나라에서만 판매되는 토산품 · 특산품 등

우리나라보다 좋은 품질과 저렴한 가격의 제품을 쇼핑하는 것도 여행자에게는 큰 즐거움이다.

- 인원에 적절한 전세버스를 이용하며 에어컨과 마이크 및 차량커튼 등이 구비된 차량을 이용한다.
- 여행의 핵심은 역시 인적자원이다. 유자격 가이드와 친절한 운전기사는 그 어떤 관광지의 매력물보다 훨씬 매력적이다.
- 일정표상의 일반적인 관광도 중요하지만, 그 나라의 문화를 느낄 수 있는 야간 민속쇼 공연관람 등 선택 관광의 준비도 여행의 색다른 맛을 더해 줄 수 있다.

제2절 항공예약 업무

1. 항공예약의 개념과 기능

1) 항공예약의 개념

기획여행 상품은 항공사에서 미리 지원된 블록으로, 예약된 항공좌석이 있어서 그 항공좌석에 따라 상품을 구성하여 판매하게 된다. 그러나 사전에 항공 좌석이 지원되어 있지 않은 희망여행의 경우, 항공예약은 여행자의 요청에 따라 출국일과 귀국일, 목적도시, 항공사 및 항공편명, 기타 부가서비스 사항(기내식, 항공좌석 선지정 등) 등을 예약하는 것을 말한다.

2) 항공예약의 기능

(1) 좌석의 확보와 수익성 향상

항공예약을 통해 미리 좌석을 확보함으로써 여행자 입장에서는 안정적으로 좌석을 공급받을 수 있고, 항공사의 입장에서는 좌석 재고관리를 효율적으로 함으로써 수익성을 향상시킬 수 있다.

(2) 고객서비스 강화와 항공운송 사전준비

종교적인 이유나 건강상의 이유로 인한 야채식 등 특별한 기내식의 사전준비, 장애인을 위한 휠체어서비스, 보호자를 동반하지 않은 소아의 보호서비스 등 대 고객서비스를 통한 항공운송을 사전에 준비할 수 있다.

(3) APIS 입력을 통한 출 · 입국심사 편의제공

여행자의 여권번호 · 생년월일 · 여권만료일 등의 여행자 정보를 항공예약 시 함께 입력함으로써 출입국관리사무소 직원들이 사전에 여행자 조회가 가능하여 출 · 입국 시간을 단축시켜 신속한 출 · 입국을 가능하게 한다.

2. 항공예약

1) 항공예약 시 주의사항과 PNR

(1) 항공예약 시 주의사항

여행자의 항공예약을 대행할 경우에는 여행자가 예정하고 있는 정확한 출 · 입국일과 선호하는 항공사 및 출 · 입국 시간대를 확인한 후 예약을 하는 것이 좋다. 특히 여행사의 입장에서 판매가 용이한 항공사보다는 여행자가 선호하는 항공사 또는 여행자가 적립하고 있는 항공 마일리지 등을 확인한 후 항공사를 선택하는 세심한 배려가 필요하다. 뿐만 아니라 시간대에 있어서도 이용이 편리한 시간의 항공을 예약하는 것이 좋다.

인천공항에서 거리가 먼 지방도시에서 거주하는 여행자는 오전 일찍 보다는 오후 출국과 인천공항에 귀국 시 지방도시로 이동하는 국내선 항공편이 곧바로 연결되는 시간대를 선호할 것이고, 상용 목적의 여행자는 오전 일찍 출국하여 출국 당일도 목적지에서 업무를 수행할 수 있는 시간대를 선호한다.

다음은 항공예약 업무 수행 시 주의할 점이다.

- 여행자가 요청하는 정확한 출·입국일을 확인해야 한다. 특히 미주·유럽 등지에서 입국할 경우에는 한국 도착일은 목적지에서 출발한 다음 날이며, 호주·뉴질랜드·피지 등은 우리나라에서 저녁 늦게 출국하여 목적지 도착은 익일 오전임을 인지하여 착오가 없도록 예약해야 한다.
- 여행자의 여권에 표기된 영문이름과 동일하게 예약해야 한다. 여권의 영문이름과 다르게 발권된 항공권은 탑승이 거절될 수도 있다.
- 여행자의 연령에 따라 성인Adult, 소아Child, 유아Infant를 구분하여 예약해야 한다.
- 여행자의 성별을 확인해야 한다.
- 이중예약DUPE : Duplicated Reservation이 되지 않도록 주의한다.

표 5.1 연령기준

성 인	소 아	유 아
만 12세 이상	만 2세 이상~만 12세 미만	만 2세(24개월) 미만

주: 출국일을 기준으로 하며, 입국일에는 상기의 연령을 초과해도 무관함

2) PNR

여행자의 요청에 따른 항공예약은 PNRPassenger Name Record로 나타난다. 개인항공권의 좌석예약은 대부분 항공사의 CRSComputer Reservation System를 통해 예약하기 때문에 여행사에서 자체 예약이 가능하다.

대한항공·아시아나항공 등 국적항공사의 단체항공권의 예약은 CRS를 이용하여 예약할 수 있으나 바로 좌석이 확약되는 것은 아니며, 단지 요청을 하는 수준으로 추후 항공사에서 검토 후 항공좌석 지원여부를 결정하게 된다. 그러나 대부분의 외국항공사의 단체항공권 예약은 팩시밀리를 통해 이루어지고 있다.

그림 5.3과 그림 5.4는 항공좌석을 예약한 PNR의 형태를 보여주고 있다.

```
① ── RLR ──
② RP/SELK1330A/SELK1330A
③ WS/RC
④ 1JUL17/0229Z  TUCCVR
⑤ 8990-1786
⑥ 1.PARK/HOYONGMR
⑦ 2 KE 839 E 04JUL 2 ICNWEH HK1  1410 1425  04JUL  E  KE/TUCCVR
   3 KE 840 E 07JUL 5 WEHICN HK1  1525 1740  07JUL  E  KE/TUCCVR
⑧ 4 AP SEL 02-333-0000 - 000 TOUR/MS KIM
⑨ 5 APM 010-0000-1234
⑩ 6 TKOK19JUN/SELK1330A
⑪ 7 OPW SELK1330A-23JUN:1900/1C7/KE REQUIRES TICKET ON OR BEFORE
     24JUN:1900/S2-3
   8 OPC SELK1330A-24JUN:1900/1C7/KE CANCELLATION DUE TO NO TICKET/S2-3
```

① RLR(Record Locator Return) : PNR Header Tag(Label)
② RP : Responsible(권한) Office ID & Q-ing Office
③ Agent Sign & Duty code
④ PNR 작성 또는 최종 업데이트 날짜와 시각
⑤ PNR Address(Record Locator), 8자리 숫자
⑥ 여행자 영문이름
⑦ 대한항공(KE) 839편 E클래스를 이용, 7월 4일 화요일 14시 10분 인천(ICN) 출발, (WEH) 현지시간 14시 25분 도착
⑧ 예약한 여행사의 전화번호, 예약자 이름
⑨ 승객 휴대폰번호(Pax Relation)
⑩ 여행사 발권시한(Ticketing Time Limit)
- TKOK : 즉시 발권할 PNR인 경우, 또는 TKT을 소유하고 있는 경우 표시
- TKTL : TL시간 지정
⑪ 항공사 발권시한
- KE의 경우 예약완료 후 OPW, OPC 항목이 보인다.
- OPW(Optional Warning Element)와 OPC(Optional Cancellation Element)

그림 5.3 개인항공권 예약 PNR

```
〈PNR-CBY4R6/1705304〉 ①
**Asiana FEP PNR**
1. SHIM/HYUNHAE MS  2. JUNG/SEUNGJAI MSTR  3. JUNG/GILDONG MR
4. KIM/SOOBIN MS  5. SIN/KYUNGMI MS  6. PARK/BYUNGSU MR
7. LEE/HOJIN MR  8. KIM/SOJIN MS  9. KIM/JINA MS  10. KIM/EONJI MS
11. SIM/NARAE MS  12. T/KIM/JISUN MS ②
1 OZ 743G 29OCT 3 ICNBKK HK12 2010 0005 CABIN Y/E ③
2 OZ 744G 2NOV 7 BKKICN HK12 0115 0820 CABIN Y/E ④
PHONES
1. OBB T*02-755-9023 UTO MR CHEON-T ⑤
GENERAL FACTS
1. SSR GRPS YY TCP12 G/UTO CO/PTY
2. SSR GRPF YY GV10 ⑥
RECEIVED FROM-P
OBBOZOZ 9FEB CBY4R6/1705304*GRP PNR* ⑦
```

① 예약번호
② 여행자 영문이름
③ 아시아나항공(OZ) 743편 G(단체예약) 클래스를 이용하여 10월 29일 수요일 20시 10분 인천(ICN)을 출발하여 방콕(BKK)에 현지시간으로 00시 05분 도착
 - HK12는 12명의 좌석이 확약된 것을 의미
 - CABIN Y는 일반석을 의미
④ 아시아나항공 744편 G(단체예약) 클래스를 이용하여 11월 2일 일요일 현지시간으로 01시 15분 방콕(BKK)을 출발하여 인천(ICN)에 08시 20분 도착
⑤ 예약한 여행사의 전화번호, 여행사 3코드, 예약자 이름
⑥ GV10은 단체예약을 의미
⑦ 예약을 한 날짜와 예약번호
 - GRP PNR : Group Passenger Name Record

그림 5.4 단체항공권 예약 PNR

항공예약 업무는 모든 여행예약 업무의 첫 단계로써 매우 중요하다. 정확한 PNR의 작성은 여행일정표 작성뿐만 아니라 목적지에서의 가이드미팅 등에도 매우 중요한 영향을 미치므로 모든 여행예약 업무의 기본이라 할 수 있다.

3. 항공권 발권

항공좌석 예약 후 TTLTicket Time Limit 이전에는 항공권을 발권하여 확약된 항공 좌석의 자동취소를 방지해야 한다. 항공권 발권 시에는 여행자가 항공요금을 현금 또는 신용카드로 지불할 것인지를 확인하여 항공발권 부서에 알려주어야 한다. 여행자가 항공요금을 현금으로 지불할 경우에는 여행사의 법인통장에 입금이 완료되면 발권이 가능하지만, 신용카드로 지불할 경우에는 몇 가지 주의할 점이 있다.

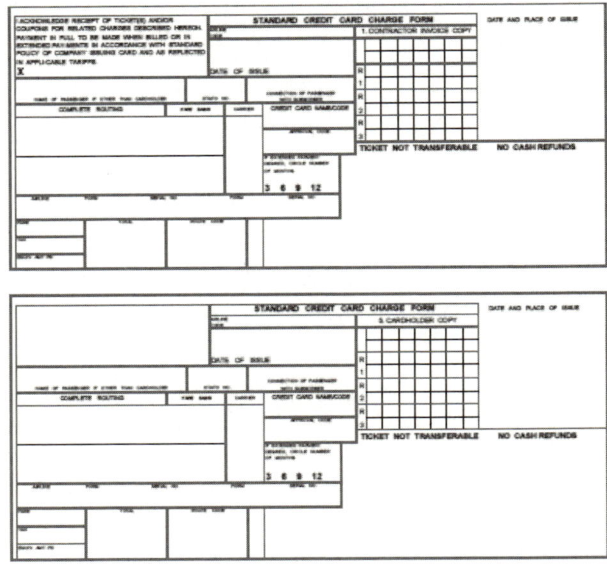

I ACKNOWLEDGE RECEIPT OF TICKET(S) AND/OR COUPONS FOR RELATED CHARGES DESCRIBED HEREON. PAYMENT IN FULL TO BE MADE WHEN BILLED OR IN EXTENDED PAYMENTS IN ACCORDANCE WITH STANDARD POLICY OF COMPANY ISSUING CARD AND AS REFLECTED IN APPLICABLE TARIFFS.
X

STANDARD CREDIT CARD CHARGE FORM

1. CONTRACTOR INVOICE COPY

DATE AND PLACE OF ISSUE

DATE OF ISSUE

COMPLETE ROUTING

CREDIT CARD NAME/CODE

3 6 9 12

TICKET NOT TRANSFERABLE NO CASH REFUNDS

STANDARD CREDIT CARD CHARGE FORM

3. CARDHOLDER COPY

DATE AND PLACE OF ISSUE

DATE OF ISSUE

COMPLETE ROUTING

CREDIT CARD NAME/CODE

3 6 9 12

TICKET NOT TRANSFERABLE NO CASH REFUNDS

그림 5.5 CCCF의 양식

- 원칙적으로 여행자 본인의 신용카드로는 자신의 항공권 구입만 가능하다. 가족의 항공권을 함께 구입할 경우에는 가족증빙서류(의료보험증 사본, 주민등록등본 사본 등)가 필요하다.
- 반드시 여행자의 서명이 된 신용카드 압인이 필요하다. 부득이한 경우 여행자의 신용카드 사본으로 대체할 수도 있으나, 카드 부정사용 방지를 위해서는 여행자 카드의 압인과 자필서명이 최선의 방법이다.

• 항공권 요금만을 결재할 경우에는 CCCFCredit Card Charge Form를 이용하면, 여행자에게는 자신이 이용한 항공사에서 요금이 청구되어 여행사의 입장에서는 카드수수료를 절약할 수 있다. 그림 5.5는 CCCF를 보여주고 있다.

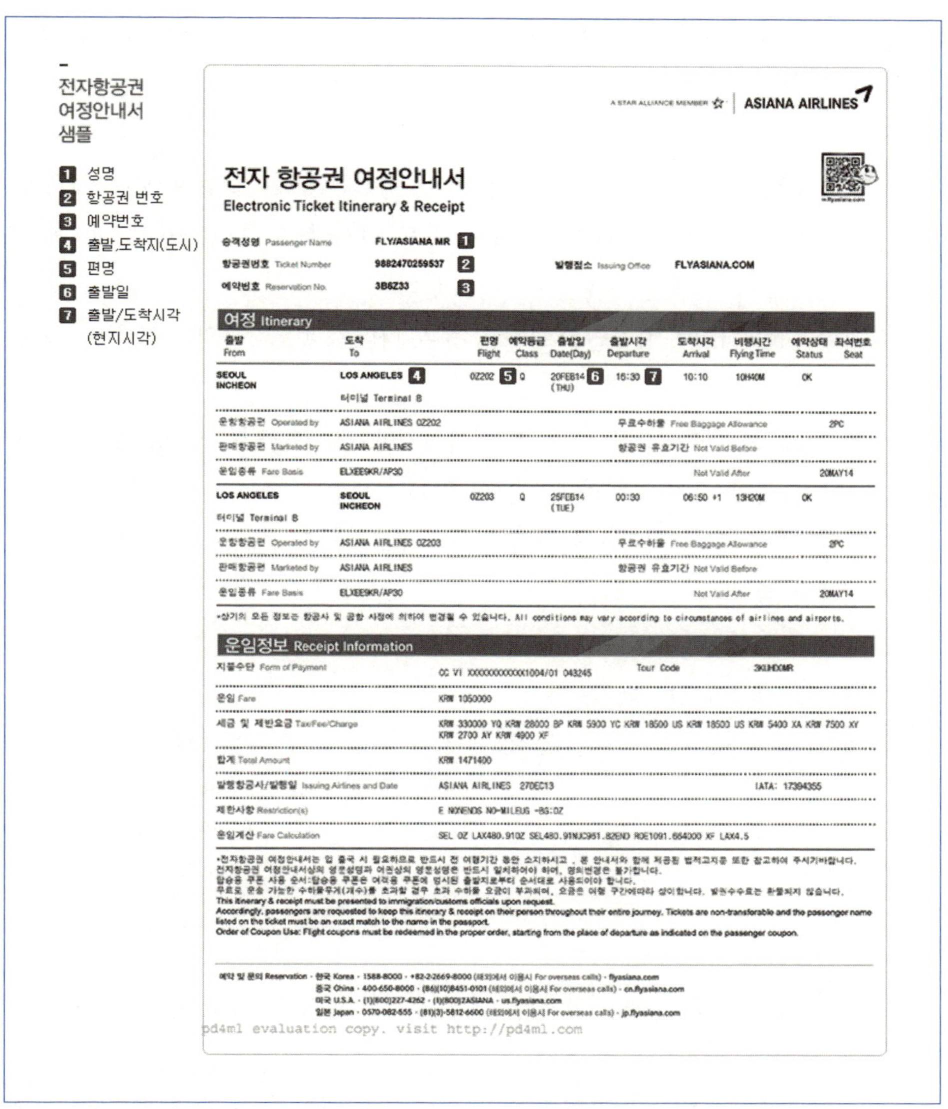

전자항공권 여정안내서 샘플

1 성명
2 항공권 번호
3 예약번호
4 출발,도착지(도시)
5 편명
6 출발일
7 출발/도착시각 (현지시각)

A STAR ALLIANCE MEMBER | ASIANA AIRLINES

전자 항공권 여정안내서
Electronic Ticket Itinerary & Receipt

승객성명 Passenger Name FLY/ASIANA MR 1
항공권번호 Ticket Number 9882470259537 2 발행점소 Issuing Office FLYASIANA.COM
예약번호 Reservation No. 3B6Z33 3

여정 Itinerary

출발 From	도착 To	편명 Flight	예약등급 Class	출발일 Date(Day)	출발시각 Departure	도착시각 Arrival	비행시간 Flying Time	예약상태 Status	좌석번호 Seat
SEOUL INCHEON	LOS ANGELES 4 터미널 Terminal B	OZ202 5	Q	20FEB14 6 (THU)	16:30 7	10:10	10H40M	OK	

운항항공편 Operated by ASIANA AIRLINES OZ202 무료수하물 Free Baggage Allowance 2PC
판매항공편 Marketed by ASIANA AIRLINES 항공권 유효기간 Not Valid Before
운임종류 Fare Basis ELXEE9KR/AP30 Not Valid After 20MAY14

출발 From	도착 To	편명 Flight	예약등급 Class	출발일 Date(Day)	출발시각 Departure	도착시각 Arrival	비행시간 Flying Time	예약상태 Status	좌석번호 Seat
LOS ANGELES 터미널 Terminal B	SEOUL INCHEON	OZ203	Q	25FEB14 (TUE)	00:30	06:50 +1	13H20M	OK	

운항항공편 Operated by ASIANA AIRLINES OZ203 무료수하물 Free Baggage Allowance 2PC
판매항공편 Marketed by ASIANA AIRLINES 항공권 유효기간 Not Valid Before
운임종류 Fare Basis ELXEE9KR/AP30 Not Valid After 20MAY14

•상기의 모든 정보는 항공사 및 공항 사정에 의하여 변경될 수 있습니다. All conditions may vary according to circumstances of airlines and airports.

운임정보 Receipt Information

지불수단 Form of Payment	CC VI XXXXXXXXXXXX1004/01 043245	Tour Code	3KUHDOMR
운임 Fare	KRW 1050000		
세금 및 제반요금 Tax/Fee/Charge	KRW 330000 YQ KRW 28000 BP KRW 5900 YC KRW 18500 US KRW 18500 US KRW 5400 XA KRW 7500 XY KRW 2700 AY KRW 4900 XF		
합계 Total Amount	KRW 1471400		
발행항공사/발행일 Issuing Airlines and Date	ASIANA AIRLINES 27DEC13	IATA: 17394355	
제한사항 Restriction(s)	E NONENDS NO-MILEUG -BG:OZ		
운임계산 Fare Calculation	SEL OZ LAX480.91OZ SEL480.91NUC961.82END ROE1091.664000 XF LAX4.5		

•전자항공권 여정안내서는 입 출국 시 필요하므로 반드시 전 여행기간 동안 소지하시고, 본 안내서와 함께 제공된 법적고지문 또한 참고하여 주시기바랍니다.
전자항공권 여정안내서상의 영문성명과 여권상의 영문성명은 반드시 일치하여야 하며, 명의변경은 불가합니다.
탑승용 쿠폰 사용 순서:탑승용 쿠폰은 여객용 쿠폰에 명시된 출발지로부터 순서대로 사용되어야 합니다.
무료로 운송 가능한 수하물무게(개수)를 초과할 경우 초과 수하물 요금이 부과되며, 요금은 여행 구간에따라 상이합니다. 발권수수료는 환불되지 않습니다.
This itinerary & receipt must be presented to immigration/customs officials upon request.
Accordingly, passengers are requested to keep this itinerary & receipt on their person throughout their entire journey. Tickets are non-transferable and the passenger name listed on the ticket must be an exact match to the name in the passport.
Order of Coupon Use: Flight coupons must be redeemed in the proper order, starting from the place of departure as indicated on the passenger coupon.

예약 및 문의 Reservation · 한국 Korea · 1588-8000 · +82-2-2669-8000 (해외에서 이용시 For overseas calls) · flyasiana.com
중국 China · 400-650-8000 · (86)(10)8451-0101 (해외에서 이용시 For overseas calls) · cn.flyasiana.com
미국 U.S.A. · (1)(800)227-4262 · (1)(800)2ASIANA · us.flyasiana.com
일본 Japan · 0570-082-555 · (81)(3)-5812-6600 (해외에서 이용시 For overseas calls) · jp.flyasiana.com

주: Form of Payment란에 CASH라고 기입되어 있으면 항공요금을 현금으로 지불하고 발권한 항공권이다.

그림 5.6 e-Ticktet

4. 단체항공권의 일반적인 사항

단체항공권은 최소 성인 10명 이상이 동일한 날 동일한 항공편을 이용하여 출국하였다가, 동일한 날 동일한 항공편을 이용하여 입국하는 것을 말한다. 이러한 단체항공권은 여행자가 구매 가능한 항공권 중 가격이 가장 저렴한 항공권으로, 다음과 같은 몇 가지 규정과 제한조건이 있으므로 유의해야 한다.

- 단체항공권은 최소 성인 10명(소아는 2명을 성인 1명으로 간주)부터 적용되지만, 탑승률이 부진한 노선은 판매 활성화를 위해 한시적으로 단체항공권 적용의 최소인원을 2·4·8명 등으로 낮출 수도 있다.
- 왕복항공권에서 편도항공권을 사용한 경우, 나머지 편도항공권은 환불이 불가능하다.
- 소아항공요금은 성인요금의 75%를 지불하지만, 소아요금을 별도로 책정하지 않고 성인요금과 동일하게 판매하는 항공사도 있다.
- 출국일로부터 15일 이내에 입국해야 한다. 그러나 괌·사이판 등은 5일 이내로 입국해야 한다.

표 5.2 단체구성 인원수에 따른 할인항공권

단체구성 인원수	할인수혜 인원	할인율
10~14명	1명	CG50(정상요금에서 50% 할인)
15~24명	1명	FOC(무료)
25~29명	2명	1명 FOC, 1명 CG50
30~39명	2명	2명 FOC

주: - CG50 : Conductor of Group.
- FOC : Free of Charge.
- 상기의 할인수혜 인원은 10명+1명 CG50, 15명+1명 FOC 개념으로 각각 총인원이 11명과 16명이 되어야만 1명의 혜택을 받을 수 있다.
- 일부 항공사의 유럽 등 장거리 노선에서는 단체항공권도 FOC 항공권을 지급하지 않는 경우도 있다.
- 일부 항공사에서는 단체인원수와 상관없이 15명 이상일 경우 무조건 1명의 FOC 항공권만을 지급하는 경우도 있다.

- 귀국일 변경은 원칙적으로 불가능하지만, 대부분의 항공사에서는 일정액의 수수료를 징수하고 출국일로부터 15일 내로 변경을 시켜주고 있다.
- 단체인솔자는 단체구성인원수에 따라 표 5.2와 같은 할인 항공권이 제공된다. 상기의 할인 항공권의 경우에는 Tax를 제외한 순수항공요금을 기준으로 할인율이 제공되며, CG50 항공권은 마일리지 입력이 가능하나 FOC 항공권은 마일리지 입력이 불가능하다.

24개월 미만의 유아는 기준 인원수에 적용되지 않으며, 24개월 이상 만 12세 미만의 소아는 2명을 성인 1명으로 기준하여 인원수를 적용시킨다. 그러나 최근 항공사의 수익성 위주의 경영으로 항공사와 노선에 따라 상기의 할인항공권이 지급되지 않는 경우도 있으니 유의해야 한다.

5. 개인 항공권의 일반적인 사항

1) 항공좌석 등급

일반적으로 항공사의 항공좌석 등급은 기내서비스 등급을 기준으로 다음과 같이 구분된다.

- 일등석 : First Class(F)
- 상용우대석 : Business Class(C)
- 일반석 : Economy Class(Y)

저가항공사LCC : Low Cost Carrier는 모든 좌석을 일반석Economy Class으로만 배치하여 많은 여행자를 탑승시킬 수 있게 하기도 한다. 그러나 CRSComputer Reservation System를 통하여 실제로 항공좌석을 예약할 경우에는 상기의 항공좌석 등급 내에서도 훨씬 다양한 예약클래스가 존재하며, 동일한 항공좌석 등급을 이용하는 여행자일지라도 상대적으로 높은 요금의 여행자에게 우선권을 부여하여 항공사의 수입을 극대화하고 높은 요금의 여행자를 보호하고자 한다.

다음은 대한항공의 다양한 항공좌석 예약클래스를 보여주고 있다.

- 일등석First Class : R, P, F, A
- 상용우대석Business Class : J, C, D, I, Z, O
- 일반석Economy Class : Y, B, M, S, H, E, K, L, U, G, Q, N, T, X, V

2) 항공요금의 종류

국제선 항공권의 요금은 여행기간 · 여행조건 등에 따라 다음과 같이 구분된다.

(1) 정상요금

정상요금Normal Fare은 원칙적으로 IATAInternational Air Transport Association에서 정하는 1년 유효기간의 할인되지 않은 요금으로, 예약변경 · 여정변경 · 항공사변경 · 도중체류횟수 등에 제한이 없는 요금이다. 항공권의 첫 구간은 발행일로부터 1년 이내에 개시해야 하며, 나머지 구간은 여행개시일로부터 1년의 유효기간을 갖는다.

(2) 특별요금

특별요금Special Fare/Promotional Fare은 여행자의 다양한 여행 형태에 부합하여 개발된 요금으로 여행자의 여행기간 · 여행조건 등에 일정한 제한을 적용하는 대신에 정상요금에서 일정한 할인율을 적용받는다. 특별요금의 제한사항은 다음과 같다.

- 최소체류 의무일(Minimum Day)
- 최대체류 허용일(Maximum Day)
- 예약 및 발권(항공좌석 확약 후 정해진 기한 내 발권 등)
- 사전구입조건(AP : Advanced Purchase Fare)
- Stopover와 Transfer 허용 여부 및 가능횟수
- 예약 및 여정변경 가능 여부
- 환불에 대한 제한사항

(3) 할인요금

할인요금Discounted Fare은 여행자의 나이와 신분에 따라 할인이 제공되는 요금이다. 여행자의 여행조건에 따라 정상요금 또는 특별요금을 기준으로 할인이 제공되며, 특별한 규정이 없는 한 유효기간 · 도중 체류횟수 등은 기준한 운임의 규정에 따른다.

① 유아요금IN : Infant Fare

출국일 기준 만 14일 이상~만 2세(만 24개월) 미만으로 성인 정상요금의 10%를 적용하며, 좌석을 점유하지 않고 아기바구니Bassinet를 이용한다. 성인동반자 1명에 단 1명의 유아할인이 가능하며, 유아가 2명 이상일 경우에는 나머지 인원은 소아요금을 적용한다. 일반적으로 유아는 공항세가 무료인 경우가 많고, 성인 Tax보다 저렴하다.

② 소아요금CH : Child Fare

출국일 기준 만 2세 이상~만 12세 미만의 성인보호자가 동반하는 여행자으로, 성인판매요금의 75%를 적용한다. 특별 할인요금을 적용한 경우와 싱가포르항공 · 캐세이퍼시픽항공 등의 일부노선에서는 별도의 소아요금이 적용되지 않고 성인요금과 동일한 경우도 있다.

③ 학생요금SD : Student Fare

출국일 기준 만 12세 이상~만 26세 미만으로 정규교육기관에 6개월 이상 등록된 학생 또는 유학생은 학생증 또는 입학허가서나 유학생비자의 사본을 제출하면 성인

정상요금의 75%를 적용하고, 도중체류가 불가능하다. 그러나 항공사나 목적지에 따라 적용기준은 다소 차이가 있어서 미국·캐나다로 여행하는 학생요금에는 나이제한이 없고, 1회에 한하여 도중체류도 가능하다.

④ 선원요금SC : Ship's Crew

선원증명서를 소지한 선원이 조업과 관련된 여행을 할 경우 적용하는 운임으로 정상요금의 75%를 적용하고, 도중체류가 불가능하며 일반석에만 해당된다. 무료수하물 허용량은 일등석을 기준하여 40kg까지 가능하다.

⑤ 여행사 직원 할인AD : Agent Discount

항공사와 대리점 계약을 체결하고 IATA에 가입한 여행사의 임직원 및 그 배우자에게 적용되는 요금으로, 해당여행사에 1년 이상 근무한 임직원에게 적용된다. 여행사 임직원은 정상요금의 25%를 적용하고, 배우자는 정상요금의 50%를 적용한다. 유효기간은 항공권 발행일로부터 3개월이다.

⑥ 항공사 직원 할인ID : Identity of Industry Discount

항공사 임직원은 항공사 상호간 계약이 된 항공사에 한하여 정상요금의 10%를 적용한다. 단, 마일리지 적용 등을 받지 못하며 사전에 예약이 인정되지 않아 잔여석이 있을 때만 탑승할 수 있다.

⑦ 비동반소아UM : Unaccompanied Minor

출국일 기준 만 5세 이상~만 12세 미만의 소아로서 좌석등급이 성인보호자와 다른 경우와 성인보호자 없이 혼자 탑승하는 여행자를 말한다. 이런 경우에는 사전에 UM서비스를 신청하면 항공기 탑승승무원의 보호를 받을 수 있다. 그러나 항공요금은 소아 할인을 받을 수 없고, 적용 가능한 성인요금을 부과시키며, 항공좌석이 확약되어 있어야 하고, 목적지에서 마중 나올 보호자의 연락처를 알려주어야 한다. 만 5세 미만과 공항이 다른 연결편을 이용하는 경우에는 UM 신청이 불가능하다. 12세 이상의 여행자는 편도 당 60달러(대한항공 기준)를 지불한다. 대한항공의 '비동반소아UM : Unaccompanied Minor서비스'는 혼자 여행하는 어린이가 출발지 공항에서 탑승권을 받는 순간부터 도착지 공항에서 보호자를 만나기까지 안전하게 여행할 수 있도록 도와주는 서비스이다.

3) 편도 또는 왕복요금

일반적으로 편도 항공권의 가격은 전혀 할인이 되지 않으므로 정상요금의 1/2을 지불해야 한다. 그러나 유학생 · 선원 · 이민자는 편도티켓 구입 시 별도의 할인요금이 적용되며, 그에 따른 증빙서류를 제출해야만 한다. 이들을 제외한 일반 여행자의 편도티켓 사용은 목적지 입국 시 입국 거부의 문제가 발생될 수도 있으므로 지양해야 한다. 따라서 왕복티켓을 구입하는 것이 목적지 국가의 입국에도 무난하며, 가격도 할인을 받을 수 있는 장점이 있다.

4) 항공권 유효기간

국제선 항공권의 유효기간은 적용되는 항공권의 요금에 따라 달라지는데, 적용되는 요금이 비쌀수록 길어진다. 항공권의 정상요금의 경우는 항공권 발행일로부터 1년 이내에 첫 구간을 개시해야 하고, 나머지 구간은 첫 구간 사용개시일로부터 1년 이내에 사용하면 된다. 그러나 특별요금을 적용받은 일반석은 동일한 예약 클래스라도 항공노선에 따라 유효기간이 상이하며, 실제 예약한 항공노선의 예약 클래스에 따라 최소체류의무일Minimum Day과 최대체류허용일Maximum Day, 항공요금이 정해진다.

표 5.3은 대한항공 기준 일반석Economy Class 항공좌석 예약 클래스에 따른 항공권 사용 유효기간을 보여주고 있다. 또한 미주 · 유럽 등의 일부 노선은 항공좌석 예약 클래스에 따라 최소체류 의무일이 정해지며, 목적지 국가에서 그 기간만큼은 지난 후에 귀국이 가능하다. 최소체류 의무일 이내에 귀국을 해야 할 경우에는 최소체류 의무일 규정을 적용받지 않는 상급의 항공권을 구입해야만 한다. 정상요금의 경우에

는 최소체류 의무일이 적용되지 않는다. 항공권상에는 최대체류 허용일은 Not Valid After로, 최소체류 의무일은 Not Valid Before로 표기된다. 따라서 여행자의 체류일정에 따라 적합한 항공권을 판매해야 한다.

표 5.3 대한항공(KE) Booking Class

Booking Class	최대체류 가능일	발권 규정	상위좌석 업그레이드
Y	12m	T/L 내 발권	가능
B			
M			
S	장거리 12m 중거리 6m 단거리 6m		불가능
H			
E		예약 후 3일 이내 발권	

주 : - 장거리 : 미주, 유럽, 대양주, 중동, 아프리카
- 중거리 : 동 · 서남아, 타쉬켄트
- 단거리 : 일본, 중국, 홍콩, 타이베이, 울란바토르

유효기간은 일Day, 월Month, 연Year으로 적용되는데, 일Day로 적용된 경우 출국일에 유효기간의 일수를 더한 날까지가 유효기간이 되며, 월Mouth로 적용된 경우 출발일로부터 유효기간 만료 월의 동일 일자까지 유효하게 된다. 출국일이 해당 월의 마지막 날인 경우에는 유효기간 만료 월의 마지막 날까지 유효한 것으로 한다. 항공권 상의 마지막 여정을 출발도시 기준으로 유효기간 만료일 자정 이전까지만 개시하면 된다.

- 최소체류 의무기간 3일인 경우
  9월 10일 출발 : 10일+3일 = 13일(9월 13일부터 출국했던 도시로 귀국 가능)
- 최대체류 허용기간 7일인 경우
  9월 10일 출발 : 10일+7일 = 17일(9월 17일) 자정 이전까지 항공여정상의 마지막 항공편을 개시해야 한다.
- 최대체류 허용기간 15일인 경우
  9월 27일 출발 : 27일+15일−30일(9월 마지막 날) = 12일(10월 12일) 자정 이전까지 항공여정상의 마지막 항공편을 개시해야 한다.
- 최대체류 허용기간 3개월인 경우
  11월 30일 출발 : 2월 28일(29일) 자정 이전까지 항공여정 상의 마지막 항공편을 개시해야 한다.

5) 무료탁송수하물 허용량

모든 항공사에서는 여행자 1인당 무료탁송수하물과 직접 소지하고 기내에 탑승할 수 있는 수하물에 대한 허용량이 정해져 있다. 무료탁송수하물의 허용량에 대한 기준은 수하물의 중량Weight System과 수하물의 개수Piece System 두 가지로 구분된다. 이에 따른 기준은 표 5.4와 같다.

표 5.4 무료탁송수하물 허용량의 기준(대한항공 기준)

<table>
<tr><th>구 분</th><th colspan="2">중량기준</th><th colspan="2">개수기준</th></tr>
<tr><td>적용항공노선</td><td colspan="2">미주 외 전 구간</td><td colspan="2">미주구간(브라질 제외)</td></tr>
<tr><td rowspan="5">무료탁송수하물
허용기준</td><td>일반석</td><td>3</td><td>일반석</td><td>3</td></tr>
<tr><td>프레스티지석</td><td>2</td><td>프레스티지석</td><td>2</td></tr>
<tr><td>일등석</td><td>1</td><td>일등석</td><td>2</td></tr>
<tr><td colspan="4">• 미주구간과 미주 외 구간의 정의
– 미주구간 : 캐나다, 미국 및 미국령, 멕시코, 중남미 출 · 도착 편 등 태평양 횡단구간
– 미주 외 구간 : 일본 · 중국 · 유럽 등 미주구간을 제외한 전 구간
• 무료허용량 외 추가수하물은 23kg 초과 시 별도 무게를 적용된다.
• 일부국가의 경우 수하물 1개의 무게가 32kg/70lb 이상, 사이즈가 158cm/62in(가로×세로×높이 세 변의 합) 이상인 경우에는 초과수하물 요금 지불과 관계없이 운송이 제한될 수 있다.
• 소아는 성인과 동일 및 접이식 유모차, 카시트(또는 요람) 각 1개
• 유아는 10kg 이하이며, 세 변의 합이 115cm 이내인 수하물 1개 및 접이식 유모차, 카시트(또는 요람) 각 1개</td></tr>
<tr><td colspan="4">• 대한항공 스카이패스 우수회원의 위탁수하물 허용량
– 모닝캄 클럽회원 : 무료수하물 1개 추가(일등석/프레스티지석 32kg, 일반석 23kg, 단 미주노선 일반석 제외)
– 모닝캄 프리미엄 클럽회원 : 무료수하물 1개 추가(일등석/프레스티지석 32kg, 일반석 23kg)
– 밀리언마일러 클럽회원 : 무료수하물 1개 추가(32kg)</td></tr>
<tr><td rowspan="4">기내반입
허용기준</td><td>좌석등급</td><td colspan="2">개수</td><td>총무게</td></tr>
<tr><td>일등석 프레스티지석</td><td colspan="2">2</td><td>18kg/40lb</td></tr>
<tr><td>일반석</td><td colspan="2">1</td><td>12kg/25lb</td></tr>
<tr><td></td><td colspan="3">• 추가 휴대수하물 규정 : 일반석을 이용하시는 경우, 노트북 컴퓨터, 서류가방, 핸드백 중 1개를 추가로 휴대 가능(가방 1개와 합해 총 무게는 12kg 이하)
• 가방 하나의 규격은 세 변의 합이 115cm/45in 이내여야 하며, 각 변은 각각 A 40cm, B 20cm, C 55cm를 초과해서는 안 된다.</td></tr>
</table>

6) 기타 규정

(1) 항공권의 양도

이미 발행된 항공권은 어떠한 경우에도 타인에게 양도가 불가능하며, 항공권에 대한 모든 권한은 항공권상에 표기된 여행자에게 있다.

(2) 항공권에 적용되는 통화 및 요금 적용시점

모든 항공요금은 출발국가의 통화로 징수되며, 우리나라의 경우에도 1995년 4월 1일부로 기존의 미국달러 대신 자국통화인 KRWKorea Won 기준으로 변경되었다. 그 이전에는 항공사에서 항공권을 미국달러를 기준으로 판매하면 여행사에서 그것을 KRW로 환산하여 여행자에게 판매한다.

항공권 요금은 여행자가 항공권을 구입하는 날의 요금을 기준으로 하는 것이 아니라, 여행 출발일을 기준으로 유효한 요금을 적용한다. 여행 출발 전 기 판매한 항공권의 요금이 변동된 경우에는 인상분을 추징하고, 인하분은 환불해야 한다. 그러나 여행 출발 이후에 변동이 발생된 경우에는 무관하다.

(3) 환불 규정

① 항공권을 개시하지 않은 경우

첫 구간을 개시하지 않은 항공권의 환불은 여행 출발 예정일 이전이나 이후 상관없이 전액 환불이 가능하다. 그러나 대부분의 항공사에서는 특별요금으로 판매된 항공권 중 사전발권 할인을 받았거나 큰 폭의 할인율을 적용받은 항공권의 환불은 환불수수료가 부가될 뿐만 아니라 환불이 불가능한 경우도 있다. 각 항공사별로 판매요금에 따라 환불 규정에 차이가 있으므로 확인해야 한다.

② 항공권을 개시한 경우

편도항공권을 사용하고 나머지 항공권을 환불할 경우에는 정상요금Normal Fare의 1/2을 기준으로 기 사용된 편도항공권의 요금을 적용시킨다. 따라서 대부분의 특별요금을 적용받은 항공권은 정상요금의 1/2 요금보다 적은 것이 일반적이므로 환불금액이 없는 경우가 대다수이다. 그러나 정상요금을 지불한 항공권은 편도 환불이 가능하다. 모든 항공권의 환불기간은 한 달 이상이 소요된다.

(4) 항공여정상의 여행순서

모든 항공권은 항공권에 나타난 예약순서에 의해 사용되어야 한다. 만약 항공권상에 나타난 최초 출발지가 아닌 곳에서 항공권을 개시하였다면, 그 도시를 출발지로 하여 요금을 재산출하여 적용해야 한다.

(5) 항공기의 출 · 입국 일자와 시간

모든 항공기의 출 · 입국 일자와 시간은 현지의 일자와 시간을 기준으로 하되, 시간은 24시간을 기준으로 한다. 예를 들어, 오후 4시 10분은 16시 10분으로 기재한다.

제3절 여행일정표

1. 일정표 작성방법

여행사의 가장 큰 특징 중 하나는 무형의 상품판매라고 할 수 있다. 여행사에서 유일한 유형의 상품이라고 할 수 있는 것이 일정표이다. 일정표에는 그 여행의 모든 것이 나타나 있을 뿐만 아니라 그 여행사의 이미지까지 나타날 수 있다. 여행자가 한눈에 알아볼 수 있고, 정확한 상품의 정보가 포함되어 있어야 하며, 잘못 기록된 부분이 없어야만 여행자의 신뢰를 얻을 수 있다.

국외여행 표준약관 제4조(계약의 구성)2항에는 여행일정표에는 여행일자별 여행지와 관광내용, 교통수단, 쇼핑횟수, 숙박장소, 식사 등 여행 실시 일정 및 여행사 제공 서비스 내용과 여행자 유의사항이 포함되어야 한다. 설명했던 내용들이 포함사항으로 나타나 있는 여행일정표의 실례는 그림 5.7과 같다.

방콕 파타야 5일 일정표

일자	지역	교통편	시간	일 정	식 사
제1일 10/29	인천 방콕	OZ743 전용차	18:10 20:10 00:05	• 인천공항 3층 A카운터 10번 테이블 집결 • 인천공항 출발 • 방콕 수완나품 국제 공항도착 • "C" 포인트 가이드와 미팅 후 호텔로 이동 • 호텔 체크인 및 휴식 HTL : RICHIMOND HOTEL	석 – 기내식
제2일 10/30	방콕 파타야	전용차	전일	• 호텔 조식 후 태국의 전통문화를 엿볼 수 있는 수상시장, 새벽사원, 왕궁, 에메랄드사원 관광 • 중식 후 해변휴양지 파타야로 이동 • 미니시암(소인국) 관광 및 석식(호텔시푸드) • 알카자쇼 관람 및 전통안마(1시간) 체험 • 호텔투숙 및 휴식 HTL : PALM BEACH HOTEL	조 – 호텔식 중 – 로열드래곤 석 – 시푸드
제3일 10/31	파타야	전용차 전용배 전용차	전일	• 호텔 조식 후 산호섬으로 이동 • 산호섬에서 해수욕 및 자유시간(선택관광 가능 : 해양스포츠) • 중식 후 농눅빌리지(민속춤, 코끼리쇼, 식물원) 관광, 코끼리 트레킹 • 석식(한식) 후 호텔휴식 HTL : PALM BEACH HOTEL	조 – 호텔식 중 – 타이하우스 석 – 한식
제4일 11/1	파타야 방콕	전용차	전일	• 호텔 조식 후 타이거쥬 방문하여 각종 동물쇼 관람 • 중식 후 방콕으로 이동(이동 중 파인애플농장 방문 및 시식) • 방콕 귀환하여 간단한 시내관광 및 쇼핑 • 석식(한식) 후 공항 이동	조 – 호텔식 중 – 자유식 석 – 한식
제5일 11/2	방콕 인천	OZ744	01:15 08:20	• 방콕국제공항 출발 • 인천국제공항 도착 및 해산	

• 상기 일정은 현지사정(교통, 기상변화 등)에 따라 달라질 수 있으며, 부득이한 경우 다음 일정을 위해 축소 변경될 수 있습니다.
• 포함사항 : 왕복항공권, 전 일정 숙박, 식사비, 차량비, 여행지 입장료, 기사 및 가이드 비용, 1억원 여행자보험, 인천공항세, 관광진흥개발기금, 현지공항세, 전쟁보험료, 유류할증료
  * 유류할증료 : 별도로 알림
• 불포함사항 : 가이드 및 기사 팁(1인당 30달러/아동 동일), 물값 등 기타 개인경비
• 호텔 전화번호 : 02-0000-0000
• 비상연락망 : 사무실 02-000-0000, HP 081-000-0000
• 현지 선택 관광 간단소개

[식사]
– 로열드래곤 USD35(일정 내 한식공제 시 USD 30)
– 디너크루즈 USD55(일정 내 한식공제 시 USD 50)
– 바이욕스카이디너 USD50(일정 내 한식공제 시 USD 45)

[쇼]
– 칼립소쇼 USD 40
– 티파니쇼 or 알카자쇼 USD 30

[안마 & 스파]
– 타이전통지압마사지 USD 40(2시간)
– 발마사지 USD 30(1시간)
– 아로마스파 USD 120(2시간 30분)

[해양스포츠]
– 잠수함 USD 60
– 제트스키 USD 20
– 바나나보트 USD 10
– 스킨스쿠버 USD 130
– 씨워킹 USD 60(사진추가 시 USD 20)

[기타]
– 코끼리 트레킹 USD 30(사진추가 시 USD 20)
– 시티투어 USD 60(나이트클럽 추가 시 USD 20)
– 앨범 USD 120(1권 가격)

[골프]
– 골프 USD 120(주중)/USD 150(주말)
(포함사항 : 그린피, 캐디피, 클럽랜탈/불포함사항 : 카트비, 캐디팁, 공, 신발, 식사)

• 여권상에 기재된 정확한 영문명과 주민등록번호로 예약 부탁드립니다.
• 호텔은 부득이한 경우 동급의 다른 호텔로 변동 가능성이 있습니다.
• 동남아의 호텔들은 세면도구(치약 · 칫솔 등)를 구비하고 있지 않습니다.
• 최종계약 시 해외여행계약서를 작성해 주십시오.
• 상기 상품은 단체관광을 목적으로 하는 고객을 위한 상품으로, 단체관광을 목적으로 하는 여행자에 한해 예약이 가능하며, 관광에 참여하지 않고 개별적인 활동을 원하시는 분들은 개별여행상품으로 예약해 주시기 바랍니다.

▸ 2007년 3월을 기하여 국제선을 이용하는 승객을 대상으로 액체류에 대한 검색이 강화되었습니다. 용기 당 100ml를 초과하는 화장품 · 치약류 · 헤어젤 등 기타 액체류 물품은 기내 반입이 제한되며, 총 1리터(1인당)가 넘는 경우 공항압수 등의 조치가 있을 수 있습니다(단, 탁송수하물은 제한사항 없음).
▸ 수하물 탁송의 경우, 카메라 · 핸드폰 · 귀중품 등은 보상불가로 직접 휴대해야 합니다. 탑승 전 해당 항공사(선박 · 운송업체 등)로 필히 사전 신고된 일정액만 보상되므로 수하물 탁송 시 주의가 요구됩니다.
▸ 여행일정 중 발생할 수 있는 모든 안전사고에 유의하기 바라며, 이용자 본인의 과실로 인한 안전사고의 경우, 이용자 본인의 책임이며, 이를 사전에 방지하기 위하여 가이드의 안내 및 안전수칙을 준수 당부 드립니다.

[취소료 규정]
예약(예약금 입금) 후 여행을 취소할 경우, 국외여행표준약관 제15조의 소비자피해보상 규정에 따라 아래의 비율로 취소료를 부과함을 양지하여 주시기 바랍니다(단, 당사의 귀책사유로 여행 출발이 취소되는 경우에도 동일한 규정이 적용됩니다).

- 여행개시 10일 전(19~10)까지 통보 시 : 여행요금의 5% 배상
- 여행개시 8일 전(9~8)까지 통보 시 : 여행요금의 10% 배상
- 여행개시 1일 전(7~1)까지 통보 시 : 여행요금의 20% 배상
- 여행당일 통보 시 : 여행요금의 50% 배상

[최저출발인원 미충족 시 계약해제]

- 최저출발인원이 충족되지 아니하여 여행 출발이 불가한 경우에는 여행 출발 7일 전까지 고객님께 통보하여 드립니다.
- 여행 출발인원 미달로 7일 전 통보하지 않고 여행을 취소하는 경우에는 이미 지급받은 계약금 환급 외에 다음과 같은 금액을 고객님께 배상하여 드립니다.

– 여행개시 7일 전까지 통보 시 : 계약금 환급
– 여행개시 6~1일 전까지 통보 시 : 여행요금의 20% 배상
– 여행당일 통보 시 : 여행요금의 50% 배상

■ 쇼핑품목 정보
– 보석(KK, GINO, ROYAL GEM 중 택1) : 루비, 사파이어, 에메랄드, 진주
– 라텍스(GM, 리자, C&C 중 택 1) : 천연라텍스 침구류
– 휴게실(유리네, 범룽디 중 택 1) : 로열젤리, 꿀, 진주크림, 무좀약
– 건강식품점(로열상황, 오키드상황, 시암팬보란, 고려당, 중화당, 동인당 중 택 1) : 상황버섯 또는 태국의 진기한 약재
– 잡화점 : 태국토산품

■ 쇼핑 시 유의사항
– 고객님께서 구입하신 물품의 교환 및 환불 처리는 고객님과 쇼핑센터 간의 계약사항으로 이루어집니다.
– 물품의 교환 및 환불처리는 물품수령 후 한 달 이내만 가능하며, 처리기간은 15일~최대 60일 정도가 소요됩니다.
– 물품환불 시 물품구입가의 10%의 환불수수료가 부과되며, 환불금액은 환율차에 의해 달라질 수 있습니다(현금구입 기준이며, 카드구입 시에는 5%의 환불수수료가 추가 부과됨).
– 고객님의 단순 변심, 사용 후 및 훼손 후의 교환 및 환불은 어떠한 경우에도 불가합니다(단, 물품의 하자로 인한 교환 및 환불 제외).

▸ 해외여행 시 구입한 물품은 USD 400 초과금액에 대해 입국 시 관세가 부과될 수 있사오니 참고하기 바랍니다. 한약 · 건강보조식품 등의 구입 시에는 고객님의 체질과 특성을 고려하여 신중한 선택을 당부 드립니다.
▸ 기획여행은 여행자보험에 자동 가입됩니다(만 1세 이상~89세 이하 경우만 해당).
▸ 상세내용은 이용약관(홈페이지 하단 위치)을 참조해 주시기 바랍니다.

[주의]

- 여권 : 유효기간 6개월 이상, 90일간 비자 없이 체류 가능
- 태국입국 시 담배는 1인 1보루, 술은 1인 1병(1ℓ) 규정위반 시 벌금부과
- 일정 중 자유시간에는 개인 안전에 특히 유의 부탁드립니다.

※ 소수인원 모객 시 동일조건 상품과 조인행사 할 수 있습니다.

[여행 불편신고]

- 한국일반여행업협회 여행불편처리센터 : 지역번호 없이 1588-8692
- 한국소비자보호원 : 02-3460-3000

그림 5.7 여행일정표

2. 일정표 작성의 유의사항

- 항공 출·입국편과 시간은 반드시 PNR을 직접 확인 후 작성한다.
- 일정표에는 일자와 장소, 교통편, 시간, 세부일정, 식사종류, 호텔등급, 항공편, 선택관광, 쇼핑장소 등이 명기되어 있어야 한다.
- 세부일정은 식사와 이동 및 주요관광을 기재하며, 이는 여행계약 시의 계약조건에 포함되므로 행사 시 일정표에 표기된 관광지는 반드시 행사가 이루어져야 한다.
- 쇼핑센터 방문횟수와 쇼핑품목을 기재하여 갑작스런 쇼핑센터 방문으로 여행자가 현지에서 당황하는 일이 없도록 사전에 정보를 제공한다.
- 제공되는 식사의 종류를 표기해야 한다.
- 이용하는 호텔의 전화번호와 현지에서의 비상연락망을 기록해 두어, 필요에 따라 이용할 수 있게 한다.
- 포함사항과 불포함사항을 정확히 기재하여 현지에서 논란이 없도록 한다.
- 여행준비물 및 기타 유의사항을 적어놓아도 좋으며, 일정표에 적지 않을 경우 따로 설명회 자료로 준비하여 제공한다.
- 각 관광지의 휴관일자를 확인해야 한다.

제4절 지상수배 업무와 원가산출

1. 지상수배 업무

기획여행 상품이나 희망여행 상품의 판매를 위해서는 각 상품의 정확한 원가 내역을 알고 여행사의 알선수수료를 부과하여 정당한 이윤추구로 여행사의 경영활동이 지속될 수 있도록 해야 한다. 정확한 원가내역 산출을 위해서는 우선적으로 여행상품의 원가항목 중 가장 큰 비중을 차지하고 있는 항공요금 확인과, 목적지의 지상비에 대한 견적서를 지상수배업자에게 의뢰해야 한다.

이러한 활동들이 지상비견적서 의뢰업무이며, 사전 지상비견적서 의뢰업무를 통하여 지상수배업자 또는 현지여행사로부터 견적서를 받아 그 견적서에 의거하여 상품구성과 상품의 원가를 산출하게 된다. 여행상품 판매 이후에는 지상비견적서에 의거하여 현지의 호텔 및 식당 · 차량 · 가이드 등을 현지여행사 또는 지상수배업자를 통해 예약하는 행위를 지상수배 업무라고 한다. 여행사가 지상수배 업자를 통해 목적지 여행사에 수배를 의뢰하는 간접수배 방식과 지상수배 업자틀 통하지 않고 직접 목적지 여행사에 수배를 의뢰하는 직접수배 방식이 있다. 그 수배 결과를 문서로 받는 것을 수배확정서 수신업무라고 한다.

1) 지상비견적서 의뢰 업무

여행상품의 가격책정을 위해서는 항공요금의 확인과 목적지 지상비에 대한 견적의뢰를 해야 한다. 일반적으로 지상수배 업자를 통한 간접수배 방식을 이용하고 있으나, 통신시설의 발달과 요금의 인하로 목적지의 여행사에 직접 의뢰하는 직접수배 방식을 이용하는 여행사가 늘어나고 있는 추세이다.

여행사와 지상수배업자 간 상호 대화를 통해 지상비를 결정짓기도 하지만, 정확한 문서로써 견적서를 받아놓는 것이 서로간의 업무실수를 줄일 수 있다. 견적의뢰는 10~15명 정도의 단체인원에 대한 지상비만을 의뢰하지만, 최소 행사인원에 대한 지상비도 확정을 해두어야만 상품판매 시 발생되는 소그룹 인원에 대한 행사가능 여부도 알 수 있다. 여행사의 입장에서는 단체인원수를 충족시키지 못한 적은 인원도 수익 발생이 되지 않을 경우라도 여행자와 약속이행을 위해 행사를 실시하는 편이 낫다.

2) 지상수배 업무

항공요금과 지상비견적서의 지상비를 확인하고 원가산출 후 적정판매가로 여행상

수배의뢰서

출　국 : 2017년 10월 29일 ICN BKK OZ 742 20 : 10 00 : 05
귀　국 : 2017년 11월 02일 BKK ICN OZ 744 01 : 15 08 : 20
총인원 : 10+1CHD+1TE
호텔명 : 방콕 NIKKO HOTEL CLASS
파타야 : PATTAYA PARK CLASS(신관)
룸타입 : 4TWIN+1TRP+1SGL
특식제공 여부 : 로열드래곤, 호텔시푸드, 타이하우스, 수끼
선택관광 포함 : 전통안마 1시간(어린이 제외), 코끼리 트레킹, 알카자쇼
차량 : 20인승 이상

ROOMING LIST

No	NAME	ROOM	No	NAME	ROOM
1	KIM/SOO BIN MS		2	KIM/SO JIN MS	
	SIN/KYUNG MI MS			KIM/JIN A MS	
3	PARK/BYUNGSU MR		4	KIM/EON JI MS	
	LEE/HO JIN MR			SIM/NA RAE MS	
5	JUNG/GILDONG MR	TRP	6	KIM/JISUN MS	SGL
	SHIM/HYUNHAE MRS			(TE)	
	JUNG/SEUNGJAI MSTR				
7	NTBA		8	NTBA	

○○○여행사

주 : - NTBA : Name to be Adviced. 수배 이후에도 모객가능성이 있을 경우, 추가 여행자가 있을 수도 있다.
- TRP : Triple Room
- SGL : Single Toom
- TE : Tour Escort

그림 5.8 수배의뢰서

품을 판매하여 여행 참가 희망여행자 모집이 되었을 경우, 미리 지상수배업자나 목적지여행사를 통해 호텔 · 식당 · 차량 · 가이드 등을 예약해야 한다.

단체가 모두 형성된 이후 지상수배를 요청할 경우, 호텔 · 차량 등이 현지사정으로 예약이 불가능할 수도 있으므로 유의한다. 따라서 상품담당자OP : Operator는 단체 형성 가능성을 보고 최대한 빨리 사전에 수배를 요청해 두어야만 한다. 그러나 수요예측이 잘못되어 호텔을 모두 취소할 경우 취소수수료가 부과될 수도 있으니 주의해야 한다.

지상수배를 위해서는 출 · 입국 항공편 및 시간, 여행참가자 영문명단, 호텔 룸 타입 및 호텔 급수, 차량 크기, 인솔자동행 여부, 특식제공 여부, 선택관광 포함 여부 등을 명시하여 지상수배업자 또는 목적지 여행사에 문서로 통보한다. 그림 5.8은 수배의뢰서를 보여주고 있다.

3) 수배확정서 수신업무

아웃바운드 여행사의 수배의뢰서에 의거하여 목적지의 인바운드 여행사에서는 목적지의 호텔과 차량 · 식당 · 가이드 등을 수배하고, 그 수배 결과를 문서로 수배를 의뢰한 아웃바운드여행사 또는 지상수배업자에게 통보하게 된다. 이 문서를 수배확정서Confirm Sheet라고 하며, 수배확정서를 토대로 총지상비를 청구하는 청구서InVoice를 같이 보낸다.

수배확정서에는 정확한 인원수에 따른 1인당 지상비, 세부일정, 호텔명, 세부 식사내역, 쇼핑센터 방문, 차량크기, 가이드 이름 및 연락처, 현지 비상연락망 등이 나타나 있다. 그림 5.9와 그림 5.10은 수배확정서와 청구서를 보여주고 있다.

발신일 : OOOO.OO.OO

수 신	UTC TOUR / 000 님	TEL	02-755-9023	행사명	방콕(파타야) 5일 PTY
		FAX	02-755-9024		
발 신	LTB / 000 드림			기 간	2017년 10월 29일 ~ 11월 2일(3N5D)
인 원	10 + 1CHD + 1TE(4TWN, 1TRP, 1SGL)				
지 상 비	지상비 : 150,000 × 10PAX = 1,500,000 어린이 120,000원 {총 지상비 1,620,000}				
사용호텔	방 콕(1N) : RICHIMOND TEL. 02-831-8888 파타야(2N) : J. PALM BEAH TEL. 038-231-350				
포함사항	호텔(2인1실), 차량 25인승, 가이드(한국인), 식사, 입장료, 방콕 시내관광, 산호섬, 미니시암, 농눅빌리지, 타이거주(악어농장), 파인애플농장, MK수끼, 호텔시푸드, 타이하우스, 로열드래곤, 알카자쇼, 안마 1시간, 코끼리 트레킹				
불포함사항	항공료, 여행자보험료, 가이드 & 기사 TIP(한국인, 태국인, 왕궁, 기사), 매너팁(룸메이드, 포터, 안마 시 등), 선택관광 및 쇼핑 등의 개인비용				
비고사항	1. 쇼핑센터 : 로열잼(잡화 & 보석), 라텍스, 면세점, 휴게소 2. 추천옵션 : 안마 1시간 $20, 파타야시티투어 $50, 씨워킹 $60, 스파 $100				
현지연락처	OFFICE : 02-000-0000 / 000 이사 H.P 081-000-0000 / 가이드 000 H.P 080-000-0000				

일 자	지 역	교통편	시간	일 정	식 사
제1일 10/29	인 천 방 콕	OZ 743	20:10 00:05	– 인천공항 출발 – 방콕 수완나폼 국제공항 도착 – "C포인트" 가이드와 미팅 후 호텔로 이동 –호텔 체크인 및 휴식	석 : 기내식
제2일 10/30	방 콕 파타야	전용차량	전일	– 호텔 조식 후 태국의 전통문화를 엿볼 수 있는 수상시장, 새벽사원, 왕궁, 에메랄드사원 관광 – 중식 후 해변휴양지 파타야로 이동, 미니시암(소인국) 관광 및 석식(호텔 시푸드), 알카자쇼 관람 및 전통안마(1시간) 체험 – 호텔 투숙 및 휴식	조 : 호텔식 중 : 로열드래곤 석 : 시푸드
제3일 10/31	파타야	전용차량 전용선편 전용차량	전일	– 호텔 조식 후 산호섬으로 이동, 산호섬에서 해수욕 및 자유시간(선택관광 가능 : 해양스포츠) – 중식 후 농눅빌리지(민속춤, 코끼리쇼, 식물원) 관광, 코끼리 트레킹 – 석식 후 호텔 투숙	조 : 호텔식 중 : 타이하우스 석 : 한식
제4일 11/1	파타야 방 콕	전용차량	전일	– 호텔 조식 후 타이거주 방문하여 각종 동물쇼 관람 – 중식 후 방콕으로 이동(이동 중 파인애플농장 방문 및 시식), 방콕 귀환하여 간단한 시내관광 및 쇼핑 – 석식 후 공항 이동	조 : 호텔식 중 : 자유식 석 : 한식
제5일 11/2	방 콕 인 천	OZ 744	01:15 08:20	– 방콕 수완나폼 국제공항 출발 – 인천국제공항 도착 및 해산	

※ 상기 일정 및 호텔은 현지 사정에 따라 다소 변경될 수 있습니다.

그림 5.9 수배확정서

청구서

청구자 : ○○○ 여행사
청구대상 : ○○○

단체명	국가	기간	지급요청액			지출내역	지출처	비고
			인원(A)	단가(B)	합계(AxB)			
○○○○	태국	2018. 3.5~3.10	150명	10,000	1,500,000	○○○	○○○	
합계			150명	10,000	1,500,000			

위와 같이 청구합니다.

년 월 일
○○○여행사 대표이사 ○ ○ ○ (인)

그림 5.10 청구서

2. 원가산출 업무

항공요금과 지상비가 결정되었으면 원가산출을 통한 판매요금을 결정해야 한다. 통상적으로 여행상품의 원가내역에는 항공요금과 각종 Tax(유류할증료, 각국 공항세, 관광진흥기금, 전쟁보험료, 각국의 기타 Tax 등)와 지상수배 업자로부터 받은 지상비(목적지에서 발생되는 숙박비, 식사비, 목적지 차량비, 가이드비용, 관광지 입장료 등)가 차지하는 비중이 절대적으로 높으며, 여행자보험료와 인솔자를 동행할 경우

인솔자경비 등이 포함된다.

인솔자경비는 인솔자항공요금(무료항공권 이용 시 제외), 각종 Tax, 인솔자의 목적지 지상비, 인솔자 여행자보험 및 출장비 등이 포함되며, 통상적으로 인솔자의 목적지 지상비는 목적지 여행사에서 견적서상의 요금을 산출할 때 이미 무료로 처리(인솔자 지상비는 여행자 인원수로 나누어서 각 여행자에게 추가 부담됨)되어 있으므로 여행사에서 실제 원가계산을 할 경우에는 인솔자 지상비는 따로 추가시켜 계산하지 않아도 된다.

원가산출 방법은 보통 2가지가 있다. 각 항목별로 1인요금을 산출한 후 인원수를 곱하여 각 항목별로 비용을 구하고 그 비용을 합산한 총금액을 여행자수로 나누어 계산하는 '원가총합계산법'과, 각 항목별로 1인의 요금을 산출하고 인솔자 경비도 여행자수로 나누어 1인당 부담액을 산출하여 그 요금을 합산하여 1인당 원가를 산출하는 '1인 원가계산법'이 있다. 다음은 두 가지 방법에 의한 원가계산의 실례이다.

1) 원가총합계산법

원가항목	세부 원가내역	합 계
항공료	500,000원×10명 인솔자 CG50 400,000원×1명	5,000,000원 400,000원
유류할증료	47,500원×11명	522,500원
Tax	58,900원×11명	647,900원
지상비	150,000원×10명	1,500,000원
여행자보험	3,537원×11명	38,907원
출장비	33,000원×5일	165,000원
총합계		8,274,307원
1인 원가	8,274,307원/10명	827,430원

주: - 일반적으로 소아의 여행상품가격은 성인가격의 80% 적용
- CG50(Conductor of Group)항공권은 인솔자 항공요금임. Tax가 11명인 것은 CG50항공권의 Tax까지 포함됨
- 지상비가 10명인 것은 목적지여행사에서 견적산출 시 이미 인솔자경비가 여행자 10명에게 나누어져 부과되어 있음
- 여행자보험 11명은 인솔자요금까지 포함. 인솔자출장비는 각 여행사마다 지급 금액이 상이함
- 비수기에는 단체항공권의 요금이 매우 저렴하여 CG50 항공요금이 단체항공요금보다 오히려 비싼 경우도 발생되는데, 이런 경우에는 CG50 항공권을 포기하고 단체항공요금으로 11명을 발권해도 됨

2) 1인 원가계산법

원가 항목	세부 원가내역	합 계
항공료	500,000원	500,000원
유류할증료	47,500원	47,500원
Tax	58,900원	58,900원
지상비	150,000원	150,000원
여행자보험	3,537원	3,537원
인솔자경비	CG50항공료 400,000원/10명 유류할증료 47,500원/10명 Tax 58,900원/10명 여행자보험료 3,537원/10명 출장비 33,000원×5일/10명	40,000원 4,750원 5,890원 353원 16,500원
1인 원가		827,430원

주: 1인 원가계산법은 각 1인의 요금만을 산출하는 방식으로, 인솔자경비는 별도로 산출하여 여행자수로 나누어 각 1인 요금에 부가시켜 원가요금을 산출하는 방법임

3) 여행상품의 원가항목

여행상품의 구성요소에 따른 원가항목은 다음과 같다.

(1) 운송료

① 항공요금

항공요금의 산출은 일반적으로 항공사에서 발행되는 항공요금표를 기준으로 한다. 그러나 항공산업의 특성상 반드시 항공요금표의 요금대로만 운영되는 것은 아니고, 수요에 따라 추가할인이 가능할 수도 있다. 특히 단체항공권의 요금은 수요에 따라 특별할인요금도 지급되는 경우가 많으니 반드시 항공사에 요금 확인을 해야 하며, 이러한 일련의 작업을 NEGONegotiation라고 한다. 항공요금은 일반적으로 성수기와 비수기 요금으로 나누어지나, 같은 기간이라도 출발요일과 출발시간대에 따라 다소 요금의 차이가 발생될 수 있으니 항공요금 산출 시에는 다음사항을 확인해야 한다.

- 연휴기간일 경우에는 요금인상 여부
- 출발요일 · 출발시간대 등에 따라서 요금차이 발생 여부
- 귀국변경 가능 여부
- 여행개시 전 취소로 인한 환불 여부(일부 항공사에서는 저렴한 요금을 제공하는 조건으로 환불이 불가능한 항공사도 있음)
- 소아와 유아의 할인 여부
- CG50과 FOC 지급 여부

② 선박요금

선박요금의 산출은 선박운영회사에서 발행되는 요금표를 기준으로 한다. 선박요금은 선실의 등급에 따라 요금의 차이가 발생되므로, 먼저 선실의 등급을 결정하고 그에 따른 요금을 확인해야 한다.

(2) 각종 세금

항공이나 선박을 이용할 경우 대부분의 나라에서는 공항이나 항만 이용에 따른 이용료를 받고 있으며, 유가인상에 따른 유류할증료, 전쟁보험료, 그리고 각 나라에 따라 그 나라에서만 징수하는 별도의 세금이 있다. Tax는 여행요금에 포함시켜야 한다.

① 공항이용료Airport Tax

공항세는 공항이용료로 출국할 때 부과되며, 대략 10~20달러 사이이다. 국가에 따라서는 Airport Embarkation Tax, Airport Service Charge, 홍콩의 안전세Q-charge, 한국의 공항이용료+관광진흥기금, 일본의 출국세Depart Tax 등으로 불린다. 공항이용료는 24개월 미만의 유아In : Infant를 제외하고는 모두 부과되고, 중간에 체류Stopover하는 경우도 Tax는 부과된다. 가령 동남아 항공편인 싱가포르항공이나 캐세이퍼시픽을 이용하여 유럽으로 갔다가 귀국할 경우, 홍콩이나 싱가포르에서 Stopover를 하면 싱가포르나 홍콩공항이용료(약 15,000원 정도)까지 한국에서 추가로 부과된다. 항공권 구입 시 부과될 때에는 항공권의 Tax란에 Code와 금액이 기재된다. 인천공항이용료는

'BP'로 표기되며, 국제선 출발일 기준 2004년 7월 1일부터 인천공항세(17,000원)와 관광진흥기금(10,000원)을 포함하여 27,000원을 징수한다.

② 전쟁보험료Insurance Surcharge

전쟁보험료는 9·11테러 이후, 2001년 11월부터 항공사마다 신설하여 부과하고 통상 YQ로 표기된다. 액수는 항공사마다 다르며, 1회 탑승 시마다 각 구간 당 요금으로 산정한다.

③ 유류할증료Fuel Surcharge

유류할증료는 2005년 7월부터 국제유가 인상과 항공사의 영업환경을 고려한 국토해양부의 '항공요금과 유류할증료 확대방안'에 따라 항공사에서 유가인상분을 유류할증료 형태로 항공요금에 추가로 징수하는 금액이다. 항공사 및 노선에 따라 다르고, 매월 유류인상폭에 따라 고지되며, 탑승일과 관계없이 발권일 기준으로 적용된다. 국내항공사들은 이동거리가 멀수록 더 많은 할증료를 내야 하는 '거리비례 구간제'를 적용하고 있다. 대한항공은 500마일 미만부터 1만 마일 이상까지 총 10단계로 구분해 1,200~9,600원의 유류할증료를 부과한다. 아시아나항공은 500마일 미만부터 5,000마일 이상까지 총 9단계로 나누어 1~5달러의 추가요금을 부과한다. 유류할증료는 싱가포르 석유제품 현물 거래시장의 항공유 갤런 당 평균값이 150센트 이상일 때 단계별로 부과된다. 항공권의 Tax란에 전쟁보험료와 합산하여 YQ, YR, Q-charge 등으로 기재된다. 단, 좌석을 점유하지 않는 만 2세 미만의 유아는 면제된다. 2017년 7월 기준 국내선 유류할증료는 4달 연속 2,200원(2단계)으로 적용되어 국제선 유류할증료는 0원이 부과된다. 이는 국제유가 하락분을 반영하여 0단계를 유지하고 있다. 그러나 유류할증료는 국제유류 가격에 따라서 언제든지 변동이 있다.

(3) 지상비

지상비는 투어피Tour Fee, 랜드피Land Fee 등으로도 불리며, 목적지에서 발생되는 숙박비, 식사비, 관광지입장료, 지상교통비, 현지가이드비용 등을 말한다.

① 숙박비

- 숙박등급에 따른 요금 결정 : 일반적으로 호텔의 이용이 대부분이며, 사용하는 호텔의 등급에 따라 요금차이가 많이 발생된다. 또한 여행상품 원가를 낮추기 위해 호텔보다 상대적으로 저렴한 가격의 모텔 등을 이용하기도 한다. 이런 경우에는 호텔보다 여행자의 불편이 많을 수 있으므로 상품판매 시 여행자에게 상세한 정보를 제공하여 현지에서 발생되는 불만요인을 사전에 차단해야 한다.
- 숙박인원에 따른 요금 결정 : 일반적으로 2인 1실을 기준으로 한다. 부모와 동반 투숙하는 소아는 대부분의 호텔에서 조식요금을 제외한 숙박비용은 무료이며, Extra Bed를 원할 경우에는 Extra Bed 사용료를 징수한다.
- 유럽의 호텔에는 욕조가 없고, 화장실과 샤워 부스만 설치되어 있는 호텔도 많다.

② 식사비

- 식사의 횟수 : 하루 3식의 식사 제공이 일반적이나 전체 일정 중 1일 자유시간이 있는 경우에는 중식이 불포함되는 경우가 많다.
- 특별식 포함 여부 : 희망여행의 경우 여행자의 요청에 따라 해산물 · 스테이크 등의 특별식을 포함시킬 수도 있다.
- 비행기 시간에 따른 기내식 여부를 확인하여 식사횟수에 착오가 없도록 주의한다.
- 유럽지역의 국가와 베트남 등에서는 여행자가 식당에서 주문하는 물도 비용을 받는 경우가 있으나, 단체여행은 여행경비에 포함시키는 것이 좋다.
- 서양에서는 식당에서 별도의 팁을 지불하는 것이 관례로서 여행자가 직접 지불하는 것으로 한다.

③ 지상교통비

- 지상교통비에는 관광버스 이용료, 관광버스 주차료, 고속도로 이용료, 운전기사 비용, 운전기사의 숙박 제공이 필요한 경우 운전기사 숙박료 등을 말한다. 여행자가 소수일 경우에는 렌터카를 이용하기도 한다.
- 운전기사의 팁은 포함 여부를 확실히 해야 한다.

- 예약시간을 초과할 경우는 초과비용이 발생될 수도 있으니 유의해야 한다.
- 관광버스 이외의 교통기관(TGV · 선박 등)을 이용할 경우는 등급에 따른 요금을 산출하여 부과해야 한다.

④ 관광지 입장료

단체할인 여부, 소아요금, 인솔자 무료입장 여부 등을 확인해야 한다.

⑤ 가이드 비용

팁을 제외한 가이드 비용은 여행요금에 포함시켜야 한다.

⑥ 가이드 · 차량기사 등의 팁

팁의 포함 여부에 따라 포함시킬 경우에는 지상비에 포함시켜 견적을 의뢰해야 한다.

⑦ 포터비

호텔 · 공항 · 부두 · 역 등에서 여행자가 직접 짐을 들지 않고 포터를 이용할 경우의 비용으로, 지상비에 포함 여부를 결정해야 한다.

(4) 여행자보험

만약의 사고에 대비하여 여행자보험을 가입해두는 것이 좋다.

(5) 인솔자 경비

인솔자경비는 인솔자의 항공료와 Tax, 지상비, 여행자보험료, 인솔자출장비 등 인솔자를 동행했을 경우에 발생되는 경비로, 여행참가 인원수로 나누어 책정한다.

제5절 상담 및 예약과 취소, 계약서 작성

1. 상담 및 예약과 취소 업무의 개념

상담 및 예약 업무는 여행상품을 기획하여 적극적인 마케팅 활동을 하게 되면 여행자는 콜센터 · 온라인 등을 통해 여행상품에 대한 자세한 정보를 문의하게 되는데, 이러한 여행자의 문의를 친절하고 정확한 안내를 통해 여행자의 예약을 이끌어내는 업무를 말한다. 여행상품 모방의 용이성에 따라 각 여행사의 여행상품들은 정형화되어 서로 비슷한 내용으로 구성되어 종사원들의 여행상담은 여행자의 여행사 결정에 결정적인 역할을 하게 된다. 끊임없는 자기계발과 풍부한 여행정보의 습득 등으로 한 번 연결된 여행자의 상담전화를 반드시 예약으로 이끌어낼 수 있는 능력이 중요하다.

여행자나 여행사에서는 국외여행 표준약관에 의거한 정당한 사유가 있을 경우에는 손해배상액을 지불하지 않고 여행계약을 해제할 수도 있고, 면책사유의 요건에 해당되지 않으면 손해배상액을 지불하고 여행계약을 해제할 수도 있다. 이러한 업무를 취소 업무라고 한다.

2. 상담 및 예약과 취소업무

1) 상담업무와 예약업무

다음은 여행자의 여행상품 문의에 대한 상담 시 유의해야 될 사항이다.

- 처음 전화응대 시 "안녕하세요? ○○여행사 ○○○입니다." 등의 통일된 인사로 상냥하게 응대한다.

- 보통 '솔' 정도의 높이로 여행자의 상담전화에 응대하는 것이 좋다.
- 여행자의 이야기를 끝까지 귀담아 경청한다.
- 여행자가 상담 내용을 잘 이해하지 못했을 경우에는 다시 친절하게 상담에 응한다.
- 바로 예약을 이끌어내지 못한 경우는 반드시 여행자의 연락처를 받아낼 수 있도록 노력한다.
  - 예약을 받은 경우에는 여행자가 선택한 여행상품과 출발일 외에도 다음사항을 꼭 확인하여 기재해두어야 한다.
  - 상품명
  - 출발일
  - 여권에 나타나 있는 영문이름
  - 주민등록번호
  - 여권만료기간
  - 비자 소지여부 및 만료기간
  - 전화연락처(자택 및 핸드폰)
  - 이메일
  - 호텔 룸 사용 타입
  - 판매가격(할인율)
  - 추가 요청사항(기념일을 위한 와인 · 케이크 등)

그림 5.11은 상기의 내용이 기입된 여행예약신청서의 양식을 보여주고 있다.

여행예약신청서

예약일 : 년 월 일

여행상품명 : 출발일 :

영문명	주민등록번호	여권번호	여권만료일	비자 유무
룸타입				
연락처		핸드폰		
이메일				
판매가				
기타 요청사항				

○○○여행사

그림 5.11 여행예약신청서

2) 취소업무

(1) 여행자 · 여행업자 양자 간 손해배상액 없이 취소가 가능한 경우

국외여행 표준약관 제13조1항1호 및 2호에 따르면, 다음의 경우에는 여행자나 여행업자 양자 간 손해배상액을 지급하지 않고, 여행계약을 해지하고 여행예약을 취소할 수 있다.

- 여행자의 안전과 보호를 위하여 여행자의 요청 또는 현지사정에 의해 부득이하다고 양자 간 합의한 경우
- 천재지변, 전란, 정부의 명령, 운송 · 숙박기관 등의 파업 · 휴업 등으로 여행의 목적을 달성할 수 없는 경우

(2) 여행업자가 손해배상액 없이 취소가 가능한 경우

국외여행 표준약관 제15조(여행 출발 전 계약해제)2항1호에서는 다음의 경우에는 여행업자가 손해배상액을 지급하지 않고, 여행계약을 해제하고 여행예약을 취소할 수 있다.

- 다른 여행자에게 폐를 끼치거나 여행의 원활한 실시에 현저한 지장이 있다고 인정될 때
- 질병 등 여행자의 신체에 이상이 발생하여 여행의 참가가 불가능한 경우
- 여행자가 계약서에 기재된 기일까지 여행요금을 납입하지 아니한 경우

이외에도 국외여행 표준약관 제9조(최저행사인원 미충족 시 계약해제)1항에는 여행업자가 기획여행 상품을 판매하다가 최저인원의 미달로 여행 출발 7일 전에 취소시킬 경우에도 손해배상액을 지급하지 않고 여행계약을 해제하고 예약을 취소할 수 있다. 그러나 최저인원 미달의 사유로 여행 출발 1일 전까지 취소하면 여행요금의 20%를 배상하고, 여행 출발 당일 취소할 경우에는 여행요금의 50%를 배상해야 한다.

(3) 여행자가 손해배상액 없이 취소가 가능한 경우

국외여행 표준약관 제15조(여행 출발 전 계약해제)2항2호에서는 다음의 경우에는 여행자가 손해배상액을 지급하지 않고 여행계약을 해제하고 여행예약을 취소할 수 있다.

- 여행자의 3촌 이내 친족이 사망한 경우
- 질병 등 여행자의 신체에 이상이 발생하여 여행의 참가가 불가능한 경우
- 배우자 또는 직계존비속이 신체이상으로 3일 이상 병원(의원)에 입원하여 여행 출발 전까지 퇴원이 곤란한 경우 그 배우자 또는 보호자 1인
- 여행업자의 귀책사유로 계약서 또는 여행일정표에 기재된 여행일정대로의 여행 실시가 불가능해진 경우
- 국외여행 표준약관 제12조(여행요금의 변경)1항에 의거하여 이용운송·숙박기관에 지급해야 할 요금이 계약체결 시보다 5% 이상 증감하였거나 여행요금에 적용된 외화환율이 계약체결 시보다 2% 이상 증감한 경우에는 여행업자와 여행자 상호간 증감된 금액을 청구할 수 있는데, 이러한 사유로 여행요금의 증액으로 인하여 여행이 계속되기 어렵다고 인정될 경우

(4) 손해배상액을 지불하고 취소해야 되는 경우

상기의 손해배상액을 지불하지 않고 여행예약을 취소할 수 있는 경우를 제외한 여행자나 여행업자의 귀책사유에 의한 취소는 손해배상액을 지불해야만 한다. '소비자피해보상규정'(재정경제부고시)에 따른 취소수수료에 대한 규정은 다음과 같다.

① 여행자가 여행계약 해제를 요청하는 경우

- 여행 출발일 30일 전까지 취소요청 시 : 여행계약금 환불
- 여행 출발일 29~20일 전까지 취소요청 시 : 여행경비의 10% 배상
- 여행 출발일 19~10일 전까지 취소요청 시 : 여행경비의 15% 배상

- 여행 출발일 9~8일 전까지 취소요청 시: 여행경비의 20% 배상
- 여행 출발일 7~1일 전까지 취소요청 시: 여행경비의 30% 배상
- 여행 출발 당일 취소요청 시: 여행경비의 50% 배상

② 여행업자가 여행계약 해제를 통보하는 경우

- 여행 출발일 30일 전까지 취소요청 시: 여행계약금 환불
- 여행 출발일 29~20일 전까지 취소요청 시: 여행경비의 10% 배상
- 여행 출발일 19~10일 전까지 취소요청 시: 여행경비의 15% 배상
- 여행 출발일 9~8일 전까지 취소요청 시: 여행경비의 20% 배상
- 여행 출발일 7~1일 전까지 취소요청 시: 여행경비의 30% 배상
- 여행 출발 당일 취소요청 시: 여행경비의 50% 배상

3. 계약서 작성 업무

예약을 마친 여행자에게 계약금을 받지 않으면 취소될 가능성이 높으므로 가능한 한 예약과 동시에 계약금(여행요금의 10%)을 받아야 하며, 잔금은 여행 출발 7일 전까지 받아서 완납시켜야 한다. 계약금을 받음과 동시에 여행계약서를 직접 또는 이메일 · 팩스 등을 통하여 여행약관 · 여행일정표와 함께 송부하여 여행계약이 성립되었음을 통지해야 한다.

여행계약서는 여행자와의 분쟁이 발생했을 경우 분쟁을 해결할 수 있는 중요한 근거가 되므로 반드시 작성해야 하며, 「관광진흥법」 제14조(여행계약서 교부)에도 명시되어 있다. 또한 국외여행 표준약관 제11조(여행요금)1항에 의거하여 여행계약서의 여행요금에는 다음이 포함되어야 한다.

- 항공기 · 선박 · 철도 등 이용운송기관의 운임(보통운임기준)
- 공항 · 역 · 부두와 호텔 사이 등 셔틀버스 요금

- 숙박요금 및 식사 요금
- 안내자 경비
- 여행 중 필요한 각종 세금
- 국내 · 외 공항 · 항만세
- 관광진흥개발기금
- 일정표 내 관광지 입장료
- 기타 개별계약에 따른 비용

기획여행 상품 판매가에는 상기의 사항들을 필수적으로 포함시켜 소비자들의 혼란을 방지하고 있으나, 희망여행의 경우에는 당사자 간 합의에 의해 조절이 가능하다.

국외여행 계약서(여행자용)

OO여행사와 여행자는 아래와 같이 (□기획, □희망)여행 계약을 체결하고 계약서와 여행약관(계약서 이면 첨부) · 여행일정표(또는 여행설명서)를 교부한다.

※ 해당란에 기록하거나 ☑로 표기, ( )는 선택입니다.

여행상품명	/ 여행기간: . . . ~ . . (박 일) (기내 숙박 0일 포함)
보험가입 등	□영업보증 □공제 □예치금, 계약금액: 만원, 보험기간: ~ , 피보험자:
여행자보험	보험 가입(□여 □부), 보험회사: 계약금액: 만원, 보험기간: ~ , 피보험자:
여행인원	명 / 행사인원: 최저: 명, 최대: 명 / 여행지역: * 여행 일정표 참조
여행요금	1인당: 원 / 총 액: 원 계약금: 원 / * 계약과 동시 납부 잔액 완납일: . . . / 잔액: 원 계좌번호: , 우주 여행사 홍길동 ※ 영수증, 지로용지, 은행계좌 등의 가입자는 여행사명이나 대표자일 때만 유효함
출발(도착) 일 · 시 및 장소	출발: . . 시 분, 에서 도착: . . 시 분, 에서 교통수단: 항공기(등석), 기차(등석) 선박(등실), 기타:
숙박시설	□관광호텔: 등급 □일반호텔 □여관 □여인숙 □기타, 1실 투숙인원: 명
식사회수	□일정표에 표시 / 조식( )회, 중식( )회, 석식( )회 * 기내식포함
여행인솔자	□유 □무 / 현지 안내원: □유 □무 *일정표참조
현지교통	□버스( )인승 □승용차 □기타 / 현지 여행사: □유 □무 * 일정표참조
여행요금 포함사항	**항 목**: □항공기 · 선박 · 철도 등 운임 □숙박 · 식사료 □안내자 경비 □국내외 공항 · 항만세 □관광진흥개발기금 □제세금 □일정표내 관광지입장료 ※ 희망여행인 경우 해당란에 ☑로 표기 **기타 선택항목**: □여권발급비 □비자발급비 □봉사료 □포터비 □여행보험료(최고한도액: 원) □쇼핑 □선택관광 (※ 선택관광은 강요될 수 없으며 전적으로 여행자의 의사에 따름) □기타( )
기타사항	여권발급비: 원 비자발급비: 원

OO여행사와 여행자는 위 계약내용과 약관을 상호 성실히 이행 및 준수할 것을 확인하며 아래와 같이 서명 · 날인한다.

※ 본 계약과 관련한 다툼이 있을 경우 문화관광부고시에 의거 운영되는 관광불편신고처리위원회(전화 02.779.6957) 또는 여행사 본사 소재 시 · 도청(시 · 군 · 구포함) 문화관광과로 중재를 요청할 수 있음

작 성 일: . . .

여행업자상호:

주 소:

대 표 자: (인) 전 화:

등록번호: 담당자: (인)

대리판매상호:

여행사주소:

대 표 자: (인) 전 화:

등록번호: 담당자: (인)

여행자이름: (서명) 전 화:

주 소:

그림 5.12 국외여행계약서

제6절 예산 및 정산 업무

1. 예산 및 정산 업무의 개념

상품담당자OP : Operator는 본인이 담당하고 있는 모든 여행상품 판매에 따른 여행경비의 입금내역을 확인하고, 출발 전 반드시 총입금액과 총지출에 따른 행사수익과 지상비 · 여행자보험료 · 인솔자출장비 등의 비용을 계산하여 지출해야 하는데, 이러한 업무를 예산업무라고 한다.

행사완료 후에는 실제로 지출된 비용을 정산하고 정확한 수익을 산출해 내어 납세의 근거로 삼는데, 이러한 업무를 정산 업무라고 한다. 이때는 예산서에 의한 지출확인뿐만 아니라 현지행사에서 발생되었던 추가비용까지 포함시켜 정산을 해야 하며, 반드시 근거가 되는 영수증을 첨부해야 한다.

2. 예산 및 정산 업무의 개념

예산업무를 통한 예산서 작성 시에는 각 여행자별 입금확인내역서, 발권의뢰서, 수배확정서, 여행자보험 가입증명서, 여행자에게 발송된 일정표, 명부Name List, 입실명단Rooming List, PNR 등이 첨부되어야 한다.

항목	조건	산출 내역	금액
항공 요금	단체 할인 가격	항공료 1,000,000원 유류 할증료, TAX 398,200원	1,398,200원
숙박비	4성급 기준	평균 유로 100~150 정도 유로 120 × 7박 = 840유로 720 × 1/2명 = 420유로	562,800원
조식	뷔페	10유로 × 6일 = 60유로	80,400원
중·석식	현지식, 중국식, 한식	15유로 × 12회 = 180유로	241,200원
지상 교통비	전용 버스	500유로 × 7일 = 3500유로 3,500 × 1/15명 = 233유로	312,300원
현지 가이드		100유로 × 7일 = 700유로 700 × 1/15명 = 47유로	63,000원
총합계			2,657,900원
알선 수수료			90,300원
상품 가격			1,748,200원

주: - 소아의 판매가는 일반적으로 성인판매가의 80% 적용
- 소아의 항공료는 성인항공료의 75% 적용

그림 5.13 예산서

결 재	담 당	팀 장	부서장	사 장
	한 담당	김 팀장	박 부장	한 사장

단체 번호: 141123	상 품 가 격	₩900,000(820,000+유류 할증료 80,000)
단체 이름: NCS PTY		소아: ₩736,000(656,000+유류 할증료 80,000) 유아: ₩90,000
출장 국가: 타이(방콕+파타야)	출장 기간: 2014. 11. 23. - 11. 27(3박 5일)	
행사 인원: 29+1TC	항공사: 대한항공(KE)	
랜드사: THAI TOUR	환율: 1,100	
TC: 김○○	날짜 및 작성자: 2014. 11. 18. 김○○	

입금 내역	1인 900,000원×29명	₩26,100,000
	소계	₩26,100,000
지출 내역	항공료+TAX	₩520,000+TAX80,000=600,000×29=17,400,000
	지상비	₩200,000×29=5,800,000
	여행자 보험료	₩10,000×29=290,000
	TC 경비	항공 TAX: ₩80,000 출장비: $150(₩165,000) 여행자 보험료: ₩10,000
	비자 수속비	₩0
	예비비	$500(₩550,000)
	기타 경비	₩0
	소계	₩24,295,000
예상 수익	₩1,805,000(1인 62,241원)	

주: 여행행사 도중에 고객접대비가 128,000원 발생되어 총수익이 감소됨

그림 5.14 정산서 작성

상품담당자OP : Operator는 여행자의 명단이 기입된 입금확인 내역서에 각 여행자별로 입금액을 적어 경리부의 확인을 받아두는 것이 좋다. 그러나 전산시스템을 이용할 경우에는 시스템 내에서 입금확인이 완료된다.

발권의뢰서를 작성하여 항공발권부서로 넘겨 항공권의 발권이 가능하게 해야 하며, 지상수배업자로부터 수배확정서를 받고, 최종 확정된 명단으로 여행자보험을 가입하여 만일의 사고에 대비한다.

예산업무는 예산서작성으로 끝나는 것이 아니라, 단체행사 개시 전 마지막으로 전체 사항을 점검해야 한다. PNR과 여행자에게 발송된 확정일정표, 수배확정서, 항공권의 비행기 스케줄이 반드시 일치되어 있는지 확인하여 혹시라도 여행자에게 발송된 일정표의 출·입국시간이 잘못되어 있는지와 최초 목적지 국가에 수배되어 있는 비행편명과 시간이 일치하는지를 재확인하여 현지에서 가이드의 공항 미팅이 정확하게 이루어질 수 있도록 해야 한다. PNR과 항공권 상의 영문이름과 여권의 영문이름이 일치하는지도 반드시 재확인해야 한다.

3. 세금계산서 발행

여행사에서 단체여행 상품을 여행자에게 판매하여 그 행사를 직접 자사에서 진행하게 되면 여행자가 지불한 총입금액에서 총지출액을 제외한 나머지 부분이 수익이 되어 그 수익의 10%를 부가가치세로 납부하게 된다.

그러나 대부분의 중·소형 여행사에서는 단체인원이 형성되지 않는 소수의 여행자는 대형 여행사에 알선을 해주고 알선수수료를 받게 된다. 이런 경우에 보통 여행상품은 5~9%의 알선수수료를 지급받는데, 세금계산서를 발행할 경우에는 수수료외에도 수수료의 10%인 부가가치세를 가산하여 지급받는다.

[별지 제11호 서식]

세 금 계 산 서 (공급받는자 보관용)	책번호	권	호
	일련번호		

공급자	등록번호	1 0 4 - 8 1 - 9 3 3 0 5			공급받는자	등록번호	0 0 0 - 0 0 - 0 0 0 0 0		
	상호(법인명)	㈜ ▲▲ 여행사	성명	OOO		상호(법인명)	㈜ OO 여행사	성명	OOO 인
	사업장 주소	서울특별시 종로구 수송동 58 두산위브 파빌리온 807호				사업장 주소	서울시 중구 무교동		
	업태	서비스	종목	여행알선		업태	서비스	종목	여행알선

작성			공급가액												세액										비고
년	월	일	공란수	백	십	억	천	백	십	만	천	백	십	일	십	억	천	백	십	만	천	백	십	일	
20	10	13	5						2	3	5	0	0	0						2	3	5	0	0	

월	일	품목	규격	수량	단가	공급가액	세액	비고
10	13	세부 10/23				235,000	23,500	
		COMM						

합계금액	현금	수표	어음	외상미수금	이 금액을 **영수** 함
258,500					

22226-28131일 '96.3.27승인 인쇄용지(특급)34g/m2 182mmx128mm

세 금 계 산 서 (공급자 보관용)	책번호	권	호
	일련번호		

공급자	등록번호	1 0 4 - 8 1 - 9 3 3 0 5			공급받는자	등록번호	0 0 0 - 0 0 - 0 0 0 0 0		
	상호(법인명)	㈜ ▲▲ 여행사	성명	OOO		상호(법인명)	㈜ OO 여행사	성명	OOO 인
	사업장 주소	서울특별시 종로구 수송동 58 두산위브 파빌리온 807호				사업장 주소	서울시 중구 무교동		
	업태	서비스	종목	여행알선		업태	서비스	종목	여행알선

작성			공급가액												세액										비고
년	월	일	공란수	백	십	억	천	백	십	만	천	백	십	일	십	억	천	백	십	만	천	백	십	일	
20	10	13	5						2	3	5	0	0	0						2	3	5	0	0	

월	일	품목	규격	수량	단가	공급가액	세액	비고
10	13	세부 10/23				235,000	23,500	
		COMM						

합계금액	현금	수표	어음	외상미수금	이 금액을 **영수** 함
258,500					

22226-28131일 '96.3.27승인 인쇄용지(특급)34g/m2 182mmx128mm

주: ▲▲여행사에서 ○○여행사에 행사를 의뢰한 것으로서 알선수수료르 235,000원과 부가가치세 23,500원을 받았으므로 ▲▲여행사에서 23,500원의 부가가치세를 납부하고, ○○여행사에서는 235,000원의 수익에 해당하는 23,500원의 부가가치세를 납부하지 않아도 된다.

그림 5.15 세금계산서

세금계산서를 작성하는 방법은 공급자에 실제로 여행자를 알선해 준 여행사를 기재하고, 여행자를 알선받아 행사를 진행하는 여행사를 공급받는 자에 기재한다.

공급가액은 알선수수료이며, 세액은 공급가액(알선수수료)의 10%로 부가가치세를 의미한다. 세금계산서는 공급자보관용과 공급받는자 보관용 2부로 되어있으며, 각 1부씩 보관하고 부가가치세 신고 시 근거자료로 활용한다.

공급자는 공급받는자로부터 이미 부가가치세를 포함한 수수료를 받은 상태이므로 알선수수료의 10%를 부가가치세로 납부해야 하고, 공급받는 자는 지급된 알선수수료 만큼은 수익에서 제외되어 그 금액만큼의 부가가치세를 면제받게 된다.

제7절 여행자보험 가입과 설명회 개최

1. 여행자보험 가입과 보상금 청구

1) 여행자보험 가입과 보상내역

모든 여행상품 예약여행자는 출국 전 반드시 여행자보험을 가입하여 만일의 사망사고 · 상해사고 · 도난사고 등의 사고에 대비해야 한다. 현재 여행자보험은 외국계로 AIG · CHUB 등이 있으며, 국내 여행자보험은 화재보험사에서 취급하고 있다.

여행자보험 가입을 위해서는 여행자 이름과 주민등록번호만 있으면 가능하고, 가입시간은 비행기 출 · 입국시간보다는 여행자의 자택 출발시간과 도착시간을 기준으로 가입하여 여행자의 자택과 인천공항 간의 이동 중 사고도 보상을 받을 수 있게 가입해두는 것이 좋다. 그러나 해외취업노무자 · 해외공관원 · 산악등반대 · 탐험대 · 해외원정운동선수 · 기술훈련생 등 위험이 따르는 목적으로 국외여행을 하는 사람은 기본적으로 여행자보험 가입이 불가능하다. 또한 보험사에 따라 차이는 있지만, 일반적으로 만 1세 미만과 만 90세 이상의 여행자는 여행자보험 가입이 불가능하고, 그림 5.20의 5~6번 코드에 나타난 것처럼 만 15세 미만과 만 70세 이상은 상해사망보상금이 최고 1억원으로 제한되어 있으며, 질병으로 인한 사망사고는 보상금을 지급하지 않는다. 또한 특별 약정이 없는 한 피보험자가 직업과 직무 또는 동호회 활동 목적으로 다음에 열거된 행위를 하는 동안에 발생한 손해는 보상에서 제외된다.

- 전문등반(전문적인 등산용구를 사용하여 암벽 또는 빙벽을 오르내리거나 특수한 기술, 경험, 사전훈련을 필요로 하는 등반), 글라이더 조종, 스카이다이빙, 스쿠버다이빙, 행글라이딩 또는 이와 비슷한 위험한 활동
- 모터보트, 자동차 또는 오토바이에 의한 경기, 시범, 흥행(이를 위한 연습을 포함) 또는 시운전(다만, 공용도로상에서 시운전을 하는 동안 발생한 상해는 보상 가능)
- 선박승무원, 어부, 사공, 양식업자, 그 밖에 선박에 탑승하는 것을 직무로 하는 사람이 직무상 선박에 탑승하고 있는 동안

다음은 여행자보험의 보상 항목에 따른 보상내역이다.

- 사망사고 : 사망사고는 상해사망과 질병사망에 따라 보상금에 많은 차이가 발생되며, 약정보상금을 받게 된다.
- 치료실비 : 상해를 입고 그 직접결과로서 의사의 치료를 받은 경우에는 1사고 당 의료비 보상한도 금액 내에서 피보험자가 실제로 부담한 의료비 전액을 지급하나 어떠한 경우에도 사고일로부터 180일을 한도로 한다.
- 배상책임 : 피보험자가 여행 도중에 생긴 우연한 사고로 인하여 제3자에게 법률적인 배상책임을 부담함으로써 입은 손해에 대한 보상을 말한다. 피보험자가 피해자에게 지급한 대인 · 대물 등의 피해보상금액, 손해의 방지 또는 경감을 위한 일체의 방법을 강구하는데 소요된 비용, 타인으로부터 손해의 배상을 받을 수 있는 경우에는 그 권리를 지키거나 행사하기 위하여 필요한 절차를 취할 때 소요된 비용 등을 보상한다.
- 휴대품 도난사고 : 휴대품 도난사고에 대한 보상은 물건 1점 당 최고 20만원을 기준으로 1인 최고보상한도 금액까지 보상한다. 그러나 본인의 과실에 의한 분실사고는 보상의 대상에서 제외된다. 통화 · 유가증권 · 인지 · 우표 · 신용카드 · 쿠폰 · 항공권 · 여권 등 이와 비슷한 것과 의치 · 의수족 · 콘택트렌즈 등은 휴대품으로 취급하지 않는다.
- 특별비용 : 특별비용은 여행 도중에 급격하고도 우연한 외래의 사고에 따라 긴급 수색구조 등이 필요한 상태나 14일 이상의 입원이 진단된 경우에 소요되는 비용

에 대한 보상으로 그 보상범위는 다음과 같다.

- 수색구조 비용 : 조난당한 피보험자를 수색과 구조 또는 이송하는 활동에 필요한 비용 중 이러한 활동에 종사한 사람으로부터의 청구에 의해 지급한 비용
- 항공요금 등 교통비 : 피보험자의 수색과 간호 또는 사고처리를 위하여 사고발생지로 가는 피보험자의 법정상속인 또는 그 대리인(구원자) 2명의 왕복교통비
- 숙박비 : 현지에서의 구원자의 숙박비를 말한다. 구원자 2명을 한도로 하며, 1명당 14일분을 한도로 한다.
- 이송비용 : 피보험자가 사망한 경우 그 유해 또는 계속치료 중인 피보험자를 보험증권에 기재된 피보험자의 주소지에 이송하는데 소요되는 비용으로서 통상액을 넘는 피보험자의 운임 및 수행하는 의사 · 간호사의 호송비
- 제 잡비 : 구원자의 출입국절차에 필요한 비용(여권인지대 · 사증료 · 예방접종료 등) 및 구원자 또는 피보험자가 현지에서 지출한 교통비 · 통신비 · 피보험자유해처리비 등을 말하며, 10만원을 한도로 한다.

• 항공기 납치 담보 : 항공기가 납치되었을 경우에는 1일 기준 7만원씩 지급되며, 최대 20일까지 총 140만원까지 지급된다.

해외여행보험 가입증명서

Serial No. 가입번호		2016-1021763	Policy No. 증권번호	2016-4814734
Contract Date. 가입일		2016-03-05	Issued Date. 발급일	2016-03-05
Insurance Period. 보험기간		2016-03-19 00:00 부터 2016-03-25 24:00 까지		
Contractor 계약자	Name 성명	차영환 CHA YOUNG HWAN	ID No. 주민번호	-*******
The Insured 피보험자	Name 성명	차영환 외 1명 CHA YOUNG HWAN and 1 others	ID No. 주민번호	-*******

* The Company is liable only for those benefits indicated by the amount insured.
우리회사는 아래의 난에 보험가입금액을 기재한 항목에 한하여 보상하여 드립니다.

그림 5.16 여행자보험 가입증명서

해외여행보험 가입증명서

Serial No. 가입번호	2016-1021763	Policy No. 증권번호	2016-4814734
Insurance Period. 보험기간	2016-03-19 00:00 부터 2016-03-25 24:00 까지		

번호	성명	영문	주민번호	가입유형	보험료
1	차영환	CHA YOUNG HWAN	-*******	L26	2,832 원
2	이미향	LEE MI HYANG	-*******	L26	2,722 원
3					
4					
5					
6					
7					
8					
9					
10					
11					
12					
13					
14					
15					
16					
17					
18					
19					
20					

그림 5.17 여행자보험 가입자 명단

2) 보상금 청구

여행 도중에 불의의 사고를 당했을 경우에는 최대한 빨리 여행사나 여행자보험 가입보험사에 연락을 취해두는 것이 좋다. 그러나 휴대품 도난이나 간단한 치료 등은 증거서류를 미리 준비하여 귀국 후 보상절차에 따라 청구를 하여 보상을 받으면 된다. 표 5.5는 공통서류인 보상금청구서, 여권사본, 출입국 스탬프 찍힌 부분의 사본과 함께 준비해야 할 보상금 청구에 따른 필요한 서류 항목이다.

표 5.5 보상금 청구 시 구비서류

보험금의 종류		필요한 서류
상해	사망	• 사망진단서(또는 사체검안서) • 피보험자의 호적등본
	의료실비	• 치료비 영수증 • 치료비 10만원 이상의 경우에는 진단서도 첨부
질병	사망	• 사망진단서(또는 사체검안서) • 피보험자의 호적등본
	치료실비	• 치료비 영수증 • 치료비 10만원 이상의 경우에는 진단서도 첨부
배상책임	대인	• 피해자의 손해를 증명하는 서류
	대물	• 피해품의 손해를 증명하는 서류 및 손상물 수리견적서
휴대품손해		• 손상품 수리비용 영수증 • 피해품 내역서(구입 시의 가격 · 구입처 등이 적힌 서류) • 사고경위서 • 현지 경찰확인서
특별비용		• 구원자비용 영수증 • 조난발생 및 수색활동 증명서류 • 해외여행 도중 사망증명서 • 14일 이상 입원증명서

그림 5.18은 보험금청구서, 그림 5.19는 사고경위서, 그림 5.20은 피해품내역서 양식을 보여주고 있다.

보험금 청구서 (인보험用)

A:1

보험금 청구서류 접수방법	인터넷/모바일접수 : 홈페이지 www.kbinsure.co.kr / 모바일 m.kbinsure.co.kr 우편접수:040-27 서울시 마포구 양화로 19 (합정동) KB손해보험 합정빌딩 19층 인보험사고접수센터 (우편접수만 가능) 팩스접수:장기보험 0505-136-6500, 단체보험 0505-136-6600 (100만원 이하 청구시)

1. 보험계약 인적사항 및 보상안내

※ 개인정보동의서 및 보험금 수령계좌를 작성하지 않으면 접수 및 심사 진행이 제한될 수 있습니다.

피보험자 (상해,질병 발생자)	성명		주민번호	▶ ☐☐☐☐☐☐ - ☐☐☐☐☐☐☐ ◀
	휴대전화	▶ ☐☐☐ - ☐☐☐☐ - ☐☐☐☐ ◀	직장명/하시는 일	
	주소		의료급여 수급권자	▶ ☐ ◀ 대상
보험계약자	성명		주민번호	▶ ☐☐☐☐☐☐ - ☐☐☐☐☐☐☐ ◀
보상안내 받으실 분	▶ ☐ ◀ 보험계약자 ▶ ☐ ◀ 피보험자 ▶ ☐ ◀ 기타 (성명 : 관계 :)			
	휴대전화	▶ ☐☐☐ - ☐☐☐☐ - ☐☐☐☐ ◀		

※ 1.보상안내 받으실 분이 피보험자와 다른 경우, 사고접수안내는 보상안내받으실 분 / 보험금지급안내는 피보험자에게 안내됩니다.
2.사고접수/보상진행 및 처리결과는 전화 또는 휴대폰문자(SMS)로 안내되며, 보험금지급에 대한 추가안내를 원하시는 경우 아래 항목중에 선택 체크 ☑ 및 기재바랍니다.

▶ ☐ ◀ 팩스(번호) : ▶ ☐ ◀ E-mail : (@)

▶ ☐ ◀ 우편(주소) :

2. 다른 보험회사 계약사항 (손해, 생명보험, 공제보험 및 단체보험) ▶ ☐ ◀ 있음 / ▶ ☐ ◀ 없음

보험회사	1( )	2( )	3( )

3. 사고사항 (▶ ☐ ◀ 상해 / ▶ ☐ ◀ 질병 / ▶ ☐ ◀ 교통사고) ※ ▶ ☐ ◀ 추가청구 (추가청구시 ☑ 표시)

사고(발병) 일시	▶ ☐☐☐☐ 년 ☐☐ 월 ☐☐ 일 ◀	사고장소 (질병제외)	
사고(내원) 경위	(추가청구건은 사고접수번호 기재)	병원명 (진료과)	/ 과
		진단명	
교통사고	자동차보험처리 : ▶ ☐ ◀ 아니오 ▶ ☐ ◀ 예 처리보험사 : 담당자 및 연락처:		
	본인차량번호 : 차량탑승위치 : ▶ ☐ 운전석 ☐ 조수석 ☐ 뒷좌석 ☐ 보행중 ☐ 기타 ( ) ◀		

4. 보험금 수령 계좌 (보험금을 타인에게 위임하는 경우 보험금청구서 外 별도 「위임장」과 인감증명서를 제출해야 합니다)

송금요청 (필수기재)	▶ ☐ ◀ 자동이체계좌 요청 (자동이체계좌요청 체크시 아래 계좌번호 기재할 필요 없음, 단 자동이체계좌가 피보험자 본인 계좌인 경우에만 가능)				
	은행명		계좌번호		예금주

본인은 뒷면의 [보험금 지급절차 안내문]을 통하여 보상 절차에 관한 정보(담당부서 및 연락처, 지급절차, 예상심사기간 및 지급기일 등)을 안내받고 이를 숙지하였음을 확인하며, 청구자 본인은 상기내용에 사실과 다른 것이 있거나 관련서류 또는 증거가 위조 · 변조된 경우에는 보험금 청구권을 상실할 수 있으며 동시에 그에 따른 모든 법적책임을 부담할 것을 확약합니다.

작성일자	▶ ☐☐☐☐ 년 ☐☐ 월 ☐☐ 일 ◀	보험금청구자 (피보험자) ▶	성명	서명 (인) ◀

※ 보험사기(고의사고,허위사고,허위입원,진단,장해,피해과장,사고후 보험가입 등)는 범죄이며, 보험사기방지특별법에 의거 10년 이하의 징역이나 5천만원 이하의 벌금에 처해질 수 있습니다.
※ 미성년자의 경우 친권자가 서명하며, 다른 일방의 의사에 반하지 않는다면 부모 中 일방이 부모 공동명의로 동의 및 서명할 수 있습니다.
※ 접수하신 청구서류 일체는 반환하여 드리지 않사오니 이 점 양지하시기 바랍니다.

- 1/3 Page -

그림 5.18 보험금청구서

사고경위서

성명 : (연락처 :)

주민등록번호 :

증권번호 :

사고일시 :

사고지역 :

사고내용 :

위 사항에 대하여 거짓이 없음을 증명하며 사실과 다를 시 민 · 형사상의 책임을 지겠습니다.

작성일자 :

작 성 자 : (인)

그림 5.19 사고경위서

피해품내역서

사고일시 :
사고장소 :

제품명	모델명	구입시기	구입가격	비 고

위 기입한 사항에 대하여 거짓이 없음을 확인합니다.

작성 일자 :
성 명 : (인)

그림 5.20 피해품내역서

2. 여행설명회 개최

여행설명회는 여행 출발 전 미리 여행상품의 안내, 여행 목적지의 출 · 입국 시 유의사항, 안전사고 예방, 여행준비물 등을 안내하여 여행준비에 만전을 기하고 혹시라도 발생될 수도 있는 안전사고 예방을 위한 교육을 말한다.

철저한 여행준비는 여행의 만족도를 높여주고, 특히 안전사고의 예방에 대한 교육은 즐거운 여행길이 될 수 있도록 도처에 있는 위험한 요인들에 대한 인식으로 사고의 위험도를 낮출 수 있으므로 여행 출발 전 반드시 실시해야 한다. 아울러 설명회 때에는 참석인원을 대상으로 미비된 국외여행계약서의 작성을 마무리해야 한다.

1) 여행 출발 전

- 여권(유효기간 확인) 및 출국에 필요한 서류를 지참하고 약속된 시간에 약속된 장소로 나오면 된다.
- 휴대품은 가급적 간단하게 준비하고, 가방은 견고하고 잠금장치가 있는 것으로 선택하여 영문으로 표기한 이름표를 부착해야 한다.
- 신용카드는 세계 공용으로 준비해야 한다(보통 비자 또는 마스터).
- 평소 개인이 복용하는 약이 있으면 필히 준비하고, 그 외에 여행 중의 상비약으로 지사제 · 소화제 · 수면제 · 진통제 · 해열제 등을 준비하면 여행에 도움이 된다.
- 필름 · 소주 등은 국내가 현지보다 훨씬 저렴하므로 필요에 따라 준비한다.
- 여행지에 맞는 외화로 환전하되, 일부 외국화폐는 한국에서 재 환전되지 않으므로 환전 시 유의해야 한다.

2) 공항 및 기내에서

- 탁송수화물은 1인당 20kg까지(단, 미주노선 23kg 2개) 무료 탁송되며, 이를 초과할 때에는 추가요금이 부과된다. 카메라 내부의 건전지를 제외한 여분의 건전지

및 손톱 깎기 · 칼 등의 날카로운 물건과 100ml 이상의 액체 등은 휴대가 불가능하다. 기타 중요한 물건은 손에 휴대하고 다닌다.

- 출국 시 개인이 소지하고 있는 외국산 고가품은 세관에 꼭 신고해야 입국 시 세금이 부과되지 않는다.
- 수화물 분실 시 꼭 분실신고소에 신고를 해야 된다.
- 비행기 내에서는 특별한 용무가 없는 한 자리에 착석하여 안전벨트를 착용한다.

3) 현지 및 호텔에서

- 호텔 체크인 시 객실번호를 기록하여 잊지 않도록 하고, 호텔 방문은 닫음과 동시에 잠기는 경우가 많으므로 방 열쇠는 옆방에 갈 때도 휴대하고, 외출 시에는 프런트에 맡겨주어야 한다. 또한 호텔 명함이나 카드를 소지하여 길을 잃어버리는 경우를 대비해야 한다.
- 귀금속이나 현금은 항상 몸에 지니고 다니거나 호텔 세이프티 박스Safety Box 또는 객실 내 안전금고에 보관한다.
- 호텔에서 개인적으로 사용한 전화비나 음료수 값은 체크아웃 시 지불해야 한다. 특히 수신자부담 전화를 사용해도 연결비용을 받는 호텔도 있다.
- 호텔을 떠날 때에는 매일 아침 1달러 정도 팁을 침대 위에 남기는 것이 관례이다.
- 단체관광 시 가이드나 기사에게 적당한 팁을 주는 것이 국제적인 관례이다. 특히 유럽이나 미국은 의무화되어 있다.
- 호텔에서 샤워를 할 때는 반드시 샤워 커튼을 욕조 안쪽으로 쳐서 물이 밖으로 새지 않도록 해야 한다. 간혹 샤워실의 물이 넘쳐 방 안의 카펫을 젖게 했을 경우 고액의 변상을 해야 한다.
- 여행은 시차 · 기후 · 문화와 환경 · 음식 등이 다르고, 계속되는 여정으로 쉽게 피로해질 수 있으므로 건강에 유의해야 한다.
- 물 · 음료수는 각별히 주의하여 병에 들어 있는 미네랄워터를 사서 마셔야 한다.
- 각국의 관광지와 여행자가 많은 곳은 도난사고가 일어나기 쉬우므로, 개인소지

품은 개인이 잘 보관해야 된다. 특히 여권·항공권 분실 시 여행 일정에 많은 차질이 있으며, 많은 비용이 지불된다. 중국에서의 여권분실은 개인에게 막대한 피해가 올 수 있으니 명심해야 된다.

- 호텔에서 개인적으로 외출할 때는 가이드에게 꼭 알려주어야 된다.
- 전기제품 사용 시 지역에 따라 전압 및 코드가 다르므로 유의한다.
- 이슬람 국가에서는 어린이의 머리를 쓰다듬는 것은 금기로 되어있다.
- 여행 중에는 많은 안전사고의 위험이 있으므로 안전에 유의하고, 특히 바닷가에서는 구명조끼를 꼭 착용해야 한다.
- 소지품 및 귀중품의 도난 시에는 반드시 현지경찰의 신고확인서를 받아와야 여행자보험 약관에 의거해 보상이 가능하다.
- 욕실 내에서는 미끄럼에 주의한다.
- 호텔투숙 시 인솔자의 방 번호와 가이드 비상연락 전화번호를 꼭 확인한다.
- 차량이동 시에는 반드시 안전벨트를 착용한다.

4) 여행 준비물

- 현지 기후에 맞는 간편한 복장 및 편안한 신발
- 치약·칫솔 및 간단한 세면도구
- 평소 복용하는 약 및 상비약
- 선탠크림, 선글라스, 모자
- 바닷가 및 온천관광지는 수영복 및 샌들
- 열대지방도 기후변화에 대비한 긴팔의 얇은 옷
- 필요에 따라 건전지, 담배, 주류 등
- 필요에 따라 밑반찬
- 여권 및 여행관련 서류 및 필기도구
- 헤어드라이어(호텔에 비치됨)

3. 출국 준비

여행자의 여행경비가 입금되고 여행자의 출발이 확정되어 설명회를 마치고 나면, 출국일 2~3일 전에는 모든 출국을 위한 준비를 완료하여 여행인솔자TE : Tour Escort에게 인계를 해주어 여행인솔자가 완벽한 행사준비 및 출장준비를 할 수 있도록 해야 하고, 여행자와의 통화를 통한 공항 미팅 및 출국시간 등을 재확인하게 해야 한다. 다음은 상품담당자OP : Operator가 여행인솔자에게 인계해야 될 사항이다.

- PNR과 항공권(여권과 영문이름 일치 여부 확인)
- 여행자에게 배포된 일정표(PNR 또는 항공권의 비행스케줄과 비교)
- 확정서(PNR 또는 항공권의 비행스케줄과 비교)
- 이름명단
- 입실명단
- 수하물 꼬리표
- 미팅보드
- 여행자보험 가입증명서
- 기타 여행자의 요청사항

여행인솔자는 출국에 필요한 서류를 인수받아 PNR과 항공권, 여행자에게 배포된 최종일정표, 수배확정서에 나타난 항공 출 · 입국일자와 항공편명 및 시간 등을 반드시 재확인하여 일치 여부를 확인한다. 아울러 항공권의 영문이름은 여권과 일치하는지를 확인해야 한다.

여권과 비자

제1절 여 권

외국을 여행하려면 여권이 반드시 필요하다. 여권은 국민이 외국에 여행할 때 본국이 여행자의 신분과 국적을 증명하고, 아울러 상대국에게 여행자의 안전한 통과를 위한 편의 제공과 보호를 요청하는 공문서이다. 일반적으로 여권 또는 이에 갈음하는 증명서(여행증명서)를 소지하지 아니한 자는 입국할 수가 없다. 우리나라에 있어서도 원칙적으로 여권을 소지하지 아니한 외국인의 입국은 금지되어 있으며, 외국에 여행하고자 하는 국민은 「여권법」 규정에 의해 발급된 여권을 소지해야 한다.

1. 여권의 종류

여권은 발급대상자에 따라 일반여권(단수여권 · 복수여권 · 거주여권), 관용여권, 외교관여권으로 구분된다.

그림 6.1 대한민국여권

1) 일반여권(녹색)

(1) 단수여권

유효기간이 1년으로 1회에 한하여 국외여행을 할 수 있는 여권으로, 발급 후 각종 기재사항의 변경이 불가능하다.

(2) 복수여권

유효기간이 10년 이내이며, 그 유효기간 만료일까지 횟수의 제한 없이 자유롭게 여행을 할 수 있는 여권으로, 각종 기재사항의 변경이 가능하다.

(3) 거주여권

해외로 이주하려는 자에게 발급되는 여권으로 유효기간이 10년이다. 생업에 종사하기 위해 외국에 이주하는 자와 그 이주하는 자 및 동일 호적 내에 있는 가족 또는 외국인과의 혼인(외국에서 영주권을 취득한 대한민국 국민과 혼인하는 경우를 포함)으로 인하여 이주하는 자를 위해 발급되는 여권으로, 법적인 제약요건이 없는 경우를 제외하고는 대한민국 국민이라면 여권을 신청 · 발급할 수 있다.

2) 관용여권(황갈색)

여행 목적과 신분에 비추어 외교부장관이 특별히 관용여권의 발급이 필요하다고 인정하는 자에게 발급하는 여권으로, 관용여권 소지자도 일반여권으로 여권을 발급받아 해외여행을 할 수 있으며, 이의 경우에는 관용여권의 반납 또는 보관의 절차를 이행해야 한다. 유효기간은 5년 이내로 하며, 관용여권의 발급대상은 다음과 같다.

- 공무원과 공공기관, 한국은행 및 한국수출입은행의 임원 및 직원으로서 공무로 국외에 여행하는 자와 관계기관이 추천하는 그 배우자, 27세 미만의 미혼인 자녀 및 생활능력이 없는 부모
- 공공기관, 한국은행 및 한국수출입은행, 그 밖에 「공공기관의 운영에 관한 법률」에 따른 공공기관으로서 외교부장관이 정하는 기관의 국외주재원과 그 배우자 및 27세 미만의 미혼인 자녀

※ 「공공기관의 운영에 관한 법률」에 따른 공공기관으로서 외교부장관이 정하는 기관으로는 한국조

폐공사, 한국수자원공사, 한국도로공사, 한국전력공사, 한국농어촌진흥공사, 대한광업진흥공사, 한국관광공사, 한국토지공사, 한국석유공사, 농수산물유통공사, 대한무역투자진흥공사, 대한석탄공사, 대한주택공사, 한국철도공사, 한국국제협력단, 한국국제교류재단, 재외동포재단 등이다.

- 정부에서 파견하는 의료요원, 태권도사범 및 재외동포 교육을 위한 교사와 그 배우자 및 27세 미만의 미혼인 자녀
- 대한민국 재외공관 업무보조원과 그 배우자 및 27세 미만의 미혼인 자녀
- 외교부 소속 공무원 또는 「외무공무원법」 제31조의 규정에 의해 재외공관에 근무하는 공무원이나 현역군인이 그 가사보조를 위하여 동반하는 자
- 기타 원활한 공무수행을 위하여 특별히 관용여권을 소지할 필요가 있다고 외교부장관이 인정하는 사람

※ 관용여권은 공무상 국외여행의 경우에 발급되며, 발급대상자의 가족의 경우에는 공무상 동반 시에만 발급받을 수 있으므로 가족에 대한 관용여권 발급요청 시 관계부처에서는 그 필요성을 상세히 소명해야 한다.
※ 관용여권은 외교부 여권과에 신청하고 각 지방자치단체에서 교부받는다.
※ 관용여권 신청 시 소지하고 있는 유효한 일반여권은 반납 또는 보관을 해야 신청이 가능하다.
※ 대리신청이 불가능하여 직접 방문해 신청해야 한다.

3) 외교관여권(적자색)

국가를 대표하여 업무를 수반하는 자와 기타 여행 목적과 신분에 비추어 외교관여권을 발급하며, 외교부장관이 인정하는 자에게 유효기간 5년 및 2년 이내로 하는 외교관여권이 발급된다. 외교관 신분으로 해외공관에 주재하고자 하거나 그 외교관의 업무를 수행하는 자에게 발급되는 여권으로 발급대상은 다음과 같다.

- 대통령(전직 대통령을 포함), 국무총리와 전직 국무총리, 외교부장관과 전직 외교부장관, 특명전권대사, 국제올림픽위원회 위원, 외교부소속 공무원, 「외무공무원법」 제31조에 따라 재외공관에 근무하는 다른 국가공무원 및 그 배우자와 27세 미만의 미혼인 자녀 및 생활능력이 없는 부모. 단, 전직 국무총리와 전직 외교부장관이 동반하는 배우자의 경우에는 외교부장관이 인정하는 경우에만 해당한다.
- 국회의장과 전직 국회의장 및 그 배우자와 27세 미만의 미혼인 자녀. 단, 전직

국회의장이 동반하는 배우자의 경우에는 외교부장관이 인정하는 경우에만 해당한다.

- 대법원장, 헌법재판소장, 전직 대법원장, 전직 헌법재판소장 및 그 배우자와 27세 미만의 미혼인 자녀. 단, 전직 대법원장과 전직 헌법재판소장이 동반하는 배우자의 경우에는 외교부장관이 인정하는 경우에만 해당한다.
- 특별사절 및 정부대표와 이들이 단장이 되는 대표단의 단원
- 그 밖에 원활한 외교업무 수행이나 신변보호를 위해 외교관여권을 소지할 필요가 특별히 있다고 외교부장관이 인정하는 사람

4) 여행증명서(연청색)

Travel Certificate Passport라고도 하며, 유효기간은 1년 이내이다. 일반적으로 외국여행 시 여권을 분실했을 경우, 임시로 귀국하기 위해 발급받는 여권에 갈음하는 증명서를 일컫기는 하지만, 그 외에도 기타 정상적인 여권발급이 불가능하며, 외교부장관이 필요하다고 인정되는 경우에 발급되는 증명서이다. 사용한도는 유효기간 1년의 단 1회성이며, 그 발행 목적을 다했을 경우에는 효력이 상실되고 반드시 반납해야 한다.

그림 6.2 여행증명서

여행증명서의 발급대상자는 다음과 같다.

- 출국하는 무국적자
- 국외에 체류하거나 거주하고 있는 사람으로서 여권을 잃어버리거나 유효기간이 만료되는 등의 경우에 여권발급을 기다릴 시간적 여유가 없이 긴급히 귀국하거나 제3국을 여행할 필요가 있는 사람
- 국외에 거주하고 있는 사람으로서 일시 귀국한 후 여권을 잃어버리거나 유효기간이 만료되는 등의 경우에 여권발급을 기다릴 시간적 여유가 없이 긴급히 거주지국가로 출국해야 할 필요가 있는 사람

- 해외 입양자
- 기타 외교부장관이 특히 필요하다고 인정하는 자

2. 여권발급

1) 여권발급 절차

여권발급 절차는 그림 6.3과 같다.

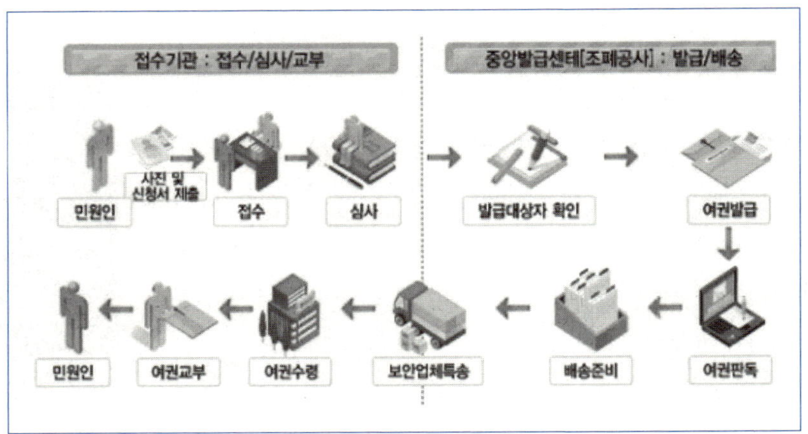

그림 6.3 여권발급 절차

2) 여권발급 시 유의사항 및 필수 구비서류

(1) 사진

① 여권사진 규격

- 가로 3.5cm, 세로 4.5cm인 6개월 이내에 촬영한 천연색 상반신 정면 탈모사진으로 머리 길이(정수리부터 턱까지)가 3.2~3.6cm이어야 한다.
- 바탕색은 흰색이어야 한다.

② 사진품질

- 복사한 사진, 포토샵으로 수정된 사진은 사용할 수 없다.
- 사진이 접히거나 손상되지 않아야 하며, 표면이 균일하지 않거나 저품질의 인화지를 사용해서는 안 된다.
- 즉석사진 또는 개인이 촬영한 디지털사진은 여권사진으로 부적합하다.

③ 얼굴의 방향

- 얼굴은 정면을 응시해야 한다.
- 얼굴이 한쪽으로 기울어져서는 안 된다.

④ 어깨선

- 상반신은 어깨까지만 나와야 하고, 양 어깨가 나란히 위치해야 한다.

⑤ 눈동자

- 조명에 의해 눈동자의 적목현상이 나타나거나 컬러렌즈를 착용해서는 안 된다.
- 눈동자는 정면을 응시해야 한다.

⑥ 표정

- 가능한 한 자연스러운 표정이어야 한다.
- 입은 자연스럽게 다문 상태여야 한다.

⑦ 안경

- 안경착용 사진은 일상생활 시 항상 착용하는 신청자에게만 허용된다.
- 색안경을 착용해서는 안 된다.
- 눈동자가 선명하게 보이기 위해서는 가능한 한 얇은 테의 안경을 착용해야 한다.
- 안경렌즈에 조명이 반사되거나 착용한 안경테가 눈을 가려서는 안 된다.

⑧ 머리모양 및 액세서리

- 얼굴 윤곽이 뚜렷이 드러나야 한다.
- 가발은 일상생활 시 항상 착용하는 신청자에게만 허용된다.
- 모자나 머플러를 착용해서는 안 된다.
- 장신구를 착용할 경우 빛이 반사되거나 얼굴 윤곽을 가리지 말아야 한다.

⑨ 조명

- 초점이 명확해야 하며, 조명이 적정해야 한다.
- 얼굴에 그림자 현상이 없어야 한다.

⑩ 배경

- 사진바탕은 균일한 흰색바탕에 무배경으로써 테두리가 없어야 한다.
- 배경에 사물이 노출되거나 야외를 배경으로 촬영해서는 안 된다.
- 배경에 그림자와 반사가 없어야 한다.

⑪ 의상

- 종교적 의상은 일상 생활시 항상 착용하는 경우에 한해 허용되며, 얼굴 전체(이마부터 턱까지)가 나와야 한다.
- 군인은 공무여권(외교관 또는 관용) 신청 시에만 제복착용이 허용된다.
- 학생의 경우 교복착용은 허용된다.

⑫ 유아(만 7세 이하)

- 사진크기는 성인사진 규격과 동일해야 한다.
- 머리길이(정수리부터 턱까지) : 성인 규격과 같은 3.2~3.6cm
- 유아사진은 유아 단독으로 촬영되어야 하며, 의자 · 장난감 · 보호자 등이 사진에 노출되지 않아야 한다.
- 유아는 눈을 뜬 상태로 정면을 주시해야 한다.

3) 신분증

- 신분증은 주민등록증을 원칙으로 한다.
- 신분증을 분실했을 경우에는 각 해당 주민센터에서 발급하는 주민등록 재발급 신청서도 주민등록증의 효력을 인정한다.
- 운전면허증은 신분증으로서의 효력을 인정한다.
- 공무원일 경우에는 공무원증을 인정하기도 한다.
- 장애인등록증을 포함한 다른 신분증은 인정하지 않는다.

4) 여권발급 신청서

- 여권발급 신청서는 여권발급을 요구하는 사람이 직접 작성하는 것을 원칙으로 하고 자필서명을 해야 한다.
- 여권신청 시 타인이 작성하여 접수를 요청할 경우 위조여권으로 간주되어 「여권법」 제13조에 의거해 처벌을 받을 수도 있다.
- 여권신청서 작성 시 작성에 무리가 있는 고령의 노인은 자녀의 대리 작성이 가능하나 '여권명의인의 서명'란은 반드시 여권발급 요청자가 자필서명을 하는 것을 원칙으로 한다.
- 수정액을 사용하여 여권발급명의인의 서명란에 수정했을 경우에는 접수가 불가능하다.
- 붉은 선 안에 본인이 해당되는 모든 기재사항을 작성해야 하며, 붉은 선을 벗어날 경우에는 전산입력이 불가능하기 때문에 새로 작성할 것을 권한다.
- 필수 기재사항인 영문이름, 한글이름, 한자이름, 주민등록번호, 남편성 유무(해당자만), 현주소(주민등록상의 현주소), 본적지, 국내 긴급연락처, 휴대전화번호나 자택번호, 여권명의인의 서명은 반드시 기재해야 한다.
- 8세 미만의 미성년자일 경우에는 작성에 무리가 있기 때문에 법정대리인인 부모님이 기재할 수 있으며, '여권명의인의 서명'란에는 반드시 여권발급 요청자의

한글이름을 정확히 기재해야 한다.

- 모든 여권신청서는 흑색펜으로 작성해야 하며, 다른 색으로 작성 시 접수가 불가능하다.

[별지 제1호서식]
(앞 쪽)

여 권 발 급 신 청 서

※ 흑색 펜으로 굵은선 안에만 기재

001

※ 사진

접 수 번 호		신원조사접수번호	
접 수 년 월 일		신원조사회보일	
여 권 번 호		신 원 조 사 결 과	
발 급 년 월 일		여 권 유 효 기 간	

여권종류 ☑ 일반 ☑ 거주 ☑ 관용 ☑ 외교관 여행증명서(☑ 왕복 ☑ 편도)

여권기간 ☑ 10년 ☑ 5년 ☑ 5년미만 ☑ 단수(1년) ☑ 기간연장 재발급

※ 영문성명은 해외에서 기준이 되며 개명(改名)이 엄격히 제한되므로 본인(여권명의인)이 정확하게 기재하시기 바랍니다.

성명	영문(대문자)	성		
		이름		※ 영문이름은 붙여 쓰는 것을 원칙으로 합니다.
	한 글		한 자(漢字)	
	남편성(영문대문자)		남편성(한 글)	※ 남편성은 필요시 기재하시기 바랍니다.
주민등록번호	-			

현 주 소(주민등록표상)	※ 주민등록상의 주소를 번지(아파트 등의 경우 동, 호수)까지 정확하게 기재하시기 바랍니다.					
여행예정국		여행목적		직장명(직위)		
전화번호	자택 ( )		직장 ( )		휴대 - -	e-mail
본 적 지			호 주		관 계	

※ 긴급연락처는 해외여행중 각종 사고 발생시 재외국민 보호를 위하여 필요합니다.

국내 긴급연락처	성 명		관 계		전 화(휴대전화)	( )
	주 소				직장(학교)명	

※ 여권명의인의 나이가 만 18세 미만인 경우는 법정대리인(부모·친권자·후견인)의 인적사항을 기재하시기 바랍니다.

법정대리인	성 명		관 계	
	주민등록번호	-		

여권명의인 서 명

※ 이 서명은 여권에 그대로 전사되므로 반드시 본인(여권명의인)이 서명하시기 바랍니다. (만 18세 미만의 경우는 법정대리인이 대신 서명할 수 있습니다.)
☑ 본인 ☑ 법정대리인

※ 해외거주중 재외공관에 신청하는 경우에는 추가로 아래 사항을 기재하시기 바랍니다.

거주지주소							
영 주 권	번 호		구 여 권	번 호		거 주 지	입국일자
	취득일			발급일			체류자격

(뒷쪽계속)

※ 뒷쪽에도 기재하시기 바랍니다.

210mm×297mm(보존용지 120g/㎡)

그림 6.4 여권신청서

5) 구여권

- 구여권이 존재하는 사람에 한해서 구여권을 지참해야 하며, 신여권 중에 단수여권이었을 경우도 여권을 첨부해야 된다(여기에서 말하는 구여권은 2005년 이전에 발급받은 모든 여권을 말하며, 2005년 9월부터 새로운 여권법의 적용을 받게 되어 새로운 여권이 발급되었던 2006년부터는 통상 신여권이라고 칭한다).
- 여권기간 연장은 구여권에 한해서 1회 가능하며, 신여권은 기간연장이 불가능하다. 10년 동안 유효한 신여권이 발급되기 때문에 기간연장의 개념이 없어졌다.
- 구여권을 지참해야 되는 이유는 여권의 유효기간이 남아 있는 경우에는 구여권을 반납해야 신여권 신청이 가능하며, 기간연장을 원하는 경우에는 기간연장 요청 시 구여권이 있어야 가능하기 때문이다.
- 구여권은 훼손재발급 같은 특이사항이 발생했을 시에 인지대 면제로 신여권으로 교체가 가능하지만, 신여권이 훼손되었을 시에는 새로 교부받아야 한다.

6) 여권발급 수수료

표 6.1 여권발급에 관한 수수료(2017년 1월 기준)

종 류			대 상		영수필증	국제교류기여금	합 계
전자여권	복수여권(거주여권 포함)	10년	만 18세 이상	48면	38,000원	15,000원	53,000원
				24면	35,000원	15,000원	50,000원
		5년	만 8~17세(군 미필자) 만 18~35세(군복무 중인 자)	48면	33,000원	12,000원	45,000원
				24면	30,000원	12,000원	42,000원
			만 7세 이하	48면	33,000원	–	33,000원
				24면	30,000원	–	30,000원
		5년미만	만 20~24세(군 미필자)	24면	15,000원	–	15,000원
	단수여권	1년	1회만 여행 가능	24면	15,000원	5,000원	20,000원
기타	기재사항 변경		사증란 추가(1회만 가능)		5,000원	–	5,000원
	잔여기간 부여 재발급		•여권수록정보변경(개명, 사진변경) •분실, 훼손, 사증부족		25,000원	–	25,000원

주: 1인 1여권제의 도입에 따라 8세 미만 자녀에 대해 부 또는 모 여권에의 동반제 폐지로, 8세 미만인 사람에게도 18세 미만인 사람과 동일한 수수료가 적용된다.

7) 기타서류 첨부사항

- 경우에 따라 주민등록초본을 요구하기도 한다.
- 만 18세 미만은 미성년자로서 부모 중 1인의 인감도장을 날인한 여권발급동의서와 인감증명이 필요하다.
- 만 18세 이상의 군 미필자는 병무청에서 발행하는 국외여행허가서가 필요하다.

3. 여권의 용도

여권은 해외에서의 신분을 증명하는 용도가 일반적이나, 그 외에도 상황에 따라 여러 가지 부수적인 용도로 쓰이기도 한다. 여권의 다양한 용도는 다음과 같다.

- 외화 환전
- 비자신청 및 발급
- 출국수속 및 항공기 탑승
- 목적지 입국수속
- 면세점에서 면세상품 구입
- 국제운전면허증 신청
- 국제청소년여행연맹카드 신청
- 국외에서 렌터카 임대
- 호텔 체크인
- 여행자수표로 대금지급이나 현지 화폐로 환전
- 여행자수표를 도난 및 분실당한 후 재발급신청
- 해외여행 중 한국으로부터 송금된 돈을 찾을 때

4. 전자여권

1) 전자여권의 개념

전자여권e-Passport, Electronic Passport은 비접촉식 IC칩을 내장하여 바이오인식정보 Barometric Data와 신원정보를 저장한 여권을 말한다.

바이오인식정보 수록 범위는 얼굴, 지문(양손 검지)이고, 신원정보 수록 범위는 기존 여권과 동일(성명 · 여권번호 · 생년월일)하다. 전자여권도 기존 여권과 마찬가지로 종이 재질의 책자형태로 제작된다. 다만, 앞표지에는 국제민간항공기구ICAO의 표준을 준수하는 전자여권임을 나타내는 로고가 삽입되어 있으며, 뒤표지에는 칩과 안테나가 내장되어 있다.

전자여권 도입은 여권 위 · 변조 및 여권 도용억제를 통해 여권의 보안성을 극대화하여 궁극적으로 해외를 여행하는 우리 국민들의 편의를 증진시키는 데에 그 목적이 있다.

(1) 여권 위 · 변조 억제

전자여권에 내장되는 칩에는 기존여권에 수록된 정보가 한 번 더 수록되며, 각종 보안기술이 추가 적용된다. 이를 통해 신원정보 면과 칩을 동시에 조작하는 것이 사실상 불가능해지며, 설사 조작한 경우라고해도 출입국 과정에서 자동적으로 적발된다.

(2) 여권도용 억제

정보 이중수록을 통해 가장 빈번한 여권 위 · 변조 형태인 사진교체가 방지되며, 2010년부터는 지문수록 전자여권 발급을 통해 본인확인 및 도용억제의 기능이 한층 강화된다. 전자여권에는 개인정보 보호와 위 · 변조 및 도용방지를 위한 다양한 보안기술들이 적용되어 있다.

2) 전자여권 본인 직접 신청제도

(1) 본인 직접 신청제도의 도입배경

전자여권 본인 직접 신청제도는 위·차명 여권발급시도 등 우리 여권제도의 악용 가능성을 원칙적으로 최소화시켜 우리 여권에 대한 국제적 신뢰도를 한층 더 제고하고, 각국 출·입국 창구에서 우리 여권소지자의 본인 여부를 둘러싼 논쟁 발생 소지를 최대한 제거함으로써 궁극적으로 국민들이 보다 편리하게 해외여행을 할 수 있도록 하는데 도입 목적이 있다.

(2) 적용시기와 범위

전자여권 본인 직접 신청제도는 2008년 8월 25일부터 적용된다. 단, 재외공관의 경우에는 해당 재외공관이 전자여권 발급을 개시하는 시점부터 적용된다. 적용범위는 모든 여권의 신규 및 재발급 신청 시 전자여권으로 발급해야 한다. 여권의 유효기간은 최대 10년이므로, 분실 등의 특별한 사유가 없는 한 10년에 1회씩만 인근 지방자치단체를 방문하면 된다.

※ 2018년 3월부터 영문이름 중에 부정적인 단어가 있거나 특별한 사유가 있는 경우, 일생 1회에 한해 변경이 가능하다.)

(3) 본인신청 제외 예외

- 「여권법」 시행규칙은 다음의 3가지 경우를 본인 직접 신청의 예외로 규정하고 있다.
- 의전상 사유 : 대통령(전·현직), 국회의장, 대법원장, 헌법재판소장 및 국무총리
- 의학적 사유 : 본인이 직접 신청할 수 없을 정도의 신체적·정신적 질병, 장애나 사고 등이 있는 경우
- 18세 미만의 사람

여권발급동의서

여권발급신청자
성　　　명 :
성　　　별 :
주민등록번호 :

본인은 상기인의 여권발급을 동의하며 국외여행 및 체류 중 발생하는 제반사항에 대하여 보증인으로서 모든 책임을 부담할 것을 보증합니다.

년　　　월　　　일

보증인 :　　　　　　　　(인)
관계 :
주민등록번호 :
주소 :

첨 부 : 인감증명서 1부

외교부장관　귀하

그림 6.5 여권발급동의서

<table>
<tr><td colspan="5" rowspan="2">병역의무자 국외여행(기간연장)허가신청서</td><td colspan="3">처리기간</td></tr>
<tr><td colspan="3">인원사무처리기준표에 의함</td></tr>
<tr><td rowspan="5">병역
의무자</td><td>성명</td><td></td><td>주민등록번호</td><td colspan="4">-</td></tr>
<tr><td rowspan="2">주소</td><td>국내</td><td colspan="5">(특별시, 광역시, 도) (구, 시, 군)
(동, 읍, 면) (리) (번지)(등 반)
(아파트, 연립, 빌라) 동 호</td></tr>
<tr><td>국외</td><td colspan="5"></td></tr>
<tr><td>전화번호</td><td colspan="2">집( ),
휴대전화( )</td><td>전자우편
(E-mail)</td><td colspan="3"></td></tr>
<tr><td colspan="7">※ 이중국적자인 경우 외국이름 :</td></tr>
<tr><td rowspan="2">병역사항
(허가기관
기재사항)</td><td colspan="4" rowspan="2"></td><td>대조</td><td colspan="2"></td></tr>
<tr><td>확인</td><td colspan="2"></td></tr>
<tr><td rowspan="3">최초
허가신청</td><td>여행기간</td><td colspan="6">. . . ~ . . . (년 월 일간)</td></tr>
<tr><td rowspan="2">여행국명</td><td rowspan="2"></td><td rowspan="2" colspan="2">여행 목적</td><td rowspan="2"></td><td colspan="2">당초허가번호</td></tr>
<tr><td colspan="2">제 호</td></tr>
<tr><td rowspan="5">국외체류
중인 자
기간연장
허가신청</td><td rowspan="3">최초허가
사항</td><td>여행 목적</td><td colspan="2"></td><td>여행국명</td><td colspan="2"></td></tr>
<tr><td>병무청 허가번호</td><td colspan="2"></td><td>출국연월일</td><td colspan="2"></td></tr>
<tr><td>병무청 허가기간</td><td colspan="5">. . . ~ . . .(일간)</td></tr>
<tr><td rowspan="2">기간연장
허가신청</td><td>체재목적</td><td colspan="2"></td><td>체재국명</td><td colspan="2"></td></tr>
<tr><td>기간연장요청기간</td><td colspan="5">. . . ~ . . .(일간)</td></tr>
<tr><td>국내
가족사항</td><td>성명</td><td>관계</td><td colspan="2">주소</td><td>전화번호</td><td colspan="2">E-mail</td></tr>
<tr><td></td><td></td><td></td><td colspan="2"></td><td></td><td colspan="2"></td></tr>
<tr><td></td><td></td><td></td><td colspan="2"></td><td></td><td colspan="2"></td></tr>
<tr><td></td><td></td><td></td><td colspan="2"></td><td></td><td colspan="2"></td></tr>
<tr><td colspan="8">병역법 제70조 및 병역법 시행령 제145조 내지 147조의 규정에 의해 위와 같이 국외여행(기간연장) 허가를 받고자 신청하며, 국외여행 허가기간 내에 반드시 귀국할 것을 서약합니다.

년 월 일

신청인(서약자) (서명 또는 인), 병역의무자와의 관계 :
(신청인의 주민번호 : , 휴대전화(HP) :)

지방병무청(병무지청)장 귀하</td></tr>
</table>

구비서류 및 안내 : 뒤쪽 참조

그림 6.6 국외여행허가서

5. 각국의 여권표지 색상

ICAO(국제 민간항공기구)의 권장사항에 따라 각 나라의 여권 크기는 모두 동일하다고 볼 수 있다. 그러나 여권의 색깔은 나라별로 다양하다. 일반적으로 전 세계 여권은 종교적, 정치적, 지리적, 민족적 특성에 따라 크게 빨간색, 초록색, 파란색, 검은색 4가지로 나뉜다.

1) 초록색 여권 : 이슬람 국가와 서아프리카

이슬람 국가가 초록색을 선호하는 이유는 종교적 이유 때문이다. 이슬람교 창시자인 예언자 무함마드가 생명과 자연을 상징하는 초록색을 가장 좋아하기 때문이라고 한다.

[이슬람 국가 여권표지]

2) 붉은색 : 공산주의 국가

중국 등 공산주의 국가나 과거 공산주의 국가 역시 사회주의 사상을 상징하는 빨간색 여권을 선호한다. 슬로베니아, 중국, 세르비아, 러시아, 루마니아, 폴란드, 조지아를 비롯해 EU(유럽연합) 회원국, 안데스 지역사회 회원국(볼리비아, 콜롬비아, 에콰도르, 페루) 등이 빨간색 여권을 사용한다.

[공산주의 국가 여권표지]

3) 파란색 여권 : 중남미 카리브해 지역 국가 & 미국

파란색 여권은 '새로운 세계'를 의미하여 주로 북미권이나 오세아니아, 남미지역의 여권이 주로 파란색이다. 미국은 1976년부터 파란색 여권을 사용했는데, 이 색상을 사용하는 나라들은 카리브해 국가, CA-4조약 구성원 국가(엘살바도르, 온두라스, 과테말라, 니카라과)들과 메르코수르와 관례가 있는 브라질, 아르헨티나, 파라과이 등이 사용하고 있다.

[중남미 카리브해 지역 국가 & 미국 여권표지]

4) 검은색 여권 : 아프리카 지역

검은색 여권은 아프리카 국가들이 많이 사용한다. 보츠와나, 잠비아, 부룬디, 가봉, 앙골라, 차드, 콩고, 라이베리아, 말라위 등이 여기에 속한다.

[아프리카 지역 여권표지]

5) 우리나라의 여권

이슬람 국가도 아닌 우리나라의 여권이 녹색인 이유는 색감 자체가 실용적이라는 이유와 눈에 잘 띄지 않는 색을 선택함으로써 범죄에 악용되는 것을 방지하기 위함이다. 우리나라 여권의 종류는 일반여권(녹색), 관용여권(붉은색), 외교관여권(파란색) 3가지가 있다. 2020년부터 녹색에서 남색으로 바뀌며 그동안 여권표지의 색상이 문화적으로 우리와 맞지 않는다는 지적이 있었던 것으로 알려졌다. 아울러 여권표지가 바뀐 것과 동시에 여권 디자인도 바뀐다.

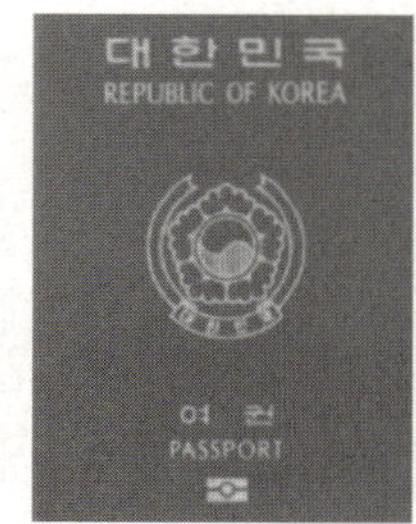

[우리나라 여권표지]

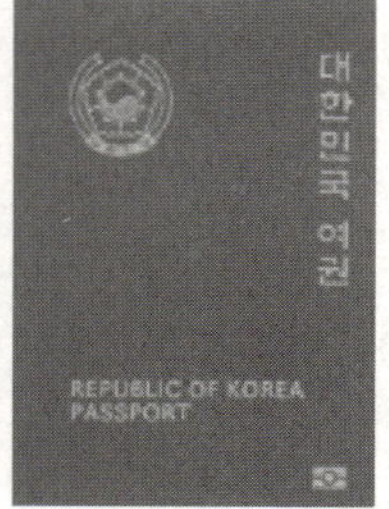

[2020년 이후 여권표지]

6) 국기색 반영국가나 유럽연합 회원국에 속하지 않는 국가

국가적 차원에서 지정된 색깔이 없기 때문에 자신들의 정체성을 나타내기 위한 색깔을 선호한다. 자기나라의 국기색을 반영한 국가에는 스위스, 뉴질랜드, 일본 등이 있고, 터키나 마케도니아, 알바니아와 같은 국가는 유럽연합EU 가입에 관심 있는 국가들로 몇 년 전에 여권의 색을 빨간색으로 변경했다.

제2절 비 자

1. 비자

비자란, 외국인에 대한 자국의 입국을 허가해 주는 허가증을 갈한다. 여행자가 비자면제 대상국가가 아닌 타국을 방문하려고 할 경우에는, 자국 또는 현재 체재 중인 나라에 있는 그 나라의 대사·공사·영사로부터 여권의 검사를 받고 허가를 받아야 한다.

세계 각국은 각각 자국의 국내법으로 비자에 대해 규정하고 있다. 비자에는 입국의 목적에 따른 비자의 종류와 체류 가능기간·입국 가능횟수 등이 명시되어 있으며, 여권의 사증(비자)란에 스탬프나 스티커를 붙여 발급하게 된다.

1) 비자의 기능

- 여권은 각국에서 법률로서 정식으로 발행된 것이며, 유효한 여권임을 증명한다.
- 사증발급자가 그 여권소지자를 안전하게 자기나라에 입국시키도록 본국관리에게 추천한다는 것이다.

2) 비자의 종류

비자는 방문 목적이나 체류기간·사용횟수에 따라 여러 종류로 분류된다.

① 방문 목적에 따른 분류

- 관광비자 : 관광 목적이나 친지방문 등 단순 목적의 여행자에게 발급하는 비자이다.
- 상용비자 : 상용거래와 비즈니스 상담 목적의 입국자에게 발급하는 비자이다.
- 유학비자 : 해당국가의 교육기관에서 인증한 장기체류 학생에게 발급하는 비자로, 학생 고유의 목적 이외의 활동은 할 수가 없다.
- 취업비자 : 단기 또는 장기 취업 목적으로 입국하는 자에게 발급하는 비자이다.
- 이민비자 : 영주를 목적으로 입국하는 자에게 발급하는 비자이다.
- 문화비자 : 운동선수 · 기능인 · 연예인 · 종교인 등 일정기간 내에 활동하는 자에게 발급하는 비자이다.
- 동거비자 : 입국비자가 유효한 자의 배우자 및 자녀에게 발급하는 비자이다.
- 선원비자 : 해당국가 간의 원양해운상사의 취업 절차에 따라 인증 및 발급하는 비자이다.
- 관용비자 : 해당국가 간에 양해된 공무원 또는 외교 목적으로 장기간 입국하는 자에게 발급하는 비자이다.

② 사용횟수에 따른 분류

- 단수비자 : 1회 입국에 한하여 유효한 비자이다.
- 복수비자 : 유효기간 동안 횟수에 관계없이 입국이 가능한 비자이다.

③ 입국 목적에 의한 분류

- 입국비자 : 관광이나 상용 등의 목적으로 입국하려는 자에게 발급하는 비자이다.
- 통과 또는 경유비자 : 제3국으로 향하는 과정에서 필요에 의해 도중경유지에 들르는 경우에 발급하는 비자로, 해당 경유국에서 단기간 체류를 허락하여 발급해주는 비자이다. 여행 목적지를 경유Transit나 통과 시에 단기간 또는 72시간 이내에 체류할 수 있고, 현지공항에서 발급하는 비자이다.
- 체류기간에 따른 분류 : 영주비자, 임시비자
- 소지여권에 의한 분류 : 일반비자, 공용비자, 외교비자

모든 여행자는 방문하고자 하는 국가에 따라 비자를 필요로 하는지 확인해야 한다. 비자가 필요한 국가들 중에는 방문 목적에 따라 체류기간이나 요구하는 구비서류가 다를 수 있다. 우리나라는 많은 국가들과 비자면제 협정을 맺고 있으나, 일반적인 방문이 아니고 특별한 방문 목적이 있거나 허용하는 기간을 초과하는 장기간의 체류가 필요한 경우에는 방문 목적과 체류기간에 적합한 비자를 받아야 한다.

2. 대표적 국가의 비자

1) 미국비자

미국비자는 발급의 번거로움과 서류준비의 까다로움, 비용의 부담에도 불구하고 미국여행의 전제조건으로 유지되어왔으나, 2008년 11월 17일부터 비자면제 프로그램이 시행되면서 미국여행 전에 미 정부에서 지정한 공식 사이트에서 간단하게 인적사항을 입력하고 전자여행 허가를 받으면 미국여행이 가능하게 되었다(전자여권소지자에 한함). 미국의 비자면제 프로그램과 전자허가 절차는 다음과 같다.

(1) 비자면제 프로그램

2008년 11월 17일부터 한국이 미국 비자면제 프로그램VWP : Visa Waiver Program에 가입이 되었다. 물론 기존의 미국 입국의 목적에 맞는 유효한 비자를 소지하고 있다면 비자면제 프로그램을 이용하지 않고도 미국여행을 할 수 있다. 비자면제 프로그램을 이용하여 미국방문을 하려고 한다면 여행자들은 다음 조건들을 모두 충족해야 한다.

- 단기출장 및 관광의 목적으로 방문하는 경우
- 유효한 전자여권을 소지한 경우
- 등록된 항공 · 선박을 이용하고 왕복항공권 또는 미국경유 시 최종목적지 항공권을 소지하고 있는 경우

- 미국 입국일로부터 90일 이내에 출국 가능한 경우
- 전자여행허가 승인을 받은 경우

비자면제 프로그램을 이용하기 위해서는 미국정부가 운영하는 인터넷 홈페이지 http://esta.cbp.dhs.gov에서 전자여행허가ESTA : Electronic System for Travel Authorization 신청서를 온라인상에서 작성한 후 승인을 받아야 한다. 전자여행허가 신청서상에는 미국입국 시 작성하는 출입국카드I-94W 양식에 기재되는 동일한 내용을 기재하게 되는데, 전자여행허가 신청은 미국여행 전에 언제든지 가능하지만, 최소한 미국으로 출국 72시간 전에 신청을 해야 한다. 한편, 전자여행허가 승인을 받지 못했을 경우 미국대사관에 직접 비자신청을 해야 한다.

신청서에서 기재해야 할 내용은 다음과 같다.

- 신청자정보 : 생년월일, 거주국가, 이메일주소(선택사항), 성과 이름, 성별, 전화번호(선택사항)
- 여권정보 : 여권만료 연월일, 여권발행 연월일, 여권발행국가, 여권번호
- 여행정보 : 항공사명과 편명 혹은 선박이름, 탑승도시
- 미국체류 주소
- 전염성 질병, 신체적 또는 정신적 장애, 약물남용 혹은 중독자 여부
- 규제약물과 관련한 위반 혹은 부도덕한 범죄 또는 법률위반으로 인한 유죄 여부
- 미국에서 취업예정 여부, 과거 미국에서 추방되어 강제이송 여부, 허위 또는 사기로 미국에 입국을 시도하거나 비자를 발급 혹은 발급받으려고 한 적이 있는가의 여부
- 미국시민권이 있는 자녀의 양육권 문제로 인해 구류 · 유치되거나 혹은 양육권을 받지 못한 적이 있는가의 여부
- 기소면제를 받은 적이 있는가의 여부

전자여행허가 등록절차는 그림 6.7과 같다.

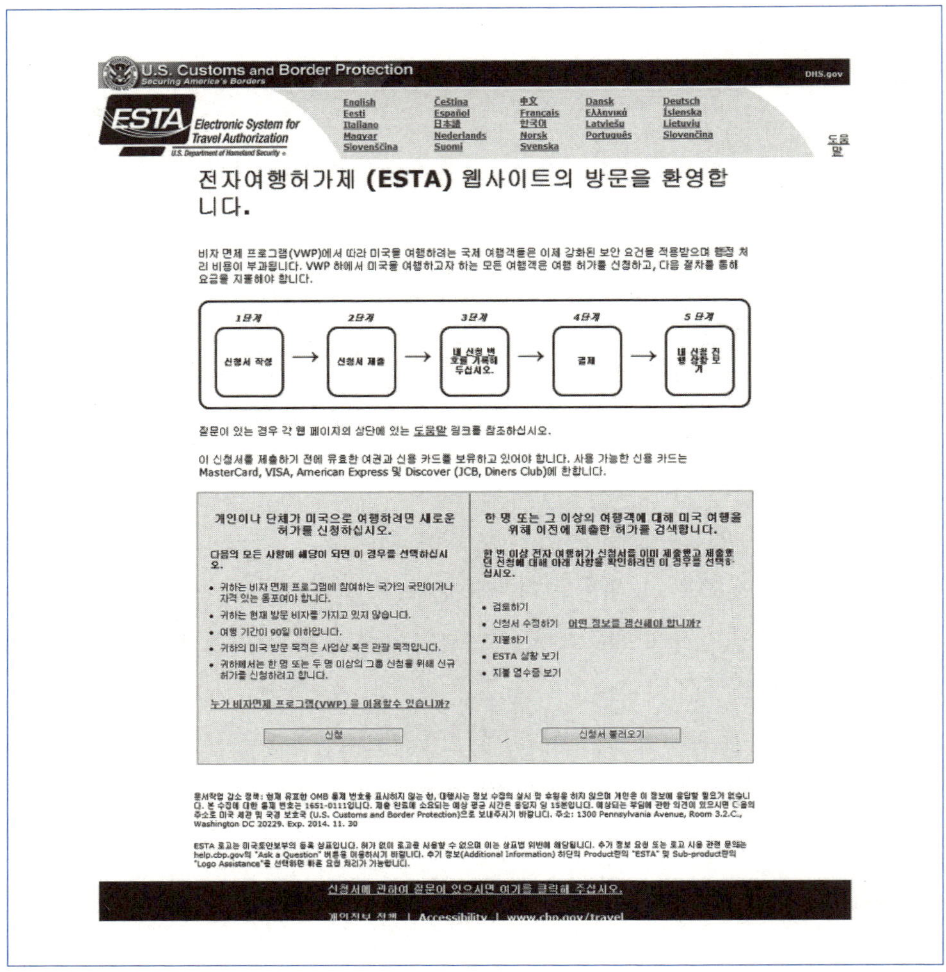

그림 6.7 전자여행허가 등록절차

(2) 전자여행허가제ESTA 등록절차

① https://esta.cbp.dhs.gov/esta/에서 한국어를 선택

- 신청을 하는 경우, '신규신청서' 클릭
- 기존에 신청한 사람이 자신의 신청처리 결과를 확인하려면 '기존신청서 확인' 클릭

② 신규신청서를 누르면 아래와 같이 '신규신청인 ESTA 새로 신청하기'

- 개인 신청인 경우 '개인신청서' 클릭

- 2명 이상 신청인 경우 '그룹신청서' 클릭

③ 신청서를 클릭하면 '보안통지' 화면이 나오는데 읽어보고 '확인 & 계속' 클릭

④ 신청은 총 6단계를 거치게 되는데 1단계 '권리포기각서' 단계이다.
'예 : 본인은 위 정보를 읽고 이해하였으며, 이러한 조건에 동의합니다.'를 체크하고 다음버튼 클릭

⑤ 1단계 중 'Travel Promotion Act of 2009' 화면이 나오면 '예 : 본인은 위 정보를 읽고 이해하였으며, 이러한 조건에 동의합니다.'를 체크하고 다음버튼 클릭

⑥ 2단계 '신청인 정보입력' 단계이다.
'신청인 정보입력' 안에 신청인의 여권정보 사항 및 국적, 연락정보, 고용정보 등을 기재한다. 붉은색 별 표시(*) 항목은 필수 입력사항이며, 모든 내용은 영문으로 입력해야 한다.

⑦ 3단계 '여행정보' 입력단계이다. 미국 내 연락처 및 체류 주소를 기재한다.

⑧ 4단계 '자격요건 질문' 입력단계이다. 자격요건에 체크한 후 권리포기 항목은 본인이 직접 신청한 경우에는 '인증서'란에만, 여행사 직원 등 제3자인 경우에는 '제3자인 경우에만'란에 체크한다.

⑨ 5단계 '신청서검토' 단계이다. 지금까지 단계별로 입력했던 사항들인 '신청자정보', '여행정보' 모두를 하나씩 재검토하고 수정할 수 있다. 신청자정보는 확인버튼을 누르면 되는데, 검증은 여권번호와 성, 생년월일을 다시 한 번 기재해야 한다.

⑩ 6단계 '결제' 단계 : 지금까지 단계별로 입력했던 사항들인 '신청자정보', '여행정보' 모두를 하나씩 재검토하고 수정할 수 있다.

⑪ 결제하기 : 신청서 작성 후 약 일주일 이내에 신청수수료 U$14.00을 결제해야 한다. 지불방식은 온라인 결재방식 또는 직불이나 신용으로 선택할 수 있다.

⑫ 신용카드 정보 제공하기 : 직불이나 신용카드 결제를 클릭한 후 카드정보를 입력한다.

⑬ 접수완료 : 결제가 완료되면 미국 전자여행허가서 수수료가 접수되었다는 메시지가 나온다. 진행상황에 '허가보류 중'이라고 나오는데, 이는 부정적인 결정을 의미하는 것이 아니며, 즉각적으로 결정을 내릴 수 없기 때문에 여행허가를 검

토 중이라는 것이고, 일반적으로 72시간 이내에 결정된다.

⑭ 허가승인 : 여행허가 승인결정이 내려지게 되면, 다음과 같은 허가승인 메시지를 확인할 수 있다.

이렇게 모든 사항을 기재하고, 신청서 비용 10달러와 수수료 4달러를 결제하고 나면 미국정부로부터 입국가능 여부가 통보된다. 입국가능 여부는 다음과 같이 통보된다.

- 여행허가 : 신청번호를 출력하고 2년 내 미국여행이 가능하다.
- 허가 안 됨 : 기존 절차에 따라서 비자를 신청해야 한다.
- 보류 : 늦어도 72시간 내에 최종 승인이 되어 통보된다.

(3) 미국비자의 종류

미국비자는 여행 목적과 소지한 여권의 종류 등 여러 상황에 맞게 다양한 비자가 존재한다. 일반적으로 여행 시 받게 되는 B1/B2 비자는 관광 · 상용 목적으로 가는 일반여권 소지자에게 발급되는 비자로, 비자면제 프로그램 시행 전에 받은 B1/B2 비자를 소지한 경우는 최장 6개월을 미국 내에서 체류할 수 있으나, 비자면제 프로그램 시행 후 전자여행허가 신청을 통해 입국하는 경우는 90일 이내만 체류가 가능하다.

이렇듯 다양한 비자 종류가 존재하므로 비자를 신청하고자 하는 본인의 상황과 조건에 맞는 비자를 신청하도록 해야 한다.

표 6.2 미국비자의 종류

종 류	여행 목적
A1	중앙정부 고위직 또는 미국주재 공관파견 외교관과 그의 배우자 · 자녀
A2	대한민국정부를 위해 공무로 가는 정부 공무원과 그의 배우자 · 자녀
A3	A1과 A2 비자소지자를 위한 고용인과 그의 배우자 · 자녀
B1/2	단기 상용방문 또는 관광
C1	미국경유
C2	미국 내 위치한 UN지역에 가기 위해 미국경유
C3	미국을 경유하는 중앙정부 공무원과 그의 배우자 또는 자녀 및 고용인

종 류	여행 목적
C1/D	선원, 승무원과 선원명단
E1	상사주재원과 그의 배우자 또는 자녀
E2	투자자와 그의 배우자 또는 자녀
E3	호주인 전문직 직원
F1	정규교육 혹은 언어연수를 위한 유학(SEVIS I-20 필요)
F2	F1 소지자의 배우자 또는 자녀(동반자 SEVIS I-20 필요)
G1	미국 내 국제기구에서 장기 파견 근무할 정부대표와 그의 배우자 · 자녀
G2	미국 내 국제기구로 단기 파견출장 가는 정부대표와 그의 배우자 · 자녀
G3	미국 내 국제기구 파견할 미국과 비 수교국가 정부대표, 그의 배우자 · 자녀
G4	국제기구 직원과 그의 배우자 또는 자녀
G5	G1, G2, G3, G4 소지자를 위한 고용인과 그의 배우자 또는 자녀
H1B	전문직 직원(간호사 제외)(청원서 필요)
H1C	간호사(청원서 필요)
H2A	미국 내에서 구인하기 불가능한 임시직 농업근로자(청원서 필요)
H2B	미국 내에서 구인하기 불가능한 임시적 비농업근로자
H3	연수생(의과나 정규학업과정 제외)(청원서 필요)
H4	H1, H2, H3 소지자의 배우자 또는 자녀(청원서 필요)
I	언론 · 보도 활동하려는 언론인, 언론기관 특파원과 그의 배우자 · 자녀
J1	문화교류방문자(SEVIS DS-2019 필요)
J2	J1 소지자의 배우자 또는 자녀(동반자 SEVIS DS-2019 필요)
L1	동일회사 내 미국지사 전근자(국제적 기업에서 경영직, 임원직, 전문분야의 지위에 있는 직원)(청원서 필요)
L2	L1 소지자의 배우자 또는 자녀(청원서 필요)
M1	직업교육 유학(SEVIS I-20M 필요)
M2	M1 소지자의 직계가족(동반자 SEVIS I-20M 필요)
O1	과학 · 예술 · 운동 · 사업 · 교육 분야에 특수한 재능소유자(청원서 필요)
O2	O1 소지자를 직업적인 분야에서 동반 혹은 보조하는 자(청원서 필요)
O3	O1, O2 소지자의 배우자 또는 자녀(청원서 필요)
P1	경기에 참여하는 운동선수와 공연을 하려는 연예인(청원서 필요)
P2	상호교환 프로그램에 참가하는 운동선수나 연예인(청원서 필요)
P3	독특한 문화행사에서 공연을 할 예술인 혹은 연예인(청원서 필요)
P4	P1, P2, P3 소지자의 배우자 또는 자녀(청원서 필요)
Q1	국제문화교류 행사참가자(청원서 필요)
R1	미국 내 종교활동 종사자(청원서 필요)
R2	R1 소지자의 직계가족(청원서 필요)
TN	NAFTA에 따라 자격 있는 캐나다인과 멕시코인 무역업무 종사자
TD	TN 소지자의 배우자 또는 자녀

자료 : http://korean.seoul.usembassy.gov/

2) 중국비자

중국은 현재 비자를 여행 전에 발급받아야 입국이 가능하다. 사전에 여행하고자 하는 목적과 기간에 맞는 비자를 선택하여 발급받도록 해야 한다. 기존 비자발급 업무의 경우 개인접수가 불가능하고 중국대사관 영사부 지정 대행여행사에서만 발급이 가능했지만, 2014년 1월 24일 이후로 개인의 비자발급이 가능해졌다.

다음은 중국비자를 발급받기 위한 서류와 비자의 종류에 관한 사항이다.

(1) 비자신청 기본 구비서류

① 여행을 목적으로 중국을 방문하고자 하는 경우

- 여권원본, 신분증사본
- 여권용 사진 1매
- 비자신청서
- 중국 측 호텔의 예약확인서, 왕복항공권 또는 연결항공권

② 친지방문을 목적으로 중국을 방문하고자 하는 경우

- 여권 원본, 신분증사본
- 여권용 사진 1매
- 비자신청서
- 중국에 있는 친지와의 친족관계증명, 왕복항공권 또는 연결항공권

(2) 비자의 종류 및 필수 구비서류

표 6.3 중국비자의 종류

비자종류	구비서류 및 적용대상
(L30) 관광비자	• 단수비자로 입국 후 30일까지 체류 가능하다. • 여권(4개월 이상 유효기간), 사진 1매, 주민등록증 또는 운전면허증이나 명함을 구비해야 한다.
(L90) 관광비자	• 단수비자로 입국 후 90일 체류가 가능하다. • L30과 기본서류는 동일하고, 추가로 현지(중국)주소, 전화번호, 만나는 사람의 이름과 관계를 알아야 한다.
(F) 상용단수	• 상용목적으로 입국 시 받는 비자이며, 출장기간에 따라 F30/60일 체류기간으로 나누고 있다. • 여권(4개월 이상 유효기간), 사진 1매, 명함 또는 재직증명서가 필요하고, F비자로 1회 다녀온 적이 있어야 발급이 가능하며, 처음 F비자를 신청하는 경우는 출장증명서를 첨부해야 한다. • 출장증명서는 반드시 회사 레터지에 출장기간과 출장의 자세한 목적을 기재해야 하며, 출장증명서 하단에 명판과 직인을 찍어야 한다.
(F) 상용복수	• 상용 목적으로 6개월까지 체류 가능하며, 횟수에 상관없이 이용 가능하다. • 여권(6개월 이상 유효기간), 사진 1매, 명함 또는 재직증명서가 필요하며, F비자로 2회 이상 다녀온 적이 있어야 발급이 가능하다(단, F상용비자가 접수일로부터 1년 이내 발급받은 경우만 해당).
(Z) 취업비자	• 중국 현지에 취업을 목적으로 하는 경우 발급받을 수 있다. • 여권(6개월 이상 유효기간), 사진 1매, 현지 취업허가서, 초청장원본, 건강진단서 등의 서류가 필요하다(단, 대사관에서 지정한 병원에서 검진 후 발급한 서류만 가능).
(X) 유학비자	• 장기유학이나 어학연수를 목적으로 하는 경우 발급받는다. • 여권(6개월 이상 유효기간), 사진 1매, 현지 입학허가서, JW202, 건강진단서(단, 대사관에서 지정한 병원에서 검진 후 발급한 서류만 가능)
단체비자	• 주로 여행사 패키지 여행상품을 이용하거나 5명 이상의 인원이 중국 여행의 입 · 출국을 같은 날짜에 하는 경우에 가능한 비자이다. • 개인비자보다 비용이 저렴하다는 장점이 있지만, 일행이 입 · 출국 수속을 같이 해야 하는 제약이 따른다. • 준비하는 서류도 개인비자에 비하여 간편하며, 중국의 출 · 입국 카드를 작성하지 않아도 된다. • 여권사본, 여행지역, 출발일 기재 등이 필요하다.

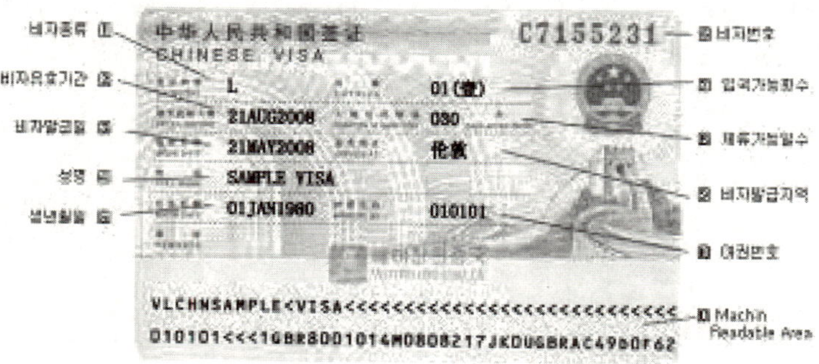

그림 6.8 중국비자

团 体 签 证

GROUP VISA

第 037624 号团体签证，准予 DREAMWORLD 团（10）人自 2009 年 7 月 28 日至 2009 年 8 月 28 日，在中华人民共和国旅行，壹次有效。

No. 037624 group visa, valid for single entry, permits DREAMWORLD group consisting of (10) persons to travel in PRC from 28 Jul 2009 to 28 Aug 2009.

发证日期
Date of issue 28 JUL 2009

签署、印章
Signature、Seal

备注：

人 员 名 单

LIST OF GROUP

序号 NO.	姓 名 Name in full	性别 Sex	出生日期 Date of birth	职 业 Profession or Occupation	国 籍 Nationality	护照号码 Passport No.
1	HAN JAE YOUNG	MALE	0914	BUSINESS	KOREA	IC109
2	PARK IN SUK	FEMALE	0610	HOUSEWIFE	KOREA	M4954
3	KWON TAE GIL	MALE	1010	BUSINESS	KOREA	IC107
4	AN OKRANG	FEMALE	0203	HOUSEWIFE	KOREA	IC088
5	LEE CHEON TAK	MALE	1105	BUSINESS	KOREA	M0783
6	KIM YOUNGHEE	FEMALE	0614	HOUSEWIFE	KOREA	IC093
7	LEE BYUNGKYU	MALE	0315	BUSINESS	KOREA	M4356
8	SEO YEONOK	FEMALE	0820	HOUSEWIFE	KOREA	M0329
9	KIM JAEGI	MALE	0612	BUSINESS	KOREA	IC09
10	KWON HYUNOK	FEMALE	0323	HOUSEWIFE	KOREA	M640

名单结束 END OF THE LIST

PAGE 1

그림 6.9 중국 단체비자

(3) 별지비자

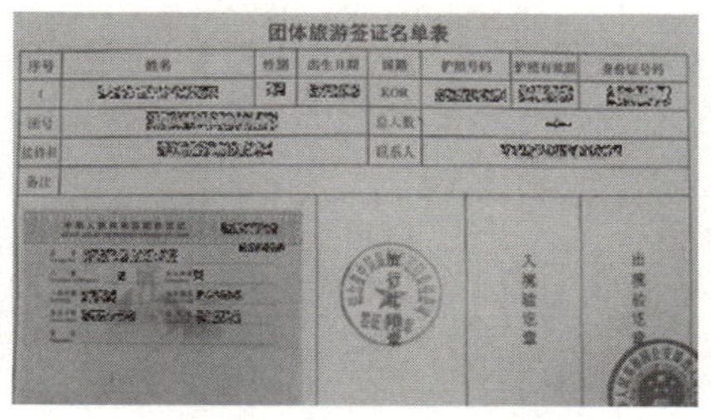
团体旅游签证名单表

그림 6.10 중국 별지비자

별지비자는 한국에 있는 중국대사관을 통해 발급되는 비자가 아니라, 중국 현지에서 발급되는 중국공안부 발행비자이다. 단체비자는 5명 이상이어야 신청이 가능하지만, 별지비자는 2인 이상 4인 이하의 소규모 인원도 신청이 가능하며, 비자신청 시 여권 원본 없이 사본 제출만으로도 비자신청이 가능하고, 중국입국 시 출입국카드를 작성하지 않아도 되는 편리함으로 최근 신청자가 증가하고 있는 추세이다. 별지비자는 출국일 기준으로 15일 이전부터 신청이 가능하다.

3) 호주비자

호주 입국 시에는 관광 또는 상용목적 여부를 불문하고 반드시 입국비자를 발급받아야 한다. 호주비자는 관광 및 상용비자와 워킹홀리데이비자, 학생비자로 나뉜다.

(1) 관광 및 상용비자

일반적인 관광비자인 V비자는 1년 유효기간으로, 최장 체류기간은 3개월이다. 전산 비자ETA : Electronic Travel Authority는 호주를 관광이나 상용목적으로 방문하는 여행자를 위한 비자이다.

관광·상용비자는 호주 대사관을 통해 발급받거나, 개인적으로 A$20의 수수료를 지불하고 ETA를 인터넷상으로 신청할 수 있는데, 여행사나 항공사를 통해 신청할 경우 수수료는 없다. 여행사나 항공사를 통해 신청을 할 경우, 대개 12시간 이내에 비자 취득이 가능하지만 간혹 승인되기 전 추가 확인을 위해 호주 대사관으로 문의하라는 연락을 받을 수 있으므로 출국 전 최소 5일 이내에 비자를 신청하는 것이 바람직하다.

호주를 방문하기 위한 비자의 발급은 까다로운 서류나 비용을 요구하지 않고 일반적인 여행을 목적으로 하는 경우 TOPAS Subconnect나 Abacus 등의 각종 항공예약시스템의 부속기능을 이용하여 영문이름 · 생년월일 · 여권번호 · 여권만료일 등을 입력하면 쉽게 발급받을 수 있다.

- 기간 : 90일
- 발급방법 : 항공권 또는 여행상품 구입 시 여행사에서 전자비자 신청
- 발급비용 : 무료
- 경제활동 : 불가능

(2) 워킹홀리데이비자

호주 워킹홀리데이비자는 호주를 여행하면서 부가적으로 취업과 학업을 병행할 수 있게 해주는 비자로서, 만 18세 이상 30세 이하의 나이에 호주 「비자법」에 따른 결격사유가 없으면 비자신청이 가능하고, 모집 시기나 인원에 제한이 없다. 2005년 11월 1일 「이민법」 개정으로 호주의 지정된 농장에서 3개월 이상 일을 할 경우 평생 1회, 유효기간 1년 조건인 워킹홀리데이비자를 유효기간 2년으로 연장할 수 있다. 워킹홀리데이비자는 한 학원에서 최대 4개월까지 어학연수가 가능하며, 시간제한 없이 한 곳에서 최대 6개월 간 경제활동을 할 수 있다.

- 기간 : 1년(조건충족 시 추가연장 가능)
- 발급방법 : 인터넷으로 비자신청 후 지정된 병원에서 신체검사(약 2~3주 소요)
- 발급비용 : A$440+신체검사비
- 어학연수 : 가능(한 학원에서 최대 4개월까지)
- 경제활동 : 가능(시간제한 없음, 한 곳에서 최대 6개월간)

(3) 학생비자

3개월 이상의 기간 동안 호주에서 학업을 희망하는 경우와, 학생과 함께 동반하고자 하는 학생의 가족은 학생비자 및 학생가디언비자를 신청해야 한다.

- 기간 : 학원등록기간+1개월
- 발급방법 : 유학원을 통해 학원의 입학허가를 받은 후 신청 가능(약 3~4주 소요)
- 발급비용 : A$560(신체검사비, 서류번역비 등)+학원등록비 전액
- 어학연수 : 가능(한 학원에서 최대 4개월까지)
- 경제활동 : 이민성 허가Work Permit 후 가능(주당 최대 20시간)

(4) 호주 ETA 호주비자 발급에 대한 과정

TOPAS를 이용한 호주 ETA 호주비자 발급에 대한 과정이다.

- 초기화면에 있는 'MASK'의 '부대기능'에서 '호주비자' 클릭
- 호주비자 신청 초기화면
- 개인정보 입력 후 '비자신청' 클릭 : 여권번호, 생년월일, 국적, 여권만료일, 여행목적 등을 입력 후 비자신청 클릭한다.
- 추가 입력사항 화면에서 신청인의 현주소 및 현지 연락처, 이메일 주소를 입력한다.
- 여권 세부사항 확인화면
- 정상적으로 비자를 받았을 때의 완료화면

```
> TIETAP/M91905340/KOR/PARK/BYEONG/YI/
                  ETA APPROVAL              .         27MAR17/1445
FAMILY NAME       PARK                           AUSTRALIAN GOVT
GIVEN NAMES       BYEONG YI
PASSPORT          M91905340       KOR    EXPIRE DATE 04FEB2024
DATE OF BIRTH     05MAR1957  SEX F  COB KOR
TYPE OF TRAVEL    T  TOURIST
ENTRY STATUS      UD/601 ETA
                  AUTHORITY TO ENTER AUSTRALIA UNTIL 27MAR2018
                  PERIOD OF STAY 03 MTHS
                  MULTIPLE ENTRY
                  NO WORK – BUSINESS VISITOR ACTIVITY ONLY
ETA APPROVED
```

(5) 캐나다 전자여행허가서

한국과 캐나다 양국은 비자면제 협정을 체결하여 대한민국 국민은 캐나다에 비자 없이 입국해 최장 6개월까지 체류가 가능하며, 1회에 한해 6개월 연장이 가능하다. 따라서 관광 또는 단기출장 방문의 경우 비자를 취득하지 않아도 비자 없이 입국이 가능하다. 입국심사에서는 체류기간 중 거주할 곳의 주소를 물어보기 때문에 사전에 호텔 · 민박 등의 정확한 주소를 알아둘 필요가 있다.

그러나 2016년 11월 10일부터 항공편으로 캐나다에 입국하는 한국 등 비자면제국의 국적자는 입국승인eTA의 사전 취득이 필요하다. eTA는 인터넷으로 여권 내 정보 등을 입력하고 수수료(C$ 7)를 납부하면 되고, 유효기간은 5년 또는 여권 만료일자 중 빠른 날짜까지이다. 이외의 유학 및 취업은 비자를 발급받아야만 한다.

① 전자여행허가eTA 신청절차

- www.cic.gc.ca에서 'English'를 누른다.
- 우측에 있는 'Find out if you need to an eTA or a visa to visit Canada'를 누른다.
- Find out if you need a visa에서 비자를 받아야 하는 자격에 대한 질문에서 마지막 'None of the above' 클릭한다.
- 국가코드 선택
- 캐나다 여행의 교통수단 선택
- 하단에 'eTA 신청하기' 클릭
- 프랑스에서 발급된 여권에 대한 질문에 'NO' 클릭하면 여권정보 기입에 대한 지침이 나온다. 하단 'Continue to the eTA application form'을 누른다.
- eTA 신청이 여행사와 같이 대행사를 통해 진행되고 있는가에 대한 질문이다. 직접 하는 경우는 'NO,' 여행사 또는 미성년자를 대신하여 부모님이 대행하고 있는 경우에는 'YES'를 선택한다.
- 대행사를 통해 진행하는 경우(성인)
- 대행사를 통하지 않고 직접 신청하는 경우
- eTA 신청을 하는 여권종류와 여권발급 국가를 묻는 질문이다(여권 종류는 'Passport-

ordinary/regular'를 선택한다).

- 여권 내 정보를 기입한다(여권번호/성/이름/생년월일/국적/태어난 지역/여권발급일/여권만료일).
- 추가정보를 입력한다(이전에 eTA 발급받은 적이 있는지/신청 시 사용언어(영어) / 이메일주소).
- 거주지에 대한 정보를 기입한다.
- 캐나다 여행일자를 선택한 후 내용이 모두 맞는지 동의 및 확인한다. 그리고 서명을 하면 결제창으로 이동하게 된다.
- 결제 내역을 확인한다.
- 카드결제 정보를 입력한다.
- 결제가 끝나면 결제 완료창이 나타난다.
- 결제가 완료되면 기입했던 이메일로 접수 완료되었다는 메일을 받게 되고, 72시간 이내에 최종적으로 승인메일을 받는다(여권번호와 eTA 유효기간을 확인한다. eTA 번호는 J로 시작되는 숫자이다).

Status : eTA approved
Name : GILDONG HONG
Passport number : M1234567
eTA number : J504893245
Expiration : 2022/06/27

Your application for an Electronic Travel Authorization(eTA) has been approved. You ar now authorized to travel to Canada by air.
When you travel to Canada, you will need to bring the passport you used to apply for your eTA as the eTA is electronically linked to it. should you obtain a new passport, you will need to apply for a new eTa.
Airline check-in staff and the Canada Border Services Agency will have electronic access to your eTA status using your passport.
In the future, you can verify the status and expiration of your eTA by using the eTA Check Stutus Tool. To do this, you will need the eTA number noted above and details from the passport you used to apply for your tTA.
for information on what to see and do in Canada, Visit www.Canada.travel. See you in Canada!
Please note that : You may be asked for your proof of insurance upon entering Canada. Visitors to Canada are responsible for the cost oof healthy-care services received.
Do you plan on visiting the United States? You may require authorization through the Electronic System for Travel Authorization (ESTA). You can apply for an ESTA here.

3. 국가별 비자협정 현황

1) 사증의 상호 면제협정

비자면제협정Visa Waiver Agreement이란, 특정국가 간 자국민의 여행편의를 도모하기 위하여 일반 여행자에 대해서 단기간 체재할 경우에 국가 간 비자의 상호 면제협정을 통하여 자유로운 입·출국을 보장하는 것을 말한다. 즉 비자면제 협정 국가는 한국에서 비자를 받을 필요가 없이 방문국가의 공항에서 여권에 직접 체류허가 스탬프를 받고 체류기간을 명시해준다.

표 6.4의 국가들은 단기간 여행 시에는 비자가 필요치 않으나, 허용하는 기간을 초과하여 체류할 때는 체류 목적에 맞는 비자를 받아야 한다.

표 6.4 무비자 입국 가능한 국가

<table>
<tr><th colspan="4">90일 무비자</th></tr>
<tr><td colspan="4">• 그레다나 • 그리스 • 네덜란드 • 노르웨이 • 뉴질랜드 • 니카라과 • 덴마크 • 도미니카
• 도미니카연방 • 독일 • 라오스 • 라이베리아 • 룩셈부르크 • 리투아니아 • 리히텐슈타인
• 말레이시아 • 멕시코 • 모로코 • 몰타 • 바베이도스 • 바하마 • 베네수엘라 • 벨기에
• 불가리아 • 브라질 • 세인트루시아 • 수리남 • 스웨덴 • 싱가포르 • 스위스
• 스페인 • 슬로바키아 • 아르헨티나 • 아이슬란드 • 아이티 • 아일랜드 • 에콰도르 • 엘살바도르
• 오스트리아 • 우크라이나 • 이스라엘 • 이탈리아 • 일본 • 자메이카 • 체코 • 코스타리카
• 콜롬비아 • 태국 • 터키 • 파타마 • 페루 • 포르투갈 • 폴란드 • 프랑스
• 핀란드 • 헝가리 • 마카오 • 미국</td></tr>
<tr><th>30일 무비자</th><th>공항비자</th><th>국내에서
비자발급 불가능</th><th>기 타</th></tr>
<tr><td>• 남아프리카공화국
• 브루나이 • 사이판
• 스리랑카 • 오만
• 우루과이 • 칠레
• 튀니지 • 파라과이
• 과테말라 • 우루과이
• 피지 • 사이프러스(유럽)
• 몰디브</td><td>• 바레인
• 보스니아
• 부룬디
• 시리아
• 아르메니아
• 아제르바이젠
• 짐바브웨
• 레바논
• 쿠웨이트</td><td>• 사이프러스
(아시아)
• 몰도바
• 벨리즈
• 시리아
• 알바니아
• 에티오피아
• 이라크</td><td>• 괌(45일, VWP : 90일)
• 필리핀 · 인도네시아 · 포르투갈 · 레소토 · 이탈리아(60일)
• 영국 · 캐나다 · 홍콩(6개월)
• 베트남(15일)</td></tr>
</table>

2) 무비자체류

무비자체류TWOV : Transit Without Visa란, 비자의 상호면제협정과 그 내용이 약간 다른 것으로 목적지가 제3국인 통과여행자의 항공기 연결 등을 위해 정식 비자를 받지 않았더라도 여행자가 일정한 조건을 갖추고 있으면 입국 및 일시적 체류를 허가하는 제도인데, 일반적으로 외교관계가 수립되어 있는 국가 간에만 적용된다. 그 조건으로는 제3국으로 여행할 수 있는 예약 확인된 항공권(일부 국가는 Return Ticket도 가능)의 소지자로 제3국으로 여행할 수 있는 여행서류를 구비하고 있어야 한다.

3) 비자가 필요한 국가

다음 국가들은 소정의 서류를 준비하여 비자신청을 사전에 발급받아야 현지입국이 가능하다.

표 6.5 비자가 필요한 국가

국 가	대사관 주소	전화번호
가나	서울시 용산구 한남동 5-4	T : 3785-1427
가봉	서울시 용산구 한남동 738-20 유성빌딩 4층	T : 778-3183
과테말라	서울시 중구 소공동 롯데호텔 614호	T : 771-7582
나이지리아	서울시 용산구 동빙고 310-19	T : 797-2370
대만 영사부	서울시 종로구 신문로1가	T : 399-2767
러시아	서울시 중구 정동 34-16	T : 318-2117
리비아	서울시 용산구 이태원동 210-71	T : 797-6001
말라위	서울시 중구 충무로4가 120-3 진양상사 402호	T : 2274-0422
몽골	서울시 용산구 한남동 33-5	T : 798-3464
미얀마	서울시 용산구 한남동 723-1	T : 790-3814
방글라데시	서울시 용산구 한남1동 7-3	T : 796-4056
볼리비아	경기도 의정부시 의정부2동 288 동화프라자 4층	T : 998-0884
사우디아라비아	서울시 종로구 신문로2가 1-112	T : 739-0631
세네갈	서울시 용산구 이태원동 5-1	T : 745-5554

국 가	대사관 주소	전화번호
수단	서울시 용산구 한남동 653-24	T : 796-8692
스리랑카	서울시 종로구 종로1가 교보빌딩 2002	T : 735-2966
알제리	서울시 용산구 이태원동 2-6	T : 794-5034/5
앙골라	서울시 용산구 한남2동 741-21	T : 792-8463
오만	서울시 용산구 동빙고동 309-3	T : 790-2431
온두라스	서울시 종로구 종로2가 6 종로타워 22층	T : 738-8402
요르단	서울시 종로구 세종로 178 현대해상 1층	T : 3701-8474
우루과이	서울시 강남구 역삼동 708-6 LIG 손해보험빌딩 14층	T : 6245-3180
우즈베키스탄	서울시 서초구 서초2동 1376-1 외교관센터 701호	T : 577-3660
이란	서울시 용산구 한남동 726-126	T : 793-7751
이집트	서울시 용산구 한남동 744-4	T : 749-0787
인도	서울시 용산구 한남동 37-3	T : 798-4257
인도네시아	서울시 영등포구 여의도동 55 KBS 별관 건너편	T : 783-5675
잠비아	서울시 중구 회현3가 11-3 세대빌딩 14층	T : 738-1038
중국	서울시 종로구 효자동 54	T : 771-3726
카자흐스탄	서울시 종로구 평창동 484-21	T : 391-8906
카타르	서울시 용산구 동빙고동 309-5 이태원 캐피탈호텔 옆	T : 798-2444
캄보디아	서울시 용산구 한남동 657-34	T : 3785-1041
케냐	서울시 중구 장충동2가 186-210 파라다이스빌딩 1층	T : 2271-2127
파나마	서울시 종로구 적선동 156 플래티넘 B/D 7F	T : 734-8610
파키스탄	서울시 용산구 이태원동 124-13	T : 796-8252

국외여행인솔자 업무

제1절 국외여행인솔자

1. 국외여행인솔자의 개념

국외여행인솔자TE : Tour Escort는 여행사를 대표하여 그 여행사의 여행자를 인솔하여 목적지에서 여행자의 안전과 수배확정서에 의거한 현지 행사의 원활한 진행 및 현지 가이드와의 완충작용을 하여 안전하고 편안한 여행이 될 수 있도록 조력하는 여행사의 종사원이라고 할 수 있다.

많은 사람들이 국외여행인솔자와 현지 가이드Local Guide를 혼동하고 있으나, 현지 가이드는 여행자의 안전과 편안한 여행안내가 주 업무이며, 국외여행인솔자는 여행자의 안전과 관리 · 감독이 주 업무이다. 이러한 국외여행인솔자는 TLTour Leader, TCTour Conductor, TETour Escort 등 다양하게 불리고 있으며, 간혹 첨승원으로도 표현하기도 하는데, 이것은 일본에서 국외여행인솔자를 일컫는 말이다.

2. 국외여행인솔자의 임무

국외여행인솔자는 여행사의 대표자를 대리하고, 현장의 실무책임자로서 여행자를 인솔함에 있어서 다음과 같은 임무를 부여받는다.

1) 소속여행사의 대표자

국외여행인솔자는 여행사의 대표이사 1명이 모든 여행자를 인솔할 수 없으므로, 그 대표자를 대리하여 대표자로서의 권한을 부여받는다. 따라서 여행자의 안전은 물론 관광객의 욕구충족에 관한 총 책임을 갖는다.

2) 현장 실무책임자

여행사의 대표자로서의 관리 · 감독의 책임과 동시에 현장 실무책임자로서 수배확정서에 의거한 원만한 행사진행, 여행자의 기분과 건강관리, 돌발 상황에 대한 효과적인 대처 등을 통한 여행자의 편안하고 즐거운 여행추구의 임무를 부여받는다.

3) 당직근무자

국외여행인솔자는 여행기간 동안 당직근무자로서 여행자의 사소한 것까지도 세심하게 배려를 하여 타국에서의 불안감을 해소시켜 주어야 하며, 특히 야간에는 배정받은 호텔의 방에서 항상 연락이 가능한 상태를 유지하여 야간에 발생될 수 있는 돌발상황에 대비해야 한다.

4) 회사의 영업사원

국외여행인솔자는 짧은 여행기간이지만 여행자와 동고동락으로 친밀한 관계를 유지하게 되어 고객 재창출을 용이하게 할 수 있다.

3. 국외여행인솔자의 유형

국외여행인솔자는 내국인의 국외여행에 동행하여 여행 행사 운영을 총괄 지휘하는 자를 말한다. 여행사 정규사원 중에 본 업무를 담당하는 '여행사소속 종사원'과 여행사에 소속되어 전문적으로 본 업무만을 담당하는 '여행사소속 전문국외여행인솔자,' 그리고 여행사에 소속은 되어 있지 않고 계약에 의한 외부의 비전속인솔자인 '자유계약 국외여행인솔자'의 3가지 형태로 구분될 수 있다.

1) 여행사소속 종사원

여행사의 정규사원으로, 평소에는 사내에서 부여된 업무에 종사하면서 회사의 필요에 따라 출장명령을 받으면 국외여행인솔자의 업무를 수행하게 되는 경우를 말한다. 여행개시 전까지 사내에서 여행자의 예약 · 수속업무 등을 통하여 여행자와 지속적인 접촉이 있었던 담당직원이 직접 인솔을 하게 되었을 경우 여행자와의 친밀감과 신뢰도가 높아 가장 바람직한 형태의 국외여행인솔자이지만, 정규사원들의 부재는 업무공백을 초래하여 또 다른 여행자의 불편을 초래한다.

따라서 현재 대부분의 여행사에서는 전문국외여행인솔자제도를 활용하고 있다. 그러나 담당직원의 해외출장은 좀 더 구체적인 현지사정을 파악할 수 있으며, 이는 여행사를 이용하는 여행자에게 최근 정보를 제공하는데 도움이 된다.

2) 여행사소속 전문국외여행인솔자

전문국외여행인솔자는 사내에서 별도의 업무를 부여받지 않고 단체인솔 업무만을 전문적으로 전담하는 종사원을 말한다. 매일 출 · 퇴근을 하지 않고 회사의 출장명령을 받으면 그 기간 동안만 국외여행인솔자의 업무를 수행하게 된다.

전문국외여행인솔자에는 2가지 형태가 있는데, 일정액의 기본 급여를 지급하고 3대 보험(의료보험 · 국민연금 · 고용보험)까지 가입을 해주면서 정규사원화 된 인솔자, 기본급여와 3대 보험가입의 혜택은 제공하지 않으면서 주기적인 출장기회를 보장하여 소속감을 고취시키는 형태의 인솔자가 있다.

3) 자유계약 국외여행인솔자

특정 여행사에 소속되지 않고 여러 여행사와 계약에 의거하여 각 여행사로부터 출장명령을 받은 경우에만 그 여행사를 대표하여 인솔하는 종사원을 말한다. 그러나 소속감과 책임감의 결여로 인한 문제점이 발생되는 경우도 있다.

표 7.1 국외여행인솔자의 종류에 따른 장 · 단점

유 형	장 점	단 점
여행사소속 종사원	• 소속감과 책임감 있는 인솔 • 정규사원으로서 여행자의 신뢰도 증진 • 고객만족 우선 • 돌발상황과 여행자의 불평 적극대처	• 종사원의 부재로 인한 업무공백으로 다른 여행자의 불편 초래 • 사내업무 인수 · 인계 미비로 인한 업무누수현상 발생 • 귀국 후 출장후유증으로 인한 업무복귀 지연 • 다른 직장동료들의 업무증가
전문 국외여행인솔자	• 많은 출장경험으로 인한 현지에 대한 지식 풍부 • 정규사원화 되어 소속감과 책임감 있는 인솔 • 경험에 의한 돌발상황과 여행자의 불평대처능력 탁월	• 적은 기본급으로 인한 팁 등의 본인의 수입 우선 • 잦은 출장으로 긴장감 결여 • 출근을 하지 않으므로 정규사원과의 괴리감 발생
자유계약 국외여행인솔자	• 인솔자 운영비용의 최소화 • 인솔자 양성을 위한 시간과 비용 불필요 • 별도의 인솔자관리 불필요	• 본인의 수입에만 치중 • 소속감과 책임감 결여 • 돌발상황에 대한 무책임한 행동 • 여행자의 불평대처 미흡

4. 국외여행인솔자의 자격과 직업적 자질

1) 국외여행인솔자의 자격

「관광진흥법」 제13조(국외여행인솔자)에 의하면 "여행업자가 내국인의 국외여행을 실시할 경우, 여행자의 안전 및 편의제공을 위하여 그 여행을 인솔하는 자를 둘 때에는 문화체육관광부령으로 정하는 요건에 맞는 자를 두어야 한다."라고 규정하고, 동법 시행규칙 제22조(국외여행인솔자의 자격요건)1항에 의거하여 다음과 같은 자격요건 중 어느 하나에 해당하는 자격요건을 갖추어야 한다고 규정하고 있다.

- 관광통역안내사 자격을 취득할 것
- 여행업체에서 6개월 이상 근무하고 국외여행경험이 있는 자로서 문화체육관광부장관이 정하는 교육을 이수할 것
- 문화체육관광부장관이 지정하는 교육기관에서 국외여행인솔에 필요한 교육을 이수할 것

표 7.2는 국외여행인솔자 자격인정증을 보여주고 있으며, 현재 국외여행인솔자 자격인정증을 취득하기 위해서는 다음과 같은 3가지 방법이 있다.

그림 7.1 국외여행인솔자 자격인정증

(1) 관광통역안내사 자격증 취득

한국관광공사에서 실시하는 관광통역안내사 자격증을 취득한 자는 국외여행인솔자 자격으로 인정된다.

(2) 양성교육 과정

① 사내교육기관 이수

사내교육기관 운영업체 소속직원에 한하며, 연 96시간 이상 교육을 받으면 국외여행 인솔자격이 인정된다. 그러나 사내교육기관 이수자는 당해업체에서만 근무할 수 있다.

② 전문교육기관 이수

전문대학 이상의 학교에서 관광분야의 학과를 이수하고 졸업한 자 또는 졸업예정자 또는 관광관련 실업계 고등학교를 졸업한 자가 연 80시간 이상의 교육과 평가를 이수하면 국외여행 인솔자격이 인정된다. 전문교육기관을 운영하고 있는 대학과 상세한 자격요건은 다음과 같다.

• 경기대학교	• 경남정보대학	• 경동대학교	• 경주대학
• 공주영상정보대학	• 군장대학	• 계명문화대학	• 남서울대학교
• 나주대학	• 대구대학	• 동강대학	• 동국대학교(경주)
• 동주대학	• 동아대학교	• 문경대학	• 서울보건대학
• 순천청암대학	• 양산대학	• 영진전문대학	• 울산과학대학
• 장안대학	• 전주기전여자대학	• 제주관광대학	• 제주산업정보대학
• 진주보건대학	• 진주전문대학	• 인하공업전문대학	• 용인대학교
• 부산여자대학	• 서강정보대학	• 창신대학	• 창원전문대학
• 충청대학	• 한국관광공사(관광교육원)	• 한국관광대학	
• 한림성심대학	• 혜천대학		

③ 양성교육 신청자격요건

- 전문대학 이상의 학교에서 관광관련학과 졸업자 또는 졸업예정자
  - 관광관련학과를 전공한 자
  - 관광관련학과를 복수전공한 자
  - 관광관련학과를 부전공한 자(단, 부전공자는 관광관련학과의 필수과목을 이수해야 한다.)

  ※ 관광관련학과 : 관광학과, 관광경영학과, 호텔관광학과, 관광외국어학과
- 관광관련학과 재학생 또는 휴학생인 경우 2년제는 2학기, 3년제는 4학기, 4년제는 5학기를 등록한 자는 수강 가능하다. 단, 자격증은 최종학기를 등록한 자에게만 발급된다.
- 학점은행제 관광관련 전공학생인 경우 60학점 이상 이수한 자
- 관광관련학과 석 · 박사과정 수료예정자 이상
- 관광고등학교를 졸업한 자

④ 양성교육과정 신청을 위한 제출서류

- 관광관련학과 졸업(예정)증명 확인용(다음 중 택 1)
  - 관광관련학과 졸업(예정)증명서 1부(관광관련학과 졸업생 또는 졸업예정자)
  - 관광관련학과 재학증명서, 성적증명서 각 1부(관광관련학과 재학생)
- 반명함 사진(3×4) 2매
- 입학원서(소정양식) 1부
- 소정의 교육비

(3) 소양교육 과정

여행업체에서 6개월 이상 근무하고 국외여행 경험이 있는 자가 3일 이상 5일 이내의 기간 중 15시간의 소양교육과 평가를 이수하면 국외여행 인솔자격이 인정된다. 소양교육과정을 신청하기 위해서는 다음과 같은 서류가 필요하다.

① 국내 소재 여행업체 6개월 이상 근무확인용(다음 중 택 1)
- 갑종근로소득에 대한 소득세 원천징수확인서(세무사 발행)
- 근로소득 원천징수영수증(소속업체 발행, 직인필)
- 국민연금 정보자료통지서(국민연금관리공단 발행)
- 건강보험자격 득·실 확인서(건강보험관리공단 발행)

② 국외여행 유경험확인용(다음 중 택 1)
- 출국확인도장 찍힌 여권면 사본
- 출입국에 관한 사실증명서(출입국관리사무소 발행)

③ 여권사본(인적사항 면)

④ 반명함 사진(3×4) 2매

⑤ 입학원서(소정양식) 1부

⑥ 소정의 교육비

양성교육과정과 소양교육과정의 교육내용은 표 7.2와 같다.

표 7.2 양성교육과정과 소양교육과정의 교육내용

구 분	상세 교육내용
필수교육 내용	여행사실무, 관광관련법규, 국외여행인솔자 실무, 관광서비스실무, 세계관광문화, 해외여행 안전관리 중 선택
선택교육 내용	국외여행인솔자 교육과정과 관련된 교과과정으로 교육기관에서 자유선택
외국어교육	실무영어, 실무일어, 실무중국어 등

주: 필수 50%, 선택 30%, 외국어 20%로 구성

2) 국외여행인솔자의 직업적 자질

국외여행인솔자는 많은 부류의 다양한 사람들을 국외로 인솔해야 하는 매우 어려운 직업으로 투철한 사명감 외에도 다음과 같은 직업적 자질을 갖추어야 한다.

- 여행자에게 친밀감을 줄 수 있는 사교성
- 다양한 여행자를 무리 없이 인솔할 수 있는 리더십
- 미리 준비하고 계획하는 치밀함
- 위기상황에서 필요한 침착하게 대처할 수 있는 능력과 결단력
- 부지런하고 성실한 자세
- 여행자를 위한 헌신적인 희생정신과 책임감
- 해박한 지식과 유머감각
- 건강한 신체와 건전한 정신
- 어학능력

제2절 국외여행인솔자의 단계별 주요업무

국외여행인솔자는 공항에서 여행자를 처음 만나면서부터 실질적인 업무가 시작된다. 그러나 그 이전에 미리 충분한 출장준비를 해야만 문제가 발생되지 않고 원만한

행사가 진행될 수 있다. 국외여행인솔자의 각 업무단계별 업무지침을 정리하면 다음과 같다.

1. 출국 전 업무

1) 사전 현지정보 수집

- 국가별로 도착지 공항에서의 입국수속절차를 원활하게 유도하기 위해서는 입국할 공항의 배치도와 입국수속 절차상의 여러 가지 요구조건에 대한 가장 최근의 정보를 수집할 필요가 있다.
- 도착국가의 기후에 따라 여행자들이 여행 출발 전에 미리 준비해야 할 옷이나 휴대품 등을 챙길 수 있도록 하기 위해서 현지의 기후조건 및 계절정보를 파악하여 제공해야 한다.
- 그 나라의 독특한 관습이나 문화 · 법규 · 금기사항 등을 숙지해 두어야 한다.
- 현지의 치안상태 및 주의해야 할 사항들을 사전에 습득하여 단체여행자들의 신변보호에 만전을 기해야 한다.
- 예정된 여행에 따른 관광지 정보뿐만 아니라 투숙할 호텔의 위치 및 지리적 환경을 파악하고 있어야 한다.
- 대부분의 단체여행자들은 수시로 한국에 전화를 하게 되므로, 현지의 시차에 대한 정보는 기본적으로 습득하고 있어야 한다.

2) 인솔단체팀의 규모와 성향 파악

국외여행인솔자는 여행 출발 전에 반드시 출발단체의 구성원이 몇 명인지를 파악해야 한다. 또한 단체구성원들의 연령대, 성별의 구성비, 여행 목적, 단체의 성향 등을 사전에 반드시 확인해야 한다. 국외여행인솔자는 단체구성원의 성향에 따라 인솔방향을 사전에 달리 설정해야 한다. 따라서 국외여행인솔자는 인솔할 단체의 규모 및 성격에 맞는 치밀한 사전준비를 해야 한다.

- 단체의 인원수 : 16명 이상, 32명 이상, 48명 이상
- 연령대 : 20대, 30대, 40대, 50대 이상, 혼합단체, 가족동반
- 성별의 구성비 : 남성단체, 여성단체, 부부동반
- 여행 목적 : 친목회, 사회단체, 산업시찰, 인센티브, 효도관광, 신혼여행 등
- 단체구성원의 성격 : 구성의 직업적 특성, 여행경험의 유무 등

3) 여행일정을 위한 서류준비

- 상품담당자OP : Operator로부터 사전에 관련서류를 인수받는다(항공예약 PNR, 항공권, 확정일정표, 수배확정서, 여권사본, 명부, 입실명단, 여행자보험 가입증서, 여행자 본인이 소지한 여권을 제외한 여행자의 여권 및 비자, 기타 관련서류).
- 항공예약 PNR과 항공권은 여권의 영문이름과 동일하게 되어있는지 확인한다. 여권의 영문이름과 다르게 발권된 항공권으로는 항공기 탑승이 거절될 수도 있다.
- 확정일정표와 수배확정서의 출 · 입국일과 항공편명 및 출 · 도착시간은 항공예약 PNR 또는 항공권과 동일하게 되어있는지를 확인하고, 세부일정을 최종 확인한다.
- 여행자보험 가입여부를 일일이 확인한다.
- 호텔의 등급 · 위치 · 부대시설 등을 확인하고, 입실명단 상의 방배정은 올바르게 되어 있는지 확인한다.
- 여행자가 예약담당자에게 별도로 요청한 사항은 없는지 확인한다.
- 여행사 내부적으로 모든 확인이 완료된 후 각 여행자와의 전화통화로 미팅시간, 여행준비물, 기타 여행자의 요청사항 등을 체크하여 여행자가 즐거운 여행이 될 수 있도록 만전을 기한다.
- 출입국카드와 수하물 꼬리표를 미리 작성해두고, 상비약 등을 준비한다.
- 일반적으로 지상비의 결재는 여행사에서 별도로 하지만, 인솔자가 직접 목적지에서 지불하는 경우도 있다.

표 7.3 출입국신고서에 사용되는 영문표기와 해석

영문표기	해석 및 사례
Family Name / Surname / Last Name	성 : HONG
First Name / Given Name / Forename	이름 : GIL DONG
Sex(Male or Female)	성별(남성 또는 여성) : Man
Passport Number / Travel Document No	여권번호 : ○○○○○○○
(Usual) Occupation / Profession	직업 : Company Employee
(Name of) Airline and Flight Number	이용항공사 및 편명 : KE082
Country in Which I Boarded This Flight	탑승국명 : Korea
Date of Birth / Birth Date	생년월일 : 09/06/19○○ 또는 09/JUN/○○
Place of Birth	출생지 : Seoul, Korea
Nationality / Country of Citizenship	국적 : Korea
Intended Length of Stay	체류기간 : 7Days
Date of Arrival	입국날짜 :
Address in Country of Residence / Home Address	현주소 : 314-1 Gorim-Dong, Yongin-city, Korea
Zip or Postal Code	우편번호
Number of Children Travelling on Parent's Passport	동반자녀수
Accompanying Number	동행인원수
Purpose of Entry / Purpose of Visit	입국목적 : Tourism
First Trip to?	처음 방문인가? Yes / No
Traveling on Group Tour?	단체여행인가? Yes / No
Departed from / Boarded at / Port of Embarkation / Last Place (of Embarkation / From)	출발지 : Seoul
(Next) Destination / To	다음 목적지
Mode of Entry (Road, Rail, Sea, Air)	입국형태(육로 · 철도 · 배 · 항공)
Place of Issue / Issued at / City Where Passport(Visa) was Issued	여권(비자) 발급장소 : Seoul, Korea
Date of Issue	발급일
Date of Expire	만료일
Address in (Hotel)	숙박 장소(호텔) : Holiday Inn Hotel
Signature	서명

표 7.4 Name List

NO	한글성명 영문성명	성별	주민등록번호	여권번호	주 소	전화	비고
1							
2							
3							
4							
5							
6							
7							
8							
9							
10							
11							
12							
13							
14							
15							
16							
17							
18							
19							
20							

표 7.5 Rooming List

□ Group Name :　　　□ Tour Escort :

□ Arrival :　　　□ Departure :

NO	NAME	SEX	ROOM NO	REMARK
1				
2				
3				
4				
5				
6				
7				
8				
9				
10				
11				
12				
13				
14				
15				
16				
17				
18				
19				
20				
21				
22				

2. 출국에서 목적지 국가의 입국까지

1) 공항에서의 업무

- 여행자와 약속된 미팅시간보다 1시간 전에는 도착하여 미리 항공수속 카운터에서 항공권 예약확인 및 탑승권Boarding Pass 수속관계를 확인한다.
- 여행자의 도착시간은 다소 차이가 있을 수 있으므로, 먼저 도착한 여행자 순으로 여권을 수거하고, 가까운 곳에서 휴식을 취할 수 있도록 배려한다.
- 모든 여행자가 도착하고, 여권수거가 완료되면 항공수속 카운터에서 탑승권을 발급받는다. 이 때 여행 동반자들 간의 좌석 배정을 확인해야 한다(통상적으로 각 항공사마다 단체항공권 탑승수속은 별도의 단체항공권 탑승수속 전담데스크가 정해져 있다).
- 탑승권을 여권 사이에 끼워 여행자에게 배부해 주고, 탑승구Gate 및 탑승 완료시간을 주지시켜 항공기 탑승에 만전을 기한다.
- 여행자의 짐을 수하물로 보낼 것과 기내반입으로 구분하고, 금지물품 소지여부와 수하물 꼬리표Baggage Tag 부착여부를 확인한다.
- 골프클럽 등 대형 수하물은 항공사 체크인 카운터에서 탁송영수증Baggage Claim Tag을 부착한 후 대형 수하물수속 카운터에서 보내야 한다.
- 여행자의 탁송수하물은 본인이 직접 보낼 수 있도록 안내하고, 반드시 탁송영수증을 받아 목적지가 제대로 되어있는지를 확인시킨다.
- 전체여행자의 좌석배정표는 따로 보관한다.
- 목적지가 대만인 경우에는 여권의 유효기간이 6개월 이상 남아있어야 출국이 가능하다.
- 임산부의 경우에는 25주 이상부터 31주 이하까지는 영문의사진단소견서(최근 1주일 이내 발급)가 필요하며, 32주 이상은 탑승이 불가능하다.
- 일부국가를 여행할 경우에는 예방접종증명서Yellow Card를 제시해야 한다. 여행 출발 전에 방문지가 전염병 또는 토착병 유행지역이면, 예방접종을 받고 예방접

종증명서를 사전에 준비해야 한다. 지역별 대표적인 질병으로는 다음과 같은 것이 있으며, 다음 국가를 방문할 경우에는 반드시 예방접종증명서를 준비해야 한다. 인천공항에서도 예방접종 후 예방접종증명서 발급이 가능하다.

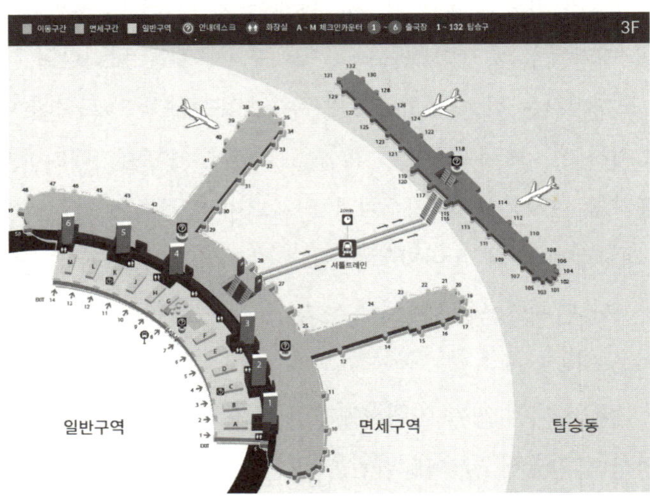

그림 7.2 인천국제공항 제1터미널 출입국 관련 시설안내

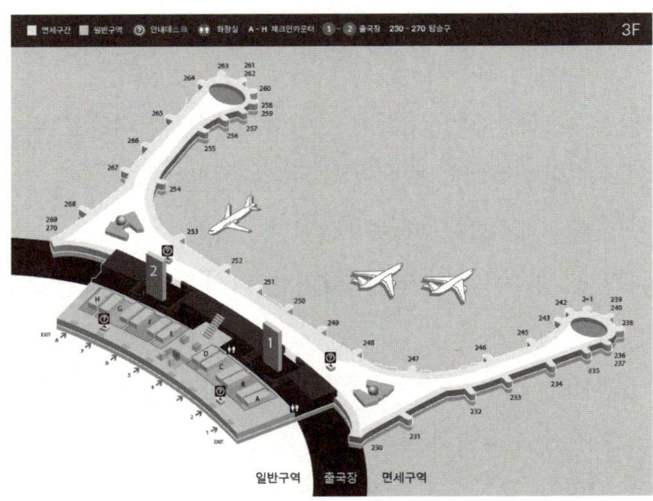

자료 : 인천공항공사홈페이지(https://www.airport.kr/index.jsp)

그림 7.3 인천국제공항 제2터미널 출입국 관련 시설안내

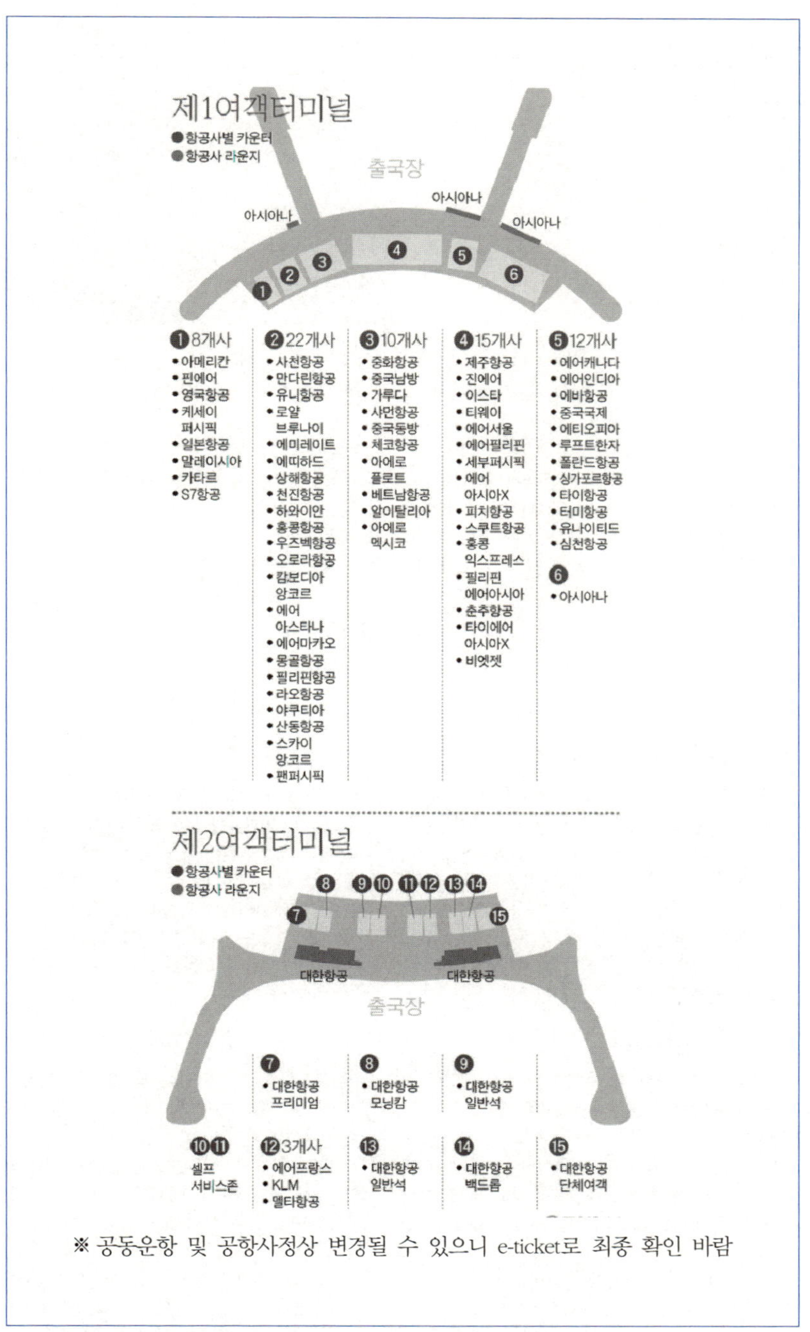

자료 : 중앙일보(http://news.joins.com/article/22107774)

그림 7.4 인천국제공항 터미널 별 이용항공사

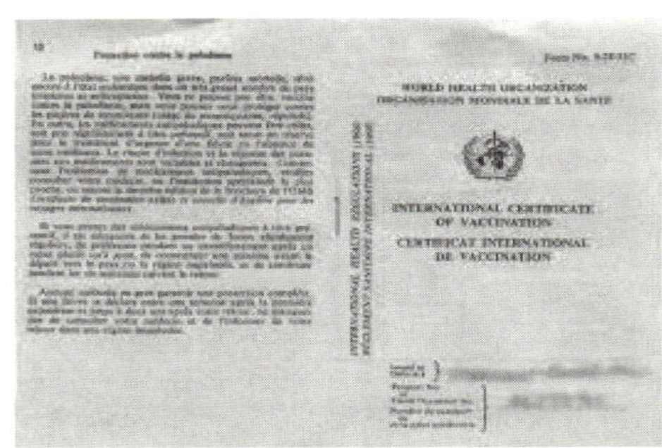

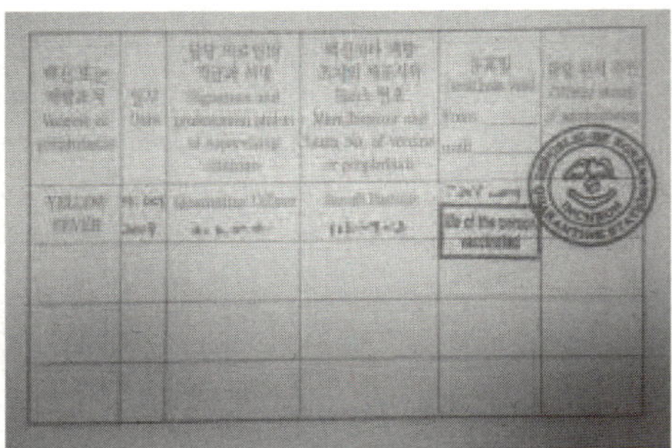

ⓐ 동남아 : 말라리아(특히 캄보디아, 라오스), 세균성 식중독(특히 해산물요리 주의)
ⓑ 중미, 남미북부 : 말라리아(일부), 황열(파나마, 트리니다드토바고), 필라리아 등
ⓒ 중동, 북아프리카 : 말라리아(일부)
ⓓ 남·동아프리카(특히 동아프리카) : 말라리아, 황열, 필라리아, 뎅기열 등
⑫ 모든 수속절차가 끝나고 나면 여행자에게 다음과 같은 사항을 주지시켜 원활한 여행이 될 수 있도록 한다.
ⓐ 정식적인 첫 인사와 여행참가에 대한 감사의 인사, 인솔자 본인 소개
ⓑ 여권·탑승권 등의 재확인과 탑승구·탑승시간 등의 재확인
ⓒ 특정지역일 경우 검역 ⓓ 세관신고 ⓔ 보안검색대 ⓕ 출국심사 절차
ⓖ 면세점 이용과 시내 면세점에서 구입한 물품의 수령 ⓗ 목적지 국가의 면세통과 범위

그림 7.5 예방접종 증명서

기내 반입금지물품(Restrict Items)

기내 반입금지물품이라 함은 항공기 안전운항 및 여객의 생명과 재산을 보호하기 위해 비행기에 탑승하는 모든 승객이 휴대하는 물품 중 휴대 및 탑재가 금지되는 물품을 말하고, 기내 반입금지물품을 휴대 또는 탑재할 경우 해당 물품은 기내 반입이 금지되며, 범죄혐의가 있을 경우에는 경찰에 인계되어 처벌될 수 있다.
눈썹 깎는 칼, 헤어스프레이, 다량의 1회용 라이터, 성냥, 장난감권총, 손톱깎이, 매니큐어제거용 아세톤 및 성인의 중지 길이를 넘는 열쇠, 100ml 이상의 액체류, 면도칼, 개봉용 나이프까지 금지품목에 속한다. 이러한 물품은 위탁수하물에 넣어 탁송하면 가능하다. 또한 페인트 및 라이터용 연료와 같은 발화성·인화성 물질, 총기·폭죽 등 무기 및 폭발물류, 산소캔·부탄가스캔 등 고압가스용기는 기내 반입이나 수하물로 맡기는 것도 금지된 운송금지 품목에 해당된다.

■ 알고도 실수하기 쉬운 경우

• 의약품 휴대 : 기내에서 필요한 분량만 허용되므로 탁송수화물로 보낼 경우 약병 훼손 등이 우려되어 기내에 휴대하려고 한다면 거부된다. 즉 허용 가능한 품목이라 할지라도 목적지에 도착할 때까지 필요한 양 이상은 허용되지 않으니 주의한다.
• 튜브형 고추장 등 음식 : 출국장 면세점에서 구입한 경우가 아니라면 고추장 또한 젤류에 해당되어 반입이 금지된다. 따라서 이러한 품목은 위탁수하물로 처리하는 것이 좋다. 공항에서 구입한 경우라면 비닐지퍼락 봉지에 담아 포장해야 한다. 물론 이때도 개별 100ml 이하, 전체 1리터의 규정이 적용된다.

기내 휴대 규정에 어긋나는 물품을 가지고 있다가 보안검색에서 적발될 경우에는 물품을 포기하거나 출국장 밖의 항공사 카운터에서 해당 물품을 위탁수하물로 부쳐야 한다. 이미 수하물을 보낸 후이기 때문에 별도의 요금이 추가될 수도 있을 뿐만 아니라 시간적 여유가 없다면 탑승해야 할 항공기를 놓칠 수도 있으니 주의해야 한다.

2) 출국에서 항공기 탑승까지의 업무

- 세관신고 : 고가의 외국제품은 출국 전에 사전 반출신고를 하고, 반출신고서를 잘 보관하여 귀국 시 세금부과가 되지 않도록 한다.
- 검역신고 : 출국 시에는 여행자에 대한 검역은 해당되지 않고 동·식물 반출 시에만 검역소에 사전신고를 한다.
- 보안검색 : 모자, 손가방, 허리색, 주머니 속의 소지품 등은 준비된 바구니에 넣어 X-ray 검색장비를 통과시키고, 본인은 아무 것도 소지하지 않은 채로 문형 금속탐지기를 통과한다.
- 출국심사
  - 내국인, 외국인, 항공승무원 등의 심사대 위치를 확인하여 해당되는 심사대 앞 대기선(노란선)을 넘지 않고 줄을 서도록 유도한다.
  - 대기선에서 기다리다가 순서가 되면 1명씩 심사대에 여권과 탑승권을 제출하면 출입국관리 직원이 확인한 후 여권에 출국 스탬프를 찍어준다. 어린이를 동반한 가족은 함께 출국심사를 받아도 무관하다.
- 면세구역과 항공기 탑승 : CIQCustoms, Immigration, Quarantine를 통과하여 면세구역에 모든 여행자가 도착하면 모니터를 통해 탑승시간과 탑승게이트를 재확인한 후 여행자에게 한 번 더 주지시킨다. 면세점 이용방법을 간단히 설명하고, 시내면세점에서 구입한 물품을 찾을 수 있도록 안내한다. 여권과 탑승권을 분실하지 않도록 다시 한 번 주지시킨다. 약속된 시간에 비행기 탑승구 앞에서 인원파악 후 기내 탑승을 유도한다.

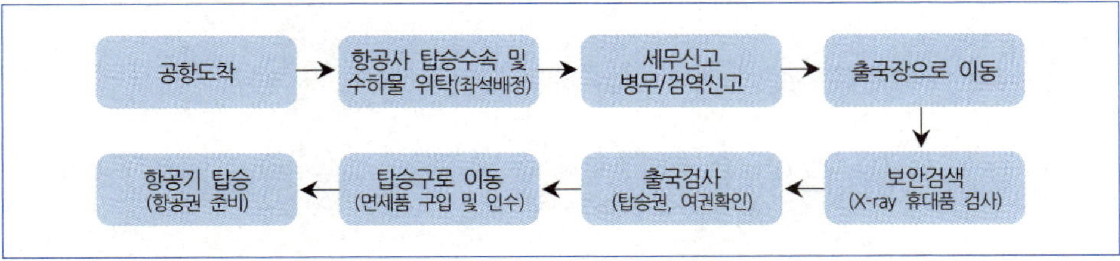

그림 7.6 출국절차

3) 기내에서의 업무

- 여행자의 짐을 선반에 올려주는 등 여행자를 돕는다.
- 미리 작성해 놓은 좌석 배정표를 참고하여 여행자의 탑승여부를 확인한다.
- 항공기 이륙 후 안전벨트 착용 사인이 꺼지고 나면 일일이 여행자를 찾아 좌석을 눕히는 방법, 조명, 승무원 호출방법, 식사 및 음료 제공, 면세품 판매 등에 대해 설명한다.
- 출입국카드를 미리 준비하지 않았다면 여행자의 출입국카드를 직접 작성하거나 여행자의 작성을 돕는다.
- 식사 후 수면시간에는 수시로 여행자의 불편함을 체크한다.
- 기내에서 여행자의 이름과 특징을 파악해두는 것도 좋다.
- 기내에서 내리기 전에는 여행자에게 짐 및 여권·지갑 등을 잃어버리지 않도록 주의를 주고, 내릴 때에는 제일 뒤에서 여행자의 좌석을 확인하면서 내린다.

기내에서의 주의사항

단체여행자들의 기내에서 행동요령을 사전에 숙지시킬 필요가 있다. 기내에서 반드시 신경을 써야 할 주의사항은 다음과 같다.

- 좌석등받이를 뒤로 할 때에는 뒷사람을 의식하여 좌석 버튼을 누르면서 천천히 뒤로 민다. 또한 항공기의 이·착륙 시 및 기내식사 시에는 좌석등받이를 반드시 원위치로 돌려야만 한다.
- 기내 승무원을 부를 때는 가능하면 Call Button(호출 버튼)을 사용하도록 해야 하며, 큰소리로 부른다거나 가까이 있는 기내 승무원의 옆구리나 엉덩이를 툭툭 치는 것은 대단히 실례가 되는 일이므로 주의해야 한다.
- 기내에서는 휴대폰이나 기타 통신기기 등의 사용은 항공기의 무선전파 장애가 있을 수 있기 때문에 사용해서는 안 된다.
- 항공기 이·착륙 시에는 기내 화장실을 이용해서는 안 되며, 조용히 자기 좌석에 앉아있어야 한다.
- 기내 화장실은 남녀 구분이 없으며, 화장실 안에 들어가서는 반드시 문에 부착된 잠금장치(Lock)의 레버(Lever)를 밀어서 잠가야 한다. 이때 화장실 안에 전등이 켜지면서 밝아지고, 문 바깥의 표지판(Sign Board)에 Occupied(사용 중), Vacant(비어 있음)란 표시가 나타난다.
- 기내의 화장실은 금연구역이므로 절대로 담배를 피워서는 안 된다.
- 신발이나 양말을 벗고 통로를 돌아다니거나, 맨발을 자신의 앞좌석에 올려놓는 것은 무척 실례가 되는 행동이므로 반드시 금해야 한다.
- 기내는 기압이 낮아 술이 잘 취하므로 과음을 하지 않도록 한다.
- 기내에서 냄새 나는 음식을 개인적으로 준비해 와서 식사시간 외에 먹어서는 안 된다.
- 창가좌석이나 중간좌석에서 자리를 뜰 때는 옆 사람에게 불편을 주게 되므로 항상 "Excuse Me(실례합니다)," "Thank You(감사합니다)"란 말을 하는 것이 에티켓이다.
- 비행기가 목적지에 착륙하는 중 고객들이 먼저 나가려고 일어서서 짐을 챙기거나 하지 않도록 사전에 인지시켜 주어야 한다.

4) 목적지 국가의 입국장에서 업무

- 비행기에서 내린 후 우선적으로 인원파악과 여권소지 여부를 확인시킨다.
- 여행자에게 입국수속 서류를 배포하고 입국수속 과정을 돕는다.
- 입국심사에 앞서 여행자에 대한 검역신고를 받게 되는데, 일반적으로 예방접종 증명서를 보여주거나 기내에서 작성해 둔 검역서류를 제출하면 된다.
- 입국심사는 입국심사관에게 여권과 출입국카드를 제출하면 입국카드는 수거해 가고 여권에 입국 스탬프를 찍어준다. 인솔자가 제일 먼저 통과하여 대기하면서 여행자의 통과 여부를 확인하고, 입국심사를 마친 여행자에게 탁송수하물을 찾을 수 있는 턴테이블의 번호를 알려주고 안내한다.
- 모든 여행자가 입국심사대를 통과한 것을 확인한 후 여행자가 대기 중인 턴테이블로 이동하여 세관통과 불가능 품목과 과세대상 품목 소지여부를 재확인한다.
- 세관통과는 대부분의 공항에서 과세대상 품목을 소지한 여행자는 적색램프 심사대를 통과해야 하고, 면세대상의 여행자는 녹색램프 심사대를 통과하면 된다. 이때 과세대상 품목을 기내에서 나누어준 세관신고서에 정확히 기입해두어야 한다.
- 미국 · 캐나다 등의 국가에서는 입국심사가 매우 까다롭게 진행되므로 주의해야 한다.
- 탁송수하물이 도착하지 않았을 경우에는 항공사를 방문하여 항공사에 비치된 수하물일람표를 보고 수하물의 형태와 색상, 수하물표 이름, 수하물표 번호, 기타 특징과 함께 연락 가능한 호텔이름과 전화번호 등을 알려준다.
- 호주 · 뉴질랜드 입국 시에는 특히 음식물 반입이 매우 까다롭다. 음식물을 소지한 여행자는 세관신고서의 음식물 소지 여부란에 체크를 하고 적색 램프 심사대를 통과해야 한다.
- 필리핀 입국 시에는 부모 중 1명만 동반한 만 15세 미만 아동은 영문주민등록등본이 필요하고, 부모를 미동반할 경우에는 변호사 공증을 받은 부모동의서, 영문주민등록등본, 3,630페소(약 72,000원)의 입국수수료가 필요하다.
- 인도네시아 등 일부국가의 입국 시에는 여권 유효기간이 반드시 6개월 이상 남

아 있어야 입국이 가능하다.

- 현지 가이드와 미팅 후 차량으로 안전하게 이동시킨다.

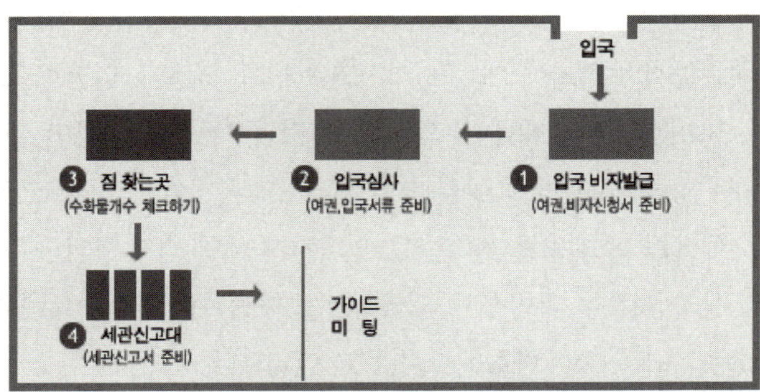

그림 7.7 입국절차

3. 목적지 국가에서의 업무

1) 관광버스 안에서의 업무

- 차량탑승 후 인원파악과 여권을 잘 보관할 수 있도록 안내한다.
- 장기간의 비행에 따른 건강이상 유무를 확인한다.
- 현지 가이드를 소개한다.
- 야간비행기 이용으로 도착시간이 늦은 저녁이나 새벽시간이면, 간단한 유의사항 안내 후 휴식을 취할 수 있게 배려한다.

2) 관광지에서의 업무

- 현지 가이드와 함께 여행자의 편의를 위해 노력하며, 이동 시에는 주로 뒤쪽에 위치하여 이탈여행자가 없도록 주의를 기울인다.
- 현지 가이드의 불성실한 안내를 감독하여 원만한 일정이 이루어질 수 있도록 한다.

- 여행자의 사진촬영을 돕는다.

3) 쇼핑센터에서의 업무

- 사전에 일정표에 포함되어 있는 쇼핑센터 외에는 방문을 금한다.
- 본인의 지나친 쇼핑과 쇼핑 강요 등을 금한다.
- 소수의 쇼핑을 위해 지나친 시간의 배려는 대다수의 여행자에게 피해를 줄 수 있으므로, 정확한 시간을 안내해주고 그 시간을 엄수한다.

4) 호텔에서의 업무

- 호텔에 도착하면 로비의 편안한 곳으로 안내하여 잠시 대기시킨다.
- 미리 준비해 간 입실명단을 지참하여 현지 가이드와 함께 체크인수속을 한다.
- 키를 수령하고 각 여행자의 방을 배정한 후 배정된 방번호와 기상시간, 조식시간, 호텔출발시간, 전화 거는 법, 인솔자 방번호 등을 입실명단Rooming List에 기입하여 복사 후 여행자에게 키와 함께 배포한다.
- 유료 TV와 미니바 사용에 관한 내용, 기상시간, 조식시간, 호텔 출발시간, 전화 거는 법, 조식식당 위치, 익일 관광을 위한 복장상태 등을 설명해준다.
- 여행자가 원할 경우 직접 방을 방문하여 유의사항을 설명해주는 것도 좋다.
- 귀중품은 안전금고Safety Box에 보관하도록 한다.
- 익일 아침 조식시간 이전에 사전 조식식당의 예약 여부를 확인하고 식당에서 대기하여 여행자를 맞는다.
- 호텔을 체크아웃 할 때에는 짐을 직접 가지고 로비로 모이는 것이 편리하며, 짐을 포터가 가지고 올 경우에는 짐 개수를 확인하여 차에 싣도록 한다. 아울러 여행자가 사용한 미니바 · 유료TV · 전화비 등을 정산하는 것을 돕는다.
- 조식 후 호텔을 출발할 때에는 여행자의 복장을 점검하여 관광에 이상이 없도록 조치한다(종교적인 장소를 방문할 경우에는 반바지 · 슬리퍼 등이 금지되어 있다).

호텔이용 시 주의사항

- 침대이용 시 침대커버를 벗기고 이불 속으로 들어간다. 간혹 침대 위에 그냥 자는 고객도 있다는 것을 참고하여 알려준다. 만약에 춥다면 벽장 속에 여분의 담요가 있는지 확인하고, 없다면 하우스키핑에 요구하면 된다.
- 유럽지역의 호텔들은 1층이 그라운드 플로어(Ground Floor)라고 하며, 2층이 1층이 된다. 보통 로비(Lobby)는 G층에 있다. 엘리베이터 이용 시에도 1이 아닌 G버튼을 눌러야 한다.
- 객실열쇠는 항상 휴대해야 한다. 대부분의 호텔이 문을 닫으면 자동으로 출입구가 잠기게 되어 있으므로, 외출 시에는 반드시 객실 열쇠나 카드를 키 박스에서 빼서 나가야 한다.
- 객실 내에서는 신발을 벗고 맨발로 다니지 않도록 한다.
- 객실청소원(Room Maid)을 위해 매일 객실 당 1달러 정도의 팁을 침대 옆의 탁자나 베개 위에 올려놓아야 한다.
- 복도에서 큰소리로 떠들거나 속옷차림으로 다니는 것은 금물이다.
- 호텔객실 내에서 음식물을 조리하거나 냄새가 많이 풍기는 김치 · 고추장 등의 음식을 먹지 않도록 한다.

4. 목적지 국가에서의 출국에서 귀국까지

1) 목적지 국가에서의 출국 업무

- 목적지 국가의 출국장에서는 현지 가이드의 수속 업무를 돕고 여행자가 편안하게 기다릴 수 있도록 배려한다. 그러나 필리핀공항 내에는 한국인 가이드가 들어갈 수 없으므로 인솔자가 직접 출국수속을 받아야 된다.
- 장기간의 여행으로 모든 여행자가 피곤해진 상태이므로 최대한 신속하게 수속하여 대기시간을 줄인다.
- 잃어버린 물건이 없는지 재확인한다.
- 귀국 시 인천공항에서 출국할 때와 똑같이 CIQ를 통과한 후 비행기에 탑승한다.

2) 목적지 국가에서의 귀국 업무

- 검역과 입국수속을 마치고 탁송수하물을 찾아 세관신고 후 출구로 빠져나온다. 보통 세관신고는 기내에서 작성한 세관신고서 제출로 끝나지만, 국외여행 시 구입물품이 600달러를 초과한 금액에 대해서는 관세가 부과되며, 신용카드로 600달러 이상 결재 및 인출 시에도 세관에 통보되어 주의해야 한다. 그리고 국내면

세점을 통해 상품을 구매하고 입국 시에도 합산이 됨을 유의해야 한다. 다만, 주류·담배·향수 등의 품목은 일정기준 이하로 추가면세가 가능하다.

- 모든 여행자들이 모이면 건강을 확인하고 무사히 귀국할 수 있도록 도와 준 여행자들의 협조에 감사를 표한다.
- 희망여행일의 경우 단체 리더의 노고에 대한 감사를 표한다.

표 7.6 우리나라 귀국 시 면세허용 범위

구 분	내 용
주류	1병(1리터 이하의 것으로서 해외취득가격 US$ 400 이하) : 1리터를 초과하는 주류는 전체에서 1리터를 공제하지 않고 전체 구입가격에 대해 과세
담배	200개피(1보루)
향수	2온스(약 60g)
재반입 물품	여행자가 우리나라에서 출국할 때 휴대반출을 확인받은 물품으로서 본인 입국 시 다시 반입하는 물품

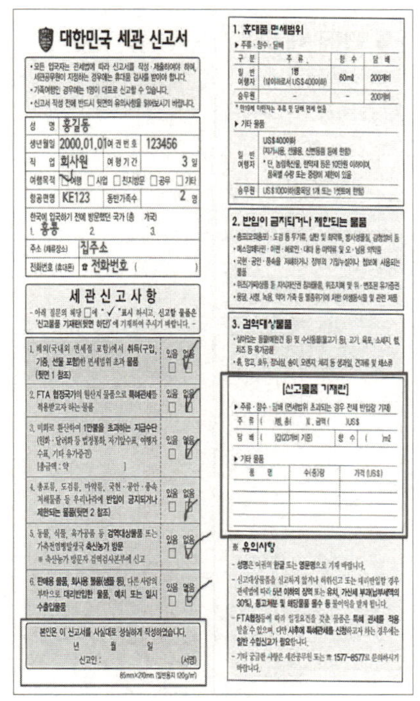

대한민국 세관 신고서

- 모든 입국자는 관세법에 따라 신고서를 작성·제출하여야 하며, 세관공무원이 지정하는 경우에는 휴대품 검사를 받아야 합니다.
- 가족여행인 경우에는 1명이 대표로 신고할 수 있습니다.
- 신고서 작성 전에 반드시 뒷면의 유의사항을 읽어보시기 바랍니다.

성 명	홍길동		
생년월일	2000.01.01	여권번호	123456
직 업	회사원	여행기간	3 일
여행목적	☑여행 □사업 □친지방문 □공무 □기타		
항공편명	KE123	동반가족수	2 명
한국에 입국하기 전에 방문했던 국가 (총 개국) 1. 홍콩 2. 3.			
주소 (체류장소)	집주소		
전화번호 (휴대폰)	☎ 전화번호 ( )		

세 관 신 고 사 항

- 아래 질문의 해당 □에 "✓"표시 하시고, 신고할 물품은 '신고물품 기재란(뒷면 하단)'에 기재하여 주시기 바랍니다. -

	있음	없음
1. 해외(국내외 면세점 포함)에서 취득(구입, 기증, 선물 포함)한 면세범위 초과 물품 (뒷면 1 참조)	□	☑
2. FTA 협정국가의 원산지 물품으로 특혜관세를 적용받고자 하는 물품	□	☑
3. 미화로 환산하여 1만불을 초과하는 지급수단 (원화·달러화 등 법정통화, 자기앞수표, 여행자수표, 기타 유가증권) [총금액 : 약]	□	☑
4. 총포류, 도검류, 마약류, 국헌·공안·풍속 저해물품 등 우리나라에 반입이 금지되거나 제한되는 물품(뒷면 2 참조)	□	☑
5. 동물, 식물, 육가공품 등 검역대상물품 또는 가축전염병발생국 축산농가 방문 ※ 축산농가 방문자 검역검사본부에 신고	□	☑
6. 판매용 물품, 회사용 물품(샘플 등), 다른 사람의 부탁으로 대리반입한 물품, 예치 또는 일시 수출입물품	□	☑

본인은 이 신고서를 사실대로 성실하게 작성하였습니다.
년 월 일
신고인 : (서명)

85mm×210mm (일반용지 120g/㎡)

1. 휴대품 면세범위

▶ 주류·향수·담배

구 분	주 류	향 수	담 배
일 반 여행자	1병 (1ℓ 이하로서 US$400 이하)	60mℓ	200개비
승무원	-	-	200개비

* 만19세 미만자는 주류 및 담배 면세 없음

▶ 기타 물품

일 반 여행자	US$400이하 (자가사용, 선물용, 신변용품 등에 한함) * 단, 농림축산물, 한약재 등은 10만원 이하이며, 품목별 수량 또는 중량에 제한이 있음
승무원	US$100이하(품목당 1개 또는 1셋트에 한함)

2. 반입이 금지되거나 제한되는 물품

- 총포(모의총포)·도검 등 무기류, 실탄 및 화약류, 방사성물질, 감청설비 등
- 메스암페타민·아편·헤로인·대마 등 마약류 및 오·남용 의약품
- 국헌·공안·풍속을 저해하거나 정부의 기밀누설이나 첩보에 사용되는 물품
- 위조(가짜상품) 등 지식재산권 침해물품, 위조지폐 및 위·변조된 유가증권
- 웅담, 사향, 녹용, 악어 가죽 등 멸종위기에 처한 야생동식물 및 관련 제품

3. 검역대상물품

- 살아있는 동물(애완견 등) 및 수산동물(물고기 등), 고기, 육포, 소세지, 햄, 치즈 등 육가공품
- 흙, 망고, 호두, 잣, 인삼, 송이, 오렌지, 체리 등 생과일, 견과류 및 채소류

[신고물품 기재란]

▶ 주류·향수·담배 (면세범위 초과되는 경우 전체 반입량 기재)

주 류	( )병, 총( )ℓ, 금액( )US$		
담 배	( )갑(20개비 기준)	향 수	( )mℓ

▶ 기타 물품

품 명	수(중)량	가격 (US$)

※ 유의사항

- 성명은 여권의 한글 또는 영문명으로 기재 바랍니다.
- 신고대상물품을 신고하지 않거나 허위신고 또는 대리반입할 경우 관세법에 따라 5년 이하의 징역 또는 유치, 가산세 부과(납부세액의 30%), 통고처분 및 해당물품 몰수 등 불이익을 받게 됩니다.
- FTA협정등에 따라 일정요건을 갖춘 물품은 특혜 관세를 적용 받을 수 있으며, 다만 사후에 특혜관세를 신청하고자 하는 경우에는 일반 수입신고가 필요합니다.
- 기타 궁금한 사항은 세관공무원 또는 ☎ 1577-8577로 문의하시기 바랍니다.

그림 7.8 대한민국 세관신고서 양식

대한민국 입국신고서 /ARRIVAL CARD ①
REPUBLIC OF KOREA IMMIGRATION SERVICE

한글성명 / Surname / 姓 漢字姓名
Given Names / 名
주민등록 뒷번호
남/MALE/男 M
여/FEMALE/女 F
국적 / Nationality / 國籍
여권번호 / Passport No. / 旅券番號
한국내 주소 / Address in Korea / 韓國內 住所
(Tel:)
직업·직장명 / Occupation / 職業
여행목적 / Purpose of visit / 旅行目的
Last City / Port of Boarding
Flight No. / Vessel on Arrival
Official Use Only
서명 / Signature / 署名
XXA15576094E
심사인

대한민국 출국신고서 /DEPARTURE CARD ②
REPUBLIC OF KOREA IMMIGRATION SERVICE
REFER TO THE BACK HOW TO FILL UP

한글성명 / Surname / 姓 漢字姓名
Given Names / 名
주민등록 뒷번호
남/MALE/男 M
여/FEMALE/女 F
국적 / Nationality / 國籍
여권번호 / Passport No. / 旅券番號
한국내 주소 / Address in Korea / 韓國內 住所
(Tel:)
직업·직장명 / Occupation / 職業
여행목적 / Purpose of visit / 旅行目的
Next City / Port of Landing
Flight No. / Vessel on Departure
Official Use Only
서명 / Signature / 署名
XXA15576094D
심사인

그림 7.9 대한민국 출입국신고서

검역설문표

HEALTH QUESTIONNAIRE

년 월 일
Date _____. _____. _____

이것은 검역절차를 간소화하기 위한 것이오니 정확하게 기입하여 주십시오.
You are kindly requested to complete this form to facilitate the Quarantine Procedures.

편명
Flight No.______________

성명
Name in full______________

주민등록번호
(Korean Only)___________-___________

국적
Nationality______________

성별(남, 여)
Sex(Male, Female)

연령
Age______________

한국 내 주소
Contact Address or the hotel in Korea

전화
Tel.

과거 1주일 동안의 체재국명을 기입하여 주십시오.
Please describe the countries where you stayed during past 7 days before arrival.

과거 1주 동안에 아래 증상이 있었으면 해당란에 「V」 표시를 하여 주십시오.
Please put a mark 「V」, if you have or have any of the following symptoms during pass 7 days before arrival.

설사(하리)
□
Diarrhea

구토
□
Vomiting ain

복통
□
Abdominal p

발열
□
fever

국 립 서 울 검 역 소
Seoul National Quarantine
Station in Republic of Korea

그림 7.10 검역설문표

표 7.7 우리나라 세관의 신고대상물품

세관 신고대상물품	내 용
면세범위를 초과하는 물품	• 해외취득가액 합계액 US$400 초과물품
규정 이상의 현금	• 미화 1만 달러 상당을 초과하는 외화 또는 원화
통관이 제한되는 물품	• 총포, 도검, 화약류단속법에 규제하는 물품 • 마약법 및 향정신성 의약품 • 동물(고기 · 가죽 · 털 포함) · 식물 · 과일채소류 등 농림축수산물 및 기타 식품류 • 멸종위기에 처한 야생동식물 • 위조지폐 및 위 · 변조된 유가증권
수입이 금지되는 물품	• 국헌을 문란하게 하거나 공안 또는 풍속을 해할 물건 • 정부의 기밀을 누설하거나 첩보에 공하는 물품 • 화폐, 지폐, 은행권, 채권, 기타 유가증권의 위조품, 변조품, 모조품

5. 귀국 후의 업무

- 여행자를 환송하고 난 후 즉시 여행사의 담당자에게 귀국이상 유무를 구두로 보고하고, 다음날 출근하여 출장보고서를 작성하여 서면 보고한다.
- 선택관광 · 쇼핑에 대한 수수료 및 돌발상황 발생으로 인한 특별지출금에 대한 영수증 첨부와 함께 정산서를 작성 · 제출한다.
- 여행자에게 안부전화와 사진교환은 물론 여행자와의 지속적인 관계 및 친목관계 유지를 위해 지속적인 고객관리를 한다.

<table>
<tr><td colspan="6" rowspan="2">T/E 출장보고서
(아주좋음 : VG, 좋음 : G, 보통 : S, 나쁨 : P, 아주 나쁨 : VP)</td><td colspan="2">담당</td><td colspan="2">팀장</td><td colspan="2">이사</td><td colspan="2">대표이사</td></tr>
<tr><td colspan="2"></td><td colspan="2"></td><td colspan="2"></td><td colspan="2"></td></tr>
<tr><td colspan="2">행사번호 및 상품코드</td><td colspan="4"></td><td colspan="2">행사기간</td><td colspan="6"></td></tr>
<tr><td colspan="2">인솔자</td><td colspan="4"></td><td colspan="2">행사인원</td><td colspan="6"></td></tr>
<tr><td colspan="2">구분/지역(기간)</td><td colspan="4">1</td><td colspan="4">2</td><td colspan="4">3</td></tr>
<tr><td rowspan="3">호텔</td><td>호텔명 및 등급</td><td colspan="4"></td><td colspan="4"></td><td colspan="4"></td></tr>
<tr><td>부대시설</td><td colspan="4"></td><td colspan="4"></td><td colspan="4"></td></tr>
<tr><td>SVC 수준/만족도</td><td colspan="2"></td><td colspan="2"></td><td colspan="2"></td><td colspan="2"></td><td colspan="2"></td><td colspan="2"></td></tr>
<tr><td rowspan="7">식당</td><td rowspan="7">• 구분 : 조/중/석
• 식당명
• 종류 : 한식/현지식/뷔페 등
• 식사순서대로 기록</td><td>구분</td><td>식당명</td><td>종류</td><td>평가</td><td>구분</td><td>식당명</td><td>종류</td><td>평가</td><td>구분</td><td>식당명</td><td>종류</td><td>평가</td></tr>
<tr><td></td><td></td><td></td><td></td><td></td><td></td><td></td><td></td><td></td><td></td><td></td><td></td></tr>
<tr><td></td><td></td><td></td><td></td><td></td><td></td><td></td><td></td><td></td><td></td><td></td><td></td></tr>
<tr><td></td><td></td><td></td><td></td><td></td><td></td><td></td><td></td><td></td><td></td><td></td><td></td></tr>
<tr><td></td><td></td><td></td><td></td><td></td><td></td><td></td><td></td><td></td><td></td><td></td><td></td></tr>
<tr><td></td><td></td><td></td><td></td><td></td><td></td><td></td><td></td><td></td><td></td><td></td><td></td></tr>
<tr><td></td><td></td><td></td><td></td><td></td><td></td><td></td><td></td><td></td><td></td><td></td><td></td></tr>
<tr><td rowspan="3">가이드</td><td>성명 및 성별</td><td></td><td></td><td></td><td></td><td></td><td></td><td></td><td></td><td></td><td></td><td></td><td></td></tr>
<tr><td>업무지식/성실도</td><td></td><td></td><td></td><td></td><td></td><td></td><td></td><td></td><td></td><td></td><td></td><td></td></tr>
<tr><td>차종 및 만족도</td><td></td><td></td><td></td><td></td><td></td><td></td><td></td><td></td><td></td><td></td><td></td><td></td></tr>
<tr><td colspan="2">현지사명 및 행사준비상태</td><td></td><td></td><td></td><td></td><td></td><td></td><td></td><td></td><td></td><td></td><td></td><td></td></tr>
<tr><td colspan="2">MEETING BOARD 사용</td><td></td><td></td><td></td><td></td><td></td><td></td><td></td><td></td><td></td><td></td><td></td><td></td></tr>
<tr><td colspan="14">※ 특이사항 및 인솔자 의견(특별한 내용은 별도용지를 사용하여 첨부 요망) :</td></tr>
<tr><td colspan="14">※ 수배과 의견 :</td></tr>
</table>

그림 7.11 T/E 출장보고서

출국 전 국내 면세점 쇼핑 이용방법

비행 출발시간보다 넉넉히 시간여유를 두고 공항에 도착한다고 해도 항공 카운터가 열리는 시간이 정해져 있기 때문에 공항면세점을 이용하기에는 무리가 따릅니다. 좀 더 여유만만하게 면세점을 이용할 수 있는 방법은 없을까요? 물론 있습니다. 면세점은 공항에만 있는 게 아니니까요. 국내 도심에 있는 면세점을 이용하시면 백화점에서처럼 느긋하게. 그 대신 가격은 훨씬 저렴하게 구입할 수 있습니다. 시내에 있는 면세점에서 쇼핑할 경우 출국일 최소 6시간 전까지 구매가 가능합니다만, 공항까지의 물품배송시간에 따라 약간의 편차가 생기기 때문에 적어도 반나절 이전에 구매하는 게 안전합니다.

일반적으로 면세품 구입은 꼭 항공권이 나온 후 살 수 있다고 생각하기 쉬우나, 출국일 한 달 전부터 출국일 전일까지 쇼핑이 가능합니다. 물품대금은 원화 · 미화 · 엔화 및 국제 신용카드로 결재할 수 있습니다. 시내 면세점에서는 구입한 물품을 그 자리에서 수령할 수 없기 때문에 물품대금을 지불한 후 공항에서 물품교환증과 여권을 제시하고 물품을 수령하게 됩니다. 이 때 구매자와 출국자는 반드시 동일인이어야 하며 구매자 실명, 주민등록번호, 여권번호는 출국하는 사람과 물건을 인도하는 사람의 것이 일치해야 합니다. 구매자와 출국자가 상이한 경우 상품인도가 불가능하므로 반드시 확인하도록 하세요. 인도장에서 상품을 수령할 때 필요한 서류는 주문완료 시의 주문번호 확인 페이지 사본 또는 주문번호 메모, 출국자의 여권 등입니다.

여행자 1인당 총면세품 구입금액이 $3,000을 넘어서는 안 되며, 시계 등의 고가품은 물건 1개당 $400을 넘어서는 안 됩니다. $3,000을 초과하여 물품을 반입하는 경우, 비록 출국 시 국내 면세점에서 구입한 물품일지라도 세관에 반드시 신고하여 관세를 납부해야 합니다. 위 사항을 위반할 시에는 관세법 규정에 의거해 처벌받게 됩니다. 또한 면세점 판매물품을 구입한 사람의 인적사항 및 구매내역 등은 관세청에서 운영하는 전산시스템에 기록 · 관리되고 있으며, 미화 3,000달러를 초과하여 면세물품을 구입한 여행자에 대해서는 관세청에서 보유하고 있는 전산자료에 근거하여 입국 시에 세관으로부터 검사를 받게 될 수 있음을 유의하셔야 합니다.

※ 유의사항

시내 면세점에서 구매한 물건을 출국당일 출국수속을 마친 후 공항 내 물품 찾는 구역에서 교환증과 여권확인 후 물품을 받을 수 있게 됩니다. 입국 시에는 면세점으로 들어갈 수 없으므로 탑승시간이 촉박하더라도 들어가서 꼭 면세품 먼저 수령하도록 하세요.

인터넷면세점 이용방법

요즘은 각 면세점별로 인터넷면세점을 운영하고 있어 더 저렴한 가격으로 쇼핑을 즐길 수 있습니다. 단점은 매장에서보다 브랜드 종류나 물품 종류가 다양하지 못하다는 것인데, 가격적인 면에서는 시내 면세점이나 공항보다 더 저렴합니다. 더군다나 세일기간에는 세일할인율까지 더해 평소 백화점에서 구매하는 금액보다 훨씬 싸게 구매할 수 있습니다. 이용방법은 보통 인터넷 쇼핑몰에서처럼 회원가입하고 구매하면 되는데, 구매 시 기입란에 여권번호와 출국날짜 · 항공편명 등을 기입해야 합니다. 물품수령은 시내 면세점에서 구입할 때와 같이 공항의 물품 찾는 구역에서 찾으면 됩니다. 시내 면세점에 가서 쇼핑할 시간이 없는 분들 같은 경우 매우 유용하게 이용할 수 있습니다.

여행 중 사고 및 위기관리

제1절 여행 중 사고 및 위기관리

1. 출국 전 사고를 대비한 준비

여행 중에는 항상 크고 작은 사고가 발생될 수도 있다. 불의의 사고는 여행계획에 심각한 차질을 발생시키며, 경우에 따라서는 막대한 시간적 · 경제적 손실을 입힐 수도 있으므로 사전에 예방하는 것이 중요하다. 또한 출국 전 사고를 대비한 철저한 준비는 피해를 최소화시킬 수 있다.

여행출발 전 따로 메모하여 보관해두면 사고발생 시 유용한 사항들이다.

필수 메모사항

- 여권 · 비자번호와 발급일 및 만료일(사본을 준비하는 것이 좋다)
- 항공권번호 및 발권일, 발권처, 해당 항공사 목적지 내 지점의 연락처
- 신용카드번호, 분실신고 전화번호
- 여행자수표의 일련번호 및 발급일, 발급은행의 목적지 내 지점과 한국의 연락처
- 목적지의 한국공관 연락처
- 외교부 긴급콜센터
- 여행자보험 증권번호와 보험사 긴급콜센터
- 목적지의 숙소 및 식당의 연락처
- 목적지의 안내원이 있을 경우에는 가이드 및 현지여행사의 비상연락망

2. 여행 중 사고예방을 위한 행동지침

여행지에서의 모든 사고는 여행자가 조금만 주의를 기울여도 예방이 가능하다. 다음은 사고예방을 위한 여행자의 행동지침이다.

- 두툼한 지갑과 지갑 속의 많은 현금은 범죄의 표적이 된다. 가능한 여행자수표를 이용하는 것이 좋고, 부득이 많은 현금을 소지하게 되면 나누어서 소지한다.

- 관광지 · 쇼핑센터 등에서 과소비는 범죄의 표적이 된다. 알뜰한 지출로 범죄의 표적이 되지 않게 행동해야 한다.
- 화려한 복장과 고가의 시계 · 목걸이 · 반지 등은 착용하지 않는 것이 좋다.
- 장지갑을 소지한 경우에는 주머니 밖으로 일부가 나오지 않도록 주의한다.
- 숙박시설 내에서는 잠금장치를 철저히 하여 밖에서 문을 개방할 수 없도록 하고, 손전등 · 밧줄 등의 안전장비의 위치와 비상탈출구의 위치를 확인해둔다.
- 저층의 방을 배정받았을 경우 창문단속을 철저히 해야 한다.
- 호텔투숙 시 현금 · 귀중품 등은 사전에 안전금고Safety Box를 이용한다.
- 손가방을 비롯한 모든 가방에는 영문이름표와 연락 가능한 전화번호를 적어 부착시켜 둔다.
- 밤에는 가급적 외출을 삼가고, 부득이 외출할 경우에는 어두운 골목길을 가지 말아야 하며, 호텔카드를 소지하여 길을 잃어버릴 경우를 대비해야 한다.

철저한 사고예방에도 불구하고 불의의 사고를 당했을 경우에는 신속하게 조치를 하여 손실을 최소화시켜야 한다. 다음은 여행 중 사고를 당했을 경우 대책을 보여주고 있다.

제2절 도난 분실사고

1. 분실 및 도난사고

1) 여권 분실 시

여권을 분실했을 경우에는 즉시 해당국가의 경찰서 및 한국대사관 · 영사관 등의 재외한국공관에 신고하여 분실여권이 범죄에 이용되지 않도록 조치한다. 아울러 한국공관에서 여권을 재발급받아야 하며, 여권 사본과 여권용 사진 2매, 현지 경찰서에서 발행한 여권분실신고서와 발급비용 등이 필요하다. 그러나 단기여행자의 경우에는 대부분 여권대용으로 사용할 수 있는 여행증명서를 발급해주며, 귀국 후에는 반드시 여권발급처에 반납 후 여권을 재발급받아야 한다.

여행증명서 발급에는 여권 사본과 여권용 사진 2장이 필요하다. 따라서 국외여행 시에는 여권 사본과 여권용 사진 2장을 준비하여 여권을 분실했을 경우를 대비해야 한다.

2) 항공권 분실 시

대부분 기존의 종이항공권Paper Ticket에서 전자항공권E-ticket으로 바뀌어 항공권을 분실해도 재발급을 손쉽게 받을 수 있다. 티켓구입처에 연락하여 이메일로 다시 전송을 받으면 된다. 출국 전에 티켓을 이메일로 전송받아서 저장해두면 해외에서 티켓을 분실했을 경우 유용하게 사용할 수도 있다. 그러나 종이항공권을 분실했을 경우에는 해당 항공사의 지점을 찾아가서 분실신고를 하고 재발급을 받아야 한다. 이 때 항공권의 번호와 발급일 · 발급처 등을 알고 있어야 되며, 재발급수수료를 받는 항공사도 있다. 종이항공권일 경우에는 사전에 항공권을 복사해두는 것이 좋다.

3) 항공탁송수하물 분실 시

항공편을 이용하여 여행을 하다보면 간혹 탁송수하물이 도착하지 않고 분실되는 경우가 있다. 이런 경우에는 해당 항공사에 수화물 인환권Baggage Claim Tag을 제시하고 분실신고와 함께 연락처를 알려주면 된다.

분실수하물을 빨리 찾아낸 경우에는 여행 중 항공사로부터 전달받을 수도 있으나, 대부분은 단기간의 여행을 마치고 귀국 후에나 수하물을 되찾게 된다. 수하물이 분실된 경우 대부분 항공회사가 적용하고 있는 바르샤바조약에 따라 1kg당 20달러의 보상을 받게 되며, 무료 탁송수화물의 허용중량인 20kg으로 환산하여 최대 400달러까지 보상받을 수 있다.

4) 신용카드 분실 시

신용카드를 분실한 경우, 확인한 즉시 해당 카드사나 은행에 분실신고를 해야 한다. 카드사에서는 주민등록번호 또는 카드번호를 확인한 후 해당 카드번호를 취소시켜 타인의 불법사용을 방지해야 한다.

5) 여행자수표 분실 시

현금을 분실했을 경우에는 전혀 보상을 받을 수 없지만, 여행자수표TC : Traveler's Check는 보상을 받을 수 있다. 보통 여행자수표를 발급받았을 때 은행에서는 여행자수표의 일련번호와 해당 은행의 전 세계 지점 전화번호 일람표를 영수증과 함께 준다. 여행자수표를 분실했을 경우에는 즉시 해당은행에 전화를 하여 여행자수표 일련번호 등으로 분실신고를 하면 된다. 이 때 주의할 점은 여행자수표의 윗부분과 아랫부분의 2곳에 있는 서명란에 모두 서명을 해둔 것은 보상의 대상에서 제외된다. 반드시 윗부분에 서명을 해두고, 사용할 때마다 아랫부분에 서명을 해야 한다. 2곳의 서명이 일치하지 않으면 사용이 불가능하다. 그림 8.1이 여행자수표이다.

그림 8.1 여행자수표

6) 짐 도난사고 시

여행 중 가장 빈번하게 발생되는 사고가 짐 도난사고이다. 짐 도난을 당했을 경우에는 현지 경찰서에 신고하여 짐 도난사고에 대한 경찰확인서를 받아야 한다. 귀국 후 경찰확인서를 여행자보험을 가입했던 보험사에 제출하면 보상을 받을 수 있다. 그러나 도난당한 물건의 전액을 보상받는 것이 아니라, 물건 1점당 보상한도액과 보험가입액에 따른 보상한도액이 있으므로 도난당하지 않도록 세심한 주의를 기울이는 것이 좋다. 본인의 과실에 의한 분실사고에 대해서는 여행자보험의 보상에서 제외된다.

2. 질병과 교통사고

1) 환자발생 시

환자가 발생하면 최대한 빨리 병원으로 이송시키거나 의사를 불러 정확한 진찰을 받게 해야 한다. 긴급환자일 경우에는 응급조치도 중요하다. 일반적으로 여행자는 의료보험이 적용되지 않으므로 고가의 치료비를 지불하게 되는데, 의사진단서(소견서)와 치료비영수증을 발급받아 귀국 후 해당 여행자보험사에 신청하면 치료비한도액 내에서 전액 지급되도록 노력해야 한다.

2) 교통사고 발생 시

여행자가 운전 중 발생하는 교통사고는 대부분 양방과실로 책임한계를 따지게 되는데, 언어소통 문제로 예상하지 못한 상황이 벌어질 수도 있다. 사고 즉시 경찰서와 렌터카회사에 신고하고 사고현장 사진을 찍어두는 것이 좋다. 대형사고 등 사건사고와 관련하여 재외공관에 도움을 청하는 것이 좋다.

국내여행안내 및 관광상품개발

제1절 국내여행안내

1. 국내여행안내의 개념

국내여행안내는 우리나라를 여행하는 외래관광객을 대상으로 안전하고 즐겁게 여행할 수 있도록 편의를 제공하고 국내여행안내 행사지시서 확인, 국내여행안내 행사준비, 영접, 차량탑승 후 오리엔테이션, 관광자원 해설, 국내여행안내 행사진행, 국내여행안내 위기관리, 국내여행안내 고객만족관리, 환송, 국내여행안내 정산·보고를 하는 업무를 한다.

국내여행안내인 경우, 장소와 누구를 대상으로 생각하고 행동할 뿐 해외여행안내와 별다른 차이가 없다. 그러나 대상지가 해외가 아닌 국내인 만큼 국내여행안내 시 더 신중히 할 필요가 있다. 더욱이 유홍준 교수가 『나의 문화유산 답사기』에서 말한 것처럼 "아는 만큼 보인다."라는 말을 되새기면서 해당 업무에 임할 필요가 있다.

2. 국내여행 행사지침

1) 여행안내의 원칙

여행안내란, 단순히 사실적 정보를 전달하기보다는 원(原) 대상을 사용하거나, 매체 설명에 의하거나, 직접 경험에 의해서 그 의미와 관계를 나타내고자 하는 교육적 활동이다. Tilden(1957)이 말하는 원(原) 대상이란, 여행객들이 만날 수 있는 자원과 자료를 모두 지칭하는 용어이다. 예를 들면, 박물관 안내자에게는 미술품이 원 대상이 될 수가 있고, 공원 안내자에게는 새롭게 자란 사슴의 뿔이 원 대상이 되며, 관광가이드에게는 기념건물이나 건축양식이 원 대상이 될 수 있다. Tilden은 효과적인 여행안내를 위해 6가지의 원칙을 제안하였다.

- 보여주거나 이야기되는 것이 여행객의 개성이나 경험 내부에 있는 것과 관련이 없는 안내는 효과가 없다.
- 정보 제공은 안내가 아니다. 안내는 정보에 기초하여 실현된다. 그러나 이들은 적으로 별개의 것이다. 그러나 모든 안내는 정보를 포함한다.
- 안내 대상이 과학이든, 역사이든, 건축이든 간에 안내는 여러 기술들이 종합된 하나의 기술이다. 어떤 기술이든 어느 정도까지는 가르칠 수 있다.
- 안내의 주요 목적은 가르침이 아니라 자극을 주는 것이다.
- 안내는 부분이 아니라 전체를 설명하도록 해야 하며, 일부 사람보다 전체 단원에게 말해야 한다.
- 12살까지의 어린이들을 상대로 하는 안내는 성인을 상대로 하는 안내와 다른 방법을 따라야 한다. 가장 훌륭한 것이 되려면 별도의 프로그램이 필요하다.

2) 여행 안내사로서의 원칙

투어와 안내를 감동적이고 황홀하게 만드는 것은 무엇인지, 무미건조하고 재미없게 만드는 것은 무엇인지 여행 안내사로서 어떻게 하면 생동감 있고 고객의 흥미를 유발할 수 있는가를 고민해야 한다. 재미있고 기억이 될 만한 안내를 가능하게 하는 규칙은 없지만, 그러한 능력을 키울 수 있는 기법은 있다. 어떤 경우라도 안내사는 방문객들의 관심과 기분에 대응해야 하고, 필요한 경우 여행 코스를 바꿀 수 있는 문제 해결능력이 있어야 한다. 이러한 능력들은 다음의 안내사로서의 태도를 갖추면서 함양될 수 있다.

- 안내장소와 주제에 대한 열정을 가져라. 안내사는 안내장소의 모든 부분을 생동감 있게 안내할 필요는 없지만, 보다 많은 사람들과 공유하고자 하는 열정을 가지면 여행객으로 하여금 그 장소를 다시 방문하고자 하는 마음을 확대시킬 수 있다. 열정이 있는 안내사를 만나는 여행객은 그 장소에 대해 더 많은 것을 배우려고 할 것이다.

- 인간에 대한 열정을 가져라. 여행객에게 진정으로 관심이 있는 안내사는 더 많이 배우려 하고 그들이 여행하는 이유를 알아내며, 전에 여행을 즐긴 곳은 어디이고 그들의 관심은 무엇인가를 발견해 낸다. 이렇게 함으로써 가이드는 여행객을 그 장소로 더욱 끌어들일 수 있으며, 그들로 하여금 만족감을 느끼게 할 수 있다.
- 관광지와 경험 간의 관계를 증진시켜라. 여행객이 방문지의 역사에 대해 자신들의 경험과 연관 짓고 관심을 가질 수 있도록 한다.
- 정보제공보다 안내를 실시하라. 많은 안내사와 해설사들은 정보제공을 안내라고 잘못 생각하고 있다. 그래서 '걸어다니는 백과사전'이라고 불리는 것이 안내사로서의 최고의 평가라고 생각한다. 사실 정보제공은 안내사의 한 구성요인에 불과한 것이다. 효과적인 안내는 정보를 뽑고 선별하는 일이다.
- 여행객과의 필요한 거리를 유지하도록 한다. 안내사는 관광객이 그 지역에서 알게 된 유일한 사람일 경우가 많다. 따라서 관광객에게 안내사의 개인적인 감정과 견해가 여행의 가장 중요한 부분이 될 것이다. 또한 가이드로서 고객과의 균형을 유지하는 방법을 배우는 것이 중요하다. 너무 개인적이거나 너무 친해지면 전문적이지 못하다고 인식될 수 있기 때문이다.
- 장소와 사람을 살아나게 이야기하는 능력이 있어야 한다. 진실됨과 정확성은 모든 안내사들에게는 필수적인 덕목이다. 따라서 의도적으로 잘못 알려주어서는 안 되지만, 안내사가 장소에 담긴 설화나 전설을 말하는 것이 실체적인 사실에만 매달리는 것보다 의미가 있다.
- 방문객들을 대화에 참여하게 하는 능력이 있어야 한다. 안내사는 여행객들에게 질문을 함으로써 안내기술을 향상시킬 수 있다. "이건 어떤 건축 양식입니까?"라는 인지기억 질문을 할 수가 있다. 또한 "이것은 저것과 어떻게 비슷합니까?"라는 집중적인 질문을 할 수도 있다. "최초 식민지 사람들은 어떤 종류의 품목을 이 배에다 실었겠습니까?"라는 가정과 추리를 유도하는 질문을 던질 수도 있다. 그리고 마지막으로 "만약 당신이 과거로 돌아간다면 어떻게 행동하겠습니까? 왜 그렇게 하시겠습니까?"라는 판단을 하게하고 견해를 내놓을 수 있는 질문을 해

보도록 한다.

- 사려 깊은 유머를 사용하도록 한다. 유머는 가장 효과적이고 세계적으로 소통되는 소통수단이다. 하지만 유머를 사용하는 경우에는 인종, 다른 지역의 언어나 관습을 경시하지 않도록 해야 한다.
- 분명한 언어를 구사하라. 안내사는 적절한 단어를 사용하여 여행객을 현실에서 상상의 세계로 그림을 그리게 할 수도 있다. 적절한 단어를 사용한다는 것은 어린아이도 이해할 수 있는 단어를 사용하는 여행안내 시 분명한 언어를 구사하는 것이다.
- 침묵해야 할 때를 알아야 한다. 때로는 가장 적절하고 강력한 안내는 침묵이다. 침묵은 여행객에게 스스로 방문지를 받아들이고 평가하는 시간과 장소를 제공한다. 또한 침묵은 여행객들로 하여금 정신적으로 쉴 수 있게 해 주며, 여행지에서 자기 시간을 갖게 하여 스스로를 돌아볼 수 있게 해 준다. 침묵은 안내가 없다는 것이 아니라 안내의 중요한 부분인 것이다. 특히, 묘지나 성당 같은 곳에서는 안내를 삼가고 슬픔과 기도의 조용한 장소로 만들어주어야 한다.
- 멈출 때를 알아야 한다. 안내사가 알고 있는 모든 것을 다 전달하려고 하는 경우에 여행객들이 정보 과잉으로 고통을 받을 수도 있다. 따라서 더 많은 정보를 전달하기 위해 질문을 함으로써 참여를 높일 수 있도록 해야 한다.
- 배움에 참여하라. 현명하고 생명력 있는 안내사가 되기 위해 다양한 지식을 쌓아야 한다. 안내할 관광지에 대한 정보를 얻기 위해 픽션, 에세이, 시 혹은 백과사전을 활용하는 것도 고려해야 한다.

3) 여행 안내사로서의 지침

국내여행안내사(관광통역사 포함)는 여행의 출발에서부터 도착하기까지 전 행사 과정을 관장하는 책임을 맡은 사람으로서 확정된 행사 일정의 원만한 진행과 고객들의 안전을 도모하는 임무를 수행한다. 또한 행사 중 필요한 정보 및 자료를 수집 · 보고하고 고객의 의견을 수렴하여 서비스 개선에 반영하는 일은 고객의 재창출이라는 중요한 임무로 연결된다. 국내여행 행사를 담당하는 중에 무성의한 진행이나 현지에서의 무리한 쇼핑, 선택관광 강요 등을 통제하지 못하여 고객불만이 초래된다면 여행사의 이미지손상 및 배상은 물론 고객을 잃게 되는 결과를 초래한다. 따라서 고객들의 요구나 불만 등을 합리적이고 빠르게 해결할 수 있도록 여행사의 지침을 명확하게 숙지하도록 한다. 행사를 진행하기 위한 안내사의 업무는 여행 출발 전 버스 확인, 여행 중 집결지에서 미팅, 목적지로 이동 시 버스 또는 공항과 기내에서, 목적지 도착 후 공항에서, 호텔 체크인, 회사에 보고해야 하는 상황, 식당에서, 취침 전, 호텔 체크아웃, 호텔에서 관광지로 이동 시, 출발지로의 귀환, 여행 행사완료에 걸쳐 진행된다. 다음 표 9.1에서 제시되는 내용은 국내여행뿐만 아니라 국외여행 시도 유사한 개념이다.

표 9.1 국내여행의 행사지침

상 황	내 용
버스 확인	차량회사 및 번호 확인, 주차장소 파악, 차내 청소, 마이크상태 확인, 승차시간 및 개략적인 일정 통보, 운전사와 차량 이동코스 협의
미팅	여행 출발장소에서 단체명이나 여행사명이 기재된 표지판을 들고 영접, 여행 인원수 확인, 모두 도착하면 일정한 장소로 유도, 화장실 사용 등 기타용무 확인 후 수화물을 정리하고 버스로 안내
버스에서	전원 및 전체 수화물 탑재여부 확인, 단체의 경우 리더의 인사기회 제공, 안내원 자신 및 운전기사 등 인사 후 행사 Manual Kits(준비해 둔 일정표, 배지, 지도 등) 배포, 리더와 일정 협의 등
관광지로의 이동	여행지의 전반적인 사항을 간단히 소개하고 여행 시의 주의사항 안내, 여행일정 소개 및 익일 일정 확인, 투숙호텔 위치 및 주변의 지리적 특성과 외출 시 유의사항 안내
국내항공 이용 시 출발공항에서	출발시간 1시간 전에 공항에 도착, 항공사에서 블럭시트를 미리 배정받고, 여행객이 집합하면 수화물의 유무 및 취급주의 품목을 확인한 후 탁송화물과 수화물로 분리, 항공권을 항공사의 카운터에 제출하고 탑승권을 교부받고 탁송화물을 탁송한 후 수하물 꼬리표를 수령, 손님을 탑승게이트로 안내하여 출발 20분 전까지 탑승 요청
기내에서	배정받은 좌석으로 안내하고, 동행이 떨어진 경우 항공기 이륙 후 정상 고도를 유지하면 함께 앉을 수 있도록 조정, 기내시설 및 기내서비스에 대해 설명, 운항승무원들과 협조체제를 유지하면서 불편사항 해소
도착공항에서	목적지까지 착륙하면 항공기가 계류장에 완전히 도착할 때까지 착석하도록 안내하고, 분실물이 없도록 확인시킨 후 안전하게 내리도록 유도, 수화물 확인 후 포터를 이용하여 짐을 운반시키고 노약자나 어린이는 도와줌. 대합실에서 현지 가이드나 여행사 직원과 미팅하여 버스에 탑승하도록 안내하고(다시 짐과 인원수 확인), 리더 및 오거나이저가 있으면 도착인사를 시킨 후 가이드 소개 * 일반적으로 국내의 현지가이드는 없는 경우가 많음

상 황	내 용
호텔 체크인	객실배정(고령자는 승강기에서 가까운 방으로 배정), 전화 사용법안내, 식당 위치 및 부대시설 이용(안전금고, 수영장, 사우나 등) 안내, 조식쿠폰 배부, 포터를 통해 수화물 운반 후 객실상태 확인, 다음 집합장소 및 시간안내, 운전사와 익일일정 확인 및 협조사항 협의, 투숙객 명부를 작성 후 호텔측에 전달, 모닝콜 및 조식 확인
회사보고	인원 및 사용객실수 보고, 일정변경 시 보고, 고객의 문제점(환자 발생 등), 다음날 차량배치 등 확인, 선택관광 판매보고, 항공기 이용 시 항공편 재확인
식당	예약 및 좌석과 메뉴 확인, 음료대의 지불관계 확인, 음식 서빙순서 확인 및 디저트 확인, 추가요리의 지불관계 확인 및 식사법 설명
취침 전	모든 고객에게 객실통보 및 긴급연락망 안내, 다음날 일정의 최종 확인
호텔 체크아웃	모닝콜 30분 전 기상, 식당 및 메뉴와 좌석 확인, 식당안내, 버스도착 확인, 출발시각 통보, 고객 불편사항 및 객실 내 귀중품 분실물 확인
호텔에서 관광지로	버스점검 및 음료, 냉난방 확인, 관광지로의 차량 이동코스 협의, 인원파악, 관광지까지의 이동거리 및 시간안내, 관광지 소개
귀환	일반적으로 출발지로 귀환, 환송인사, 회사에 행사종료 보고
헝사완료	이미 작성된 행사계획서와 행사 안내일지에 따라 행사가 잘 진행되었는지를 확인하고 영수증 및 정산서 제출

4) 국내여행 행사 중 기록이 필요한 내용파악

여헝 행사 중 기록이 필요한 내용은 운송·숙박서비스를 비롯하여 여정을 구성하는 기타의 여행서비스나 수배상황이다. 일반적으로 여행서비스의 예약이나 수배 등은 안내사 자신이 하는 것이 아니기 때문에, 행사 중 기록이 필요한 내용을 파악하기 위해서는 여행의 내용을 충분히 숙지해야 한다. 국내여행 행사를 위해 사전에 파악해야 하는 내용은 다음과 같다.

표 9.2 국내여행의 출발 전 확인사항

상 황	내 용
여행계약내용과 여행조건	• 모집을 위한 팸플릿, 광고 등의 기재사항 • 계약성립 조건 • 계약책임자의 의향
여행일정과 수배내용	• 최종일정 확인 : 관광단에게 기존의 여행일정과 내용의 변화가 있는 여정을 파악해야 한다. 특히 시간적 요소를 주요 포인트로 호텔의 체크아웃시간이나 비행스케줄을 확인하여 쇼핑, 식사시간을 검토하도록 한다. 또한 호텔이나 식사, 교통기관의 종류와 대수, 팁 등을 협의하도록 한다.

상 황	내 용
여행일정과 수배내용	• 정확한 명세 확인 : 목적지의 설정이나 투어의 성격에 따라 수배방법이 다르므로, 회사담당자에게 이 점을 재확인하고 행사 중 거래가 있을 세일러의 이름, 주소, 전화번호, 팩스번호 등을 기록해 두도록 한다.
	• 바우처와 티켓의 수령 : 매수와 내용을 여정과 맞추어 확인한다. 버스(냉난방과 좌석), 철도(침대, 좌석, 등급, 예약의 유무), 선박(등급, 선실의 위치, 몇 인승) 등의 제반사항을 기록해 두도록 한다.
	• 호텔수배 현황 숙박하는 호텔의 등급이나 입지조건, 객실조건, 식사 등을 사전데 숙지하도록 한다.
	• 지불방법 : 대부분의 투어경비는 회사 별도의 지불이므로, 현지에서 서류에 사인 시 철저한 확인이 요구된다. 그러나 옵션, 포터의 팁 등은 현지 지불의 경우가 많으므로 지불관계를 명확히 파악하여 준비하도록 한다.
	• 나이트투어 : 처음부터 투어의 전체요금에 포함시키는 경우, 안나사가 지불하는 경우, 현지에서 고객으로부터 별도요금을 지불받는 경우 등 여러 가지가 있다. 산업시찰의 경우에는 안내사가 버스대를 지불하는 것과 같이 특별한 약속이 있을 수 있으므로, 미리 숙지하고 추후 실제 행사 중에 여행안내 일지에 메모할 수 있도록 한다.
운송서비스	• 여행안내사의 지참금 내역 : 버스운전사의 팁, 공항세 등은 지참금에서 지불되며 이에 대한 서류를 숙지해 두어야 한다. 서류는 지참금의 사용별 명세서, 팁의 지불기준표, 지참금의 사용보고서 등을 준비하도록 한다. 기타로는 비상시의 비용지출, 안내업무에 필요한 통신비나 교통비 등이 있다.
	• 선택관광의 계획과 지불 : 자유시간에 참가자만이 참가 가능한 소여행이나 나이트투어를 선택관광이라고 부른다. 언제, 어디서, 어떤 선택관광이 가능한지 여행일정을 숙지하고 스케줄에 무리가 없도록 주의해야 한다. 바쁜 스케줄 사이에 무리하게 선택관광을 넣는 것도 피곤한 일이지만, 아무것도 없는 날에 선택관광에 대한 계획이 없는 것도 피하도록 한다. 선택관광 지불에 대해서는 어떤 방법으로 누구에게 지불해야 하는가도 숙지하도록 한다.
	• 이탈자(여행도중 단체와 이탈하거나 합류하는 사람) 처리 : 도중에 개인행동을 위해 관광단을 떠나는 사람, 현지에서 도중에 관광단에 합류하는 사람들의 인원수 및 픽업장소를 사전에 숙지하지 못하면 문제가 발생한다. 별도로 행동하는 연락장소라든가 스케줄을 사전에 확인하여 이탈 또는 합류 후에 안내일지에 기록할 수 있도록 한다. 또한 별도의 행동 중에는 수배를 해놓지 않았기 때문에 지불을 어떻게 할 것인가를 사전에 확인해두어야 한다.
	• 미수배, 미예약, 즉 요청된 상황의 것 : 수배의뢰가 확정되지 않아 수배가 요청상태에 있는 경우, 담당자의 지시를 받아야 한다. 이런 경우 행사지에 가야만 결과를 알 수 있기 때문에 확인 연락장소와 변경사항이 있는 경우 어떤 대책을 세워야 하는지 충분히 상담하고 숙지해야 한다.
	• 항공권 발권자와 협의해야 할 내용 : 관광단의 항공권은 안내사가 일괄하여 맡도록 한다. 발권담당자로부터 티켓을 받아 공항에서 안내사가 체크인을 하는 경우와, 체크인을 끝내고 항공사 카운터에서 인도받는 경우가 있으므로 어떤 경우라도 직접 매수와 기재해야 하는 사항을 숙지하도록 한다.
	• 항공운임의 규칙 숙지 : 항공운임의 구성, 마일리지의 여유 등을 사용하고 있는 때와 최저인원, 일수, 별도행동, 지 누락에 관해서도 사전에 숙지하도록 한다.

상 황	내 용
운송서비스	• (항공기, 선박, 열차, 버스 등)의 운송조건, 경유지 등 • 항공기나 선박관광 시 예약확인과 티케팅, 관광신고서 작성 • 기차여행 시 단체 확인수속과 승차권 예매 • 전세버스 차량 확인
여행참가자	• 여행자의 성별, 연령, 직업, 경력, 성격, 취미, 기호 등
여행지의 정보	• 방문하고자 하는 지역의 역사, 지리 등 • 최근에 화제가 되었던 지역에 관한 뉴스 • 가이드북에 없는 현지정보 • 숙박예정 호텔의 소재지 및 주변 환경정보 • 시내관광 코스, 관광 중 하차장소, 소요시간 등
회사에서 수령해야 하는 물품	• 회사 행사안내일지 및 보고서 용지 • 지참금 사용명세서, 선택관광 정산서 • 관광자용 상비약 • 티켓, 바우처 • 여행안내사 지참금
	• 행사진행에 필요한 물품으로 여행객 참가자 명부 : 여행에 참가하는 전원의 성명, 주소, 전화번호, 경우에 따라서는 근무지, 직업 등을 기재한 명부를 여행객들에게 배포할 수 있다.
	• 안내사용의 명단 : 호텔 체크인할 때 대리 기입하여 제출해야 하는 경우를 대비하여고객의 성명, 직업, 주소, 생년월일, 출생지 등이 기입된 일람표를 수령하도록 한다.
	• 여객에 관한 명세서 : 안내사의 업무수행을 위해 사용될 수 있도록 고객의 특징이나 요망사항이 기록된 것. 이것을 보면 고객이 어느 영업소나 리테일러를 통해 접수되었는가를 알 수 있다. 고객에 대해 불명확한 사항은 기입된 영업소나 리테일러에 연락하면 확인할 수 있다.
	• 객실배정표 : 호텔 객실 배정에 사용하는 것 외에 선택관광에 참가하는 고객이나 수료기록을 써넣는데 사용된다. 기타 관광이나 식사 시에 참석하는 사람이 누구인가를 확인하는 데도 이용이 가능하다. 용도가 많기 때문에 충분한 수량을 준비하도록 한다.
	• 호텔과 항공회사 또는 운송회사 리스트 : 호텔 리스트는 고객의 여행 일정표에 기입하는 경우가 많다. 항공운송회사 리스트는 문의사항이 있을 때나 긴급사태가 발생했을 때 미리 숙지하여야 하며 진행상황을 안내일지에 기입하도록 한다.
	• 고객용 여행 일정표 • 회사 행사안내일지 및 보고서용지 • 지참금 사용명세서, 선택관광 정산서 • 관광객용 상비약 • 행사진행에 필요한 물품

5) 행사 후 안내일지 작성

국내여행 행사 후 안내일지는 일일별 순서에 따라 작성하도록 한다. 이 안내일지에는 일정상의 문제점, 관광지에 대한 평가, 현지의 수배상황 등 모든 면에 대해 상세히 기록한다. 여행객들이 만족한 사항, 불만이 제기된 사항, 특히 장기간의 버스여행이 포함된 경우에는 버스운전사에 관한 사항, 그 밖에 현지의 수배상황 및 앞으로의 투어를 기획 및 수배할 경우에 참고가 될 만한 것을 작성하도록 한다. 일반적인 투어라 하더라도 안내사의 일지 내용은 구체적이고 정확해야 한다는 것이다.

이 일지는 다른 동료 여행안내사에게 귀중한 정보가 되기 때문에, 아무리 사소한 것이라도 누락하지 말고 기재하도록 한다. 자신에게는 별것이 아닌 것이라도, 다른 여행안내사에게는 대단히 귀중한 자료가 될 수 있는 것이다.

또한 관광지에서는 호텔이나 극장, 레스토랑 등의 팸플릿을 가급적으로 많이 수집해서 귀국 후 회사에 자료로 제공하도록 한다. 새롭게 개발한 호텔을 이용했을 때에는 호텔 내부의 시설약도를 기재해 두는 것이 좋다.

6) 행사 후 안내일지의 역할

안내일지에는 기록한 안내사의 열의나 활동상황 정도가 직접적으로 나타난다. 현장에서 매일 안내일지를 기록하는 작업을 태만하고, 귀국 후에 일정표와 안내서를 참고로 적당히 작성한 안내일지는 회사에 도움이 되지 못한다. 그에 비해 현장에서 매일매일 기록한 안내일지는 안내사의 일처리에 대한 노력을 생생하게 보여준다. 따라서 명확한 보고서를 제출하여 회사로부터 자신의 활동을 인정받을 수 있도록 해야 한다.

제2절 국내관광상품개발 사례

1. 국내관광상품개발

관광상품은 일반적으로 "관광객의 욕구를 충족시켜줄 수 있는 유·무형의 관광대상 결합물로서 판매를 목적으로 하는 재화와 서비스"로 정의된다. 우리나라의 각 지역의 관광객 수요에 맞는 다양하고 흥미로운 관광상품 개발을 통해 관광객 유입을 극대화하고자 하는데 목적이 있어 직접적인 상품의 판매를 목적으로 하지는 않으나, 관광상품의 구매결정 과정, 우수 관광상품의 사례, 관광상품 마케팅전략 등을 제시함으로써 최근 관광활동 및 관광객 수요에 부응하는 관광상품을 개발할 수 있을 것으로 생각된다. 관광상품의 의미는 관광 목적지에서 관광객의 흥미를 유도하고 관광객 유입을 극대화하기 위한 상품의 형태로 관광활동 및 관광코스를 제시하고 홍보하는 것으로 판단된다.

관광상품의 개발 과정에 대하여는 많은 연구자가 제시하고 있으나, 대부분 아이디어의 창출과 조사, 상품개념 개발, 시험 및 테스트, 마케팅전략 수립, 사업성 분석, 상품 출시, 사후관리 등의 과정을 거친다. 아이디어 창출단계에서는 고객이 누구인지 소비자의 요구 및 욕구조사가 필요하며, 경쟁업체 및 상품의 분배자와 공급자가 누구인지에 대한 결정이 필요하다. 상품의 개발은 관광객이 상품아이디어가 아닌 상품자체를 구매하므로 상품개념으로 개발하여 관광객을 어떻게 유인하는가를 결정한다.

마케팅전략은 표적시장의 설계, 계획된 상품의 포지셔닝, 판매율, 시장점유율 등 목표를 정하고 상품가격, 마케팅 예산, 수익목표를 결정하는 단계이다. 관광상품의 개발 과정에는 관광객을 특성에 따라 세분화 할 수 있다. 관광상품의 시장세분화는 과거로부터 지금까지 기준이 되어 진부한 느낌이 있지만, 아직도 관광객의 연령, 소득, 개성, 동기 등 개인 특성에 따라 요구하는 관광상품의 종류 및 형태가 달라지므로 상품의 특성에 따른 관광객시장의 세분화와 그에 따른 표적시장의 결정이 함께 필요하다.

표 9.3 관광상품의 개발과정

연구자	내 용
Cooper(2001)	아이디어 생성단계 → 기초 조사단계 → 세밀한 조사단계 → 개발단계 → 시험 및 검증단계 → 생산 개시와 시장출시단계 → 출시 후 검토단계
Urban & Hauser(1993)	기회파악 → 설계(Design) → 테스트 → 도입 → 수명주기관리
Hisrich & Peters(1984)	아이디어단계 → 상품개념단계 → 상품개발 → 시험마케팅 → 상업화
Booz-Allen & Hamilton(1982)	신상품 아이디어 탐색 → 아이디어 선별 → 사업성분석 → 상품개발 → 시장시험 → 상업화
김종배(1990)	기회 포착단계 → 상품 개념단계 → 상품 개발단계 → 시험 마케팅단계 → 상업화단계
연경녀(1997)	아이디어 창출 → 아이디어 평가 → 상품개념 개발과 시험 → 마케팅전략 → 사업성분석 → 상품 및 서비스개발 → 직원교육 → 시험시장 → 상업화과정
박석희(1997)	기회파악 → 운영계획 → 상품테스트 → 상품개발 → 출시 → 상품수명주기 관리
김홍철(1998)	개발전략의 방향 설정 → 아이디어 탐색 → 아이디어의 평가 → 사업성분석 → 관광서비스 개발
김천중 · 임화순(1999)	상품개념 형성과정(아이디어의 수집, 아이디어의 심사, 상품개념의 확립과 기획안의 제안) → 상품화 과정(개발, 테스트, 시장도입)
Kotler, Bowen & Makens(1999)	아이디어 창출 → 아이디어 평가 → 상품개념 개발과 시험 → 마케팅전략 → 사업성분석 → 상품 및 서비스개발 → 시험시장 → 상업화 과정

자료 : 유영준 · 송재일 · 임진홍(2010). 『관광상품 기획론』, 대왕사

2. 국내관광상품개발 사례

1) 우리나라의 우수여행상품

문화체육관광부는 여행상품의 품질과 신뢰도를 높이고 여행소비자들의 여행상품 선택에 편의를 제공하며 국내 · 외 여행상품의 경쟁력 확보를 위해 2002년부터 우수여행상품을 선정, 발표하고 있다. 우수여행상품은 상품의 안전성 및 소비자 보호, 독창성, 시장성, 만족도 및 품격 등 4개 항목을 기준으로 심사를 통한 평가점수를 부여하여 선정하며, 인증상품 모음집 발간 · 배포, 인터넷을 통한 상품 홍보, 유관기관 홈페이지 게재, 방송 및 지하철 등을 이용한 광고를 지닌다.

우수여행상품으로 선정된 관광상품을 보면, 제주지역 관광상품 이외에는 대부분의

상품이 수도권 관광객을 대상으로 판매되고 있다. 이는 소규모 및 대규모 단체 관광상품의 판매가 대부분 수도권 지역주민을 대상으로 이루어지고 있는 결과이다. 따라서 수도권 관광객을 위한 이동, 숙박, 식사 등이 편리한 단체관광상품을 제시하고, 그 밖의 지역관광객을 위해서는 개별관광의 편의성을 제공해야 한다.

우수여행상품의 세부적 특성은 수도권 관광객의 흥미를 유도하는 테마로 섬, 바다, 유람선, 웰빙, 지역음식 등을 들 수 있다. 제주도상품 또한 과거의 단순한 관광지의 방문이 아니라 제주 고유문화와 역사, 생태환경을 체험할 수 있는 테마로 구성되어 있다. 여행기간은 대부분 1박 2일이며, 2박 3일 상품 또한 다수 포함되어 있어 짧은 시간에 많은 관광지를 둘러보는 여행이 아닌 여유롭게 지역의 독특함을 충분히 알 수 있는 일정임을 알 수 있다. 이동의 교통수단은 제주 상품과 열차와 연계되는 일부 상품을 제외하고 대부분이 버스다. 이는 관광지 현지에서의 이동수단이 필요함에 따라 연계가 자유로운 버스를 이용하려는데 원인이 있다.

관광상품에서 중요하게 다루어지고 있는 것이 현지에서의 음식부분으로, 현지의 특산물로 구성된 식도락이 관광상품에서 중요한 부분을 차지하고 있다. 관광객의 거주지역에서 볼 수 없는 바다, 섬, 유람선, 생태 등의 관광체험활동과 지역 고유의 대표음식이 관광객 상품선택에 중요한 요인이 되므로, 타 지역과의 차별화된 관광테마와 지역음식의 발굴이 필요하며, 유명관광지를 짧은 기간 내에 스쳐가는 관광보다는 여유롭고 지역의 스토리를 즐기는 수요에 부응하는 관광상품의 구성이 요구된다.

표 9.4 문화체육관광부의 우수여행상품

상품명	일 정	특 징	업 체
명품! 우리나라여행 한려수도 일주 3일	서울 – 하동(녹차밭, 최참판댁) – 남해(금산 보리암) – 사천(창선 · 삼천포대교) – 숙박–통영(미륵산 케이블카) – 거제(외도, 해금강유람선) – 숙박 – 거가대교 – 대구(챔니스의 주택, 약령시, 서문시장) – 서울(2박 3일)	• 버스이동 • 남해안 섬, 바다 체험 • 테마가 다양함 : 소설 스토리, 생태, 케이블카, 대교, 유람선, 근대유산, 웰빙 등 • 각 지역별 대표음식 체험 : 하동(재첩국), 거제(회덮밥, 굴정식), 대구(찜갈비)	롯데관광개발(주)

상품명	일 정	특 징	업 체
명품으로 떠나는 삼다도여행 3일	서울 – 한라수목원 – 숙박 – 제주올레 – 마리나요트 – 마라도 – 더마파크 – 숙박 – 에코랜드테마파크 – 조랑말체험 – 성읍민속마을 – 우도해저잠수함 – 농수산물직매장 – 용두암해녀촌 – 서울(2박 3일)	• 항공, 버스이동 • 제주 올레길 걷기 • 요트 · 해저잠수함 · 승마 등 활동적인 레포츠 체험 • 마라도, 우도, 민속마을, 해녀촌 등	롯데관광개발(주)
전남시티투어 두륜산 케이블카 타고 보길도 2일	서울 – 해남(두륜산 케이블카, 대흥사, 녹우당) – 숙박 – 완도(보길도) – 해남 – 서울(1박 2일)	• 버스이동 • 섬여행	롯데관광개발(주)
경북시티투어 대게 먹고, 한우 먹고, 백암온천 즐기기 2일	서울 – 봉화(이몽룡 생가, 닭실마을) – 울진(불영계곡, 울진엑스포공원, 백암온천) – 숙박 – 영양(금강소나무생태경영림 트레킹, 영양 고추홍보관, 두들마을, 이문열 생가) – 서울(1박 2일)	• 버스이동 • 다양한 스토리(이몽룡, 닭실마을, 금강소나무, 이문열 등) • 차별화된 체험 : 오지 · 생태 테마	롯데관광개발(주)
제주다크투어	제주4 · 3평화공원 – 장생의 숲길 – 소흘개마을 – 돈물 – 화북 환해장성 – 곤을동마을 – 별도봉 – 숙박 – 금산공원 – 하물 – 명월대 – 평화박물관 – 가마오름 – 섯알오름 – 송악산 – 너븐숭이 – 낙선 3.4상 – 해녀박물관 – 수산성 – 정의현(2박 3일)	• 버스이동 • 4 · 3사건 역사유적과 일제군 전쟁유적을 소재로 비극적 역사현장을 대상으로 기억, 배움, 성찰, 반성, 교훈을 테마로 함 • 항공은 개별이동, 제주 현지투어 진행, 전국 모든 지역 관광객 유치	(주)몽치이벤트투어
제주스토리텔링 투어	금산공원 – 금릉석물원 – 엉알 – 숙박 – 쇠소 – 엉또폭포 – 진모살 – 들렁궤 – 갯깍 – 용암지반 – 논짓물 – 용문덕 – 질지슴 – 난드르 – 작목반 – 숙박 – 신찬딘 – 절물자연휴양림 – 성읍민속마을 – 섭지코지 – 해녀박물관 – 농수산직판장(2박 3일)	• 버스이동 • 잘 알려지지 않은 관광지를 중심으로 다양하게 구성, 숨은 비경의 숨은 이야기 제공 • 항공은 개별이동, 제주 현지투어 진행, 전국 모든 지역 관광객 유치	(주)몽치이벤트투어
동고량과 고치허는 우영투어	알작지 – 월대 – 둔비체험 – 금산공원 – 월령선이장자생지 – 엉알 – 수월봉 – 안덕계곡 – 썩음섬 – 작목반 – 소남머리 – 제지기 오름 – 쇠소 – 절물자연휴양림 – 아트랜드 – 광치기 해안 – 해녀박물관 – 농수산직판장(2박 3일)	• 버스이동 • 제주 식도락여행, 제주의 숨은 비경을 관광하고 잘 먹고 잘 쉬는 테마 • 제주육계장, 제주정식, 전복죽 체험 • 항공은 개별이동, 제주 현지투어 진행, 전국 모든 지역 관광객 유치 * 동고량 : 제주도 방언으로 원래 동고량으로 뜻은 대나무도시락 바구니 * 우영 : 제주도 방언으로 집터에 딸리거나 집 가까이 있는 밭	(주)몽치이벤트투어

2) 지역관광 활성화를 위한 상품

지역의 관광상품 운영현황은 광역지자체의 관광홈페이지, 문화체육관광부, 각 지역자치단체 등에서 제시하고 있는 지역의 관광상품을 파악할 필요가 있다. 관광객의 흥미를 유발하고 수요자 중심의 관광정보를 제공하고 있으며, 관광객이 이용하기 편리하도록 다양한 테마와 관광상품 형태를 파악하고 응용할 필요가 있다. 그러나 16개 시 · 도와 세종특별자치시 모두를 살펴보는 것이 좋으나, 6개 광역시의 지역관광 상품 사례만 살펴보고자 한다.

(1) 서울특별시

서울특별시는 서울추천코스20, 도보관광코스, 시티투어버스를 소개하고 있으며, 관광경험자 측면에서 관광활동 후기 형태로 여행담을 제시하는 코너와 잡지 및 방송에 소개되는 형태의 하이서울리포터를 제시하고 있다.

그림 9.1 경복궁 전경

서울추천코스20은 관광객을 세분하여 연인, 가족, 외국인 등으로 구분하고 관광지역별로 테마를 구성하여 관광상품 형태로 관광일정, 교통정보, 체험활동, 소요시간, 비용 등에 대한정보를 제공하고 있다. 세부상품으로는 한국 전통문화 체험코스, 연인 데이트코스, 가족 나들이코스, 대학가 문화코스 - 신촌, 이대, 홍대, DMZ 연결코스 - 휴전선투어, 수원화성 연결코스 - 세계문화유산 탐방, 남이섬 연결코스 - 드라마 촬영명소, 헤이리 연결코스 - 예술과 문화탐방, 비오는 날, 서울 실내코스, 서울 속 세계탐방코스, 공공예술 산책코스, 한강 자전거여행코스, 건축문화유산 탐방코스, 종교건축물 체험코스, 서울 한양도성코스, 강남 베스트코스, 강북 베스트코스 등으로 구성되어 있다.

도보관광은 해설사가 동반하는 17개 코스가 운영 중이며, 예약시스템을 통하여 해설사가 동반하여 함께 걸으면서 설명서비스를 하고 있다. 설명은 한국어, 영어, 일본어, 중국어로 이루어져 내국인뿐만 아니라 외국인에게도 서비스되고 있다. 이 밖에 휠체어로 즐기는 서울관광, 시청각 장애인 도보관광 등 소외계층을 위한 관광지원서비스도 이루어지고 있다.

(2) 부산광역시

그림 9.2 감천문화마을 전경

부산은 테마여행으로 시네마투어, 갤러리투어, 웰빙투어, 나이트투어, 역사문화기행, 누리마루로 구분하여 관광상품 정보를 제공하고 있다. 이밖에 전통문화체험, 자연생태체험, 템플스테이 체험으로 구성된 체험여행과 일정별, 테마별, 이야기별 코스를 선정하여 홍보하고 있다. 테마여행의 경우 각각의 테마로 관광활동이 이루어지는 전체 일정을 구성한 것이 아니라 테마에 따라 관광지를 분류하여 구분된 것으로 관광상품이라고 보기는 어렵다. 반면, 여행코스를 일정, 테마, 이야기별로 구성하여 구체적인 관광지를 관광상품의 형태로 제시하고 있다.

주제별 코스를 보면, KTX를 타고 떠나는 부산여행의 2박 3일 일정, 카메라를 들고 떠나는 부산여행의 1박 2일 일정, 부산 겨울바다 여행의 상품 2가지, 가족과 함께 떠나는 여행(지하철 타고 부산투어)의 상품을 제시하고 있어 KTX의 출발지역, 해양도시, 지하철의 교통수단 등 부산지역의 특성을 반영한 상품의 구성과 관광객 편의를 제공하고 있다.

부산광역시의 대표적인 지역상품 중에는 감천문화마을이 있다. 감천문화마을은 1950년대 6·25 피난민의 힘겨운 삶의 터전으로 시작되어 현재에 이르기까지 부산의 역사를 그대로 간직하고 있는 곳이다. 산자락을 따라 질서정연하게 늘어선 계단식 집단주거 형태와, 모든 길이 통하는 미로 같은 골목길의 경관은 감천만의 독특함을 보여준다. 부산의 낙후된 달동네였지만 문화예술을 가미한 도시재생사업을 추진하면서 지금은 연간 185만 명의 국내·외 관광객이 다녀가는 대표 관광명소가 되었다. 산비탈을 따라 계단식으로 들어선 아름다운 파스텔톤의 집들과, 미로와 같은 골목길이 있어 한국의 마추픽추, 산토리니로 불린다. 2016년에 대한민국 공간문화대상 최고상인 대통령상을 수상하기도 했다.

감천문화마을에서는 아름다운 자연과 어우러진 그림 같은 마을의 풍경을 즐기면서, 골목골목 설치된 다양한 형태의 작품을 감상할 수 있으며, 감천문화마을 내 입주 작가들의 공방을 통해 다양한 공예 체험도 가능하여 관광객들이 끊임없이 찾고 있다. 감천문화마을은 도시재생 사업으로 벤치마킹하기 위해 해외에서도 인기가 있다. 2012년 우간다와 탄자니아의 공무원들이 도시재생 노하우를 익히기 위해 방문한 것을 시작으로, 그 이후 많은 사람들에게 관심을 받으며 외국공무원과 국제기구 관계자, 외신기자 등 국내·외 많은 사람들이 방문하였다.

(3) 대구광역시

대구광역시는 추천관광코스를 국내·외 관광객추천코스, 야간관광코스, 생태관광코스, 의료관광코스, 한방미용코스, 패션뷰티코스, 약령시 한방체험코스, 계절별 관광코스, 대구·경북 역사문화코스, 대구 시티투어, 대구 근교권 투어로 구분하여 방문관광지 정보, 체험내용, 소요시간 등에 대한 정보를 제공하고, 관련 관광상품을 운영하는 여행사의 정보를 제공하고 있다. 특히 대구광역시뿐 아니라 경북지역의 역사문화코스와 연계한 상품과 대구 근교권과 연계된 투어상품을 구성하여 인근지역과 연계관광 활성화를 함께 도모하고 있으며, 스탬프트레일 제도는 관광지 방문을 확인·기념하는 스탬프 날인을 통해서 관광객에게 다른 관광지로의 방문을 유도하고 최종적으로는 대구관광을 홍보하는 요원으로 활용하고 있다.

그림 9.3 대구 계산성당

대구가 자랑하는 음식 10가지를 '대구10미'로 선정하여 대구에서 먹어야 하는 음식으로 홍보하고 있으며, 추천 맛집을 대구맛_名(별난집, 별난맛), 대구맛_麵(면요리), 대구맛_客(손님을 접대하기 좋은 집)으로 구분하여 자세한 정보를 제공하고 있다.

그림 9.4 소래포구

(4) 인천광역시

인천광역시는 테마를 특색 있는 거리, 낚시하기 좋은 곳, 레저/스포츠, 산책하기 좋은 곳, 일몰이 아름다운 곳, 영화/드라마 촬영지, 인천을 배우는 곳, 바다 맞이하기, 과거로의 여행, 드라이브하기 좋은 곳, 체험하는 곳으로 구분하여 각각의 관광지를 소개하고 있다. 그러나 수요자 중심의 상세한 관광정보의 제공이라기보다는 테마에 따라 관광지를 구분하여 제시하는 수준이다. 관광코스는 지역별로 구분하여 당일, 1박 2일, 2박 3일 등 일정에 따라 길안내, 주변관광정보, 추천코스 등의 정보를 제공하고 있다. 특히 인천광역시는 서해안을 끼고 있으며, 많은 섬이 입지한 지역적 특성을 반영하여 인천 섬여행, 일출 · 일몰 10선을 선정하여 홍보하고 있다.

(5) 광주광역시

그림 9.5 된장마을 전경

광주광역시는 가볼만한 곳 20선, 광주8경 5미를 선정하여 광주지역의 관광지 및 음식을 선정 · 홍보하고 있다. 또한 추천관광코스로 서울관광객, 부산관광객, 전남관광객, 제주관광객으로 구분하여 각각의 위치에서 가장 여행하기 좋은 코스를 당일, 1박 2일, 2박 3일로 구분하여 제공하고 있으며,

청소년을 위하여 수학여행코스를 1박 2일, 2박 3일 여정으로 구분하여 정보를 제공하여 수학여행 일정 구성과 여행에 따른 정보와 편의를 제공하고 있다. 또한 광주를 중심으로 인접한 호남권 지역의 다양한 관광지를 연계한 관광코스를 안내하여 광역관광 활성화를 위해 노력하고 있다.

지역 관광지에 대한 흥미유발을 위해서 관광지의 스토리에 대한 다양한 이야깃거리와 기사를 제공하고 있으며, 홈페이지에서 주요 관광지별 오디오가이드를 제공하여 관광지 선정을 위한 정보를 다양한 미디어로 제공하고 있다. 특히 문화중심지의 특성을 반영한 홍보를 위해 동영상, 애니메이션, 포토드라마, 관광갤러리, CF 등 다양한 방법으로 정보를 제공하고 있다.

(6) 울산광역시

울산지역을 대상으로 여행업체에서 판매되고 있는 상품은 거의 전무하다고 볼 수 있다. 그러나 울산광역시에서 개발한 관광상품은 울산지역의 테마여행은 영남알프스, 고래바다여행, 추천코스, 일정별코스, 해안명소, 문화유적탐방, 길따라 · 강따라, 계절별 체험여행으로 구분할 수 있을 정도로 다양한 자원이 있다.

그림 9.6 대왕암공원

3) 지역관광 활성화를 위한 관광해설가의 필요성

지역관광의 활성화를 위해서는 관광자원해설가의 역할과 기능을 생각하고, 기업과 지역정부에서 지역의 관광자원을 스토리텔링 형식으로 개발하여 재밌게 관광객들에게 해설할 필요가 있다. 관광객이 관광목적지의 환경을 이해하기 위한 관광경험의 성격과 축적, 관광경험과 지각과의 관계, 관광경험과 형태, 변화 간의 관계를 충분하게 이해하고 활용해야 한다. 또한 직접적인 관광자원의 해설을 알기 위해 각각의 지역자원을 대상으로 내·외국인의 이용현황 분석, 관광자원 해설효과 분석, 관광자원 해설방법과 내용을 분석하며 바람직한 관광자원 해설체계 방법을 시의에 맞게 활용하고 개발해야 한다.

따라서 아무리 훌륭한 관광자원이 있고 관광횟수가 늘어나더라도 관광객이 관광지의 환경에 매력을 느끼지 못한다면 양질의 관광경험이 이루어질 수 없다. 그러므로 관광객이 주요관광 매력물에 이해수준, 관광자원에 대한 효과적인 전달방법, 그리고 관광자원을 관광객에 재미를 느낄 수 있는 방법 등 여러 가지 문제를 다시 한 번 더 생각해야 한다. 뿐만 아니라 관광목적지에서 개별 국내여행안내사(관광안내통역사)의 역할도 중요하지만, 관광객을 언제나 맞을 수 있는 관광수용 태세가 준비되어 있어야 한다.

4차산업과 여행업

제1절 4차산업혁명의 의미

1. 4차산업혁명의 특징

기원전 3500년 전 고대 사람들이 무거운 물건을 쉽게 옮기기 위해 나무조각 3개를 엮은 '바퀴'가 만들지 않았다면, 지금의 자동차는 존재하지 않았을지도 모른다. 벨Alexander Graham Bell이 최초의 실용적인 전화기를 발명하지 않았다면 오늘날의 스마트폰은 존재하지 않고 여전히 마차, 말이나 횃불을 통해 장거리 의사소통을 했을지도 모른다. 이렇게 인류 역사 변화의 중심에는 새로운 기술의 등장과 기술적 혁신이 자리하고 있었고, 새로운 기술의 등장은 단순히 기술적 변화에 그치지 않고 전 세계의 사회 및 경제구조에 큰 변화를 일으켰다. 기술적 혁신과 이로 인해 일어난 사회·경제적 큰 변화가 나타난 시기를 '산업혁명'이라고 부르고 있다.

인류 역사적 관점에서 보자면 현대사회의 산업혁명과 같은 과학기술적 사건Events은 매우 최근에 발생하였다. 최초의 인류인 '호모 사피엔스'가 등장한 시기가 20만 년 전에서 7, 8만 년 전이고, 농경 중심의 사회에서 현대사회로의 첫 번째 전환점이라고 할 수 있는 제1차산업혁명이 약 200여 년 전에 발생했다는 점은 우리사회가 매우 짧은 시간동안 발전하고 변화하였다는 것을 보여준다. 또한 현대사회로 진입할수록 새로운 기술과 기술적 혁신이 나타나는 주기가 극단적으로 빨라졌으며, 기술의 파급속도도 급격하게 빨라지고 있다.

1876년 벨Bell이 발명한 유선 전화기의 보급률이 10%에서 90%로 도달하는데 걸린 기간이 73년이었으나, 1990년대에 상용화된 인터넷이 확산되는데 걸린 시간은 20년에 불과했고, 휴대전화가 대중화되는 기간이 14년이라는 점은 기술발전의 속도와 더불어 기술의 파급력이 급진적으로 빠르다는 점을 보여주고 있다. 즉 새로운 기술이 등장하고 기술적 혁신이 나타나는 주기가 점차 짧아지며, 그 영향력은 더욱 커지고 있다는 것이다. 이는 현재 우리가 스마트폰이 없는 일상생활을 상상하면 쉽게 이해할 수 있을 것이다.

우리사회는 지금까지 2차례의 산업혁명으로 인한 변화를 경험하였고, 우리는 현재 제3차산업혁명 시대를 살고 있다고 한다. 1차산업혁명은 '기계혁명'이라고도 불리며 18세기 중반 증기기관의 등장으로 가내수공업 중심의 생산체제가 공장생산체제로 변화된 시기를 말한다. 제2차산업혁명에서는 전기동력의 등장으로 '에너지혁명'이라고도 불리며 대량생산체제가 가능해졌다. 그리고 우리는 컴퓨터 및 정보통신기술ICT의 발전으로 인한 '디지털혁명'이라는 3차산업혁명의 시대를 지내고 있으며, 이로 인해 정보화·자동화 체제가 구축되었다.

산업혁명은 역사적 관점에서 보자면 아주 짧은 기간 동안 발생했으나, 그 영향력은 개인 일상생활에서부터 전 세계의 기술, 산업, 경제 및 사회구조를 뒤바꾸어 놓을 만큼 거대하였다. 그리고 새로운 기술의 등장과 기술적 혁신은 계속 진행 중에 있으며 또 다른 산업혁명을 야기하고 있다.

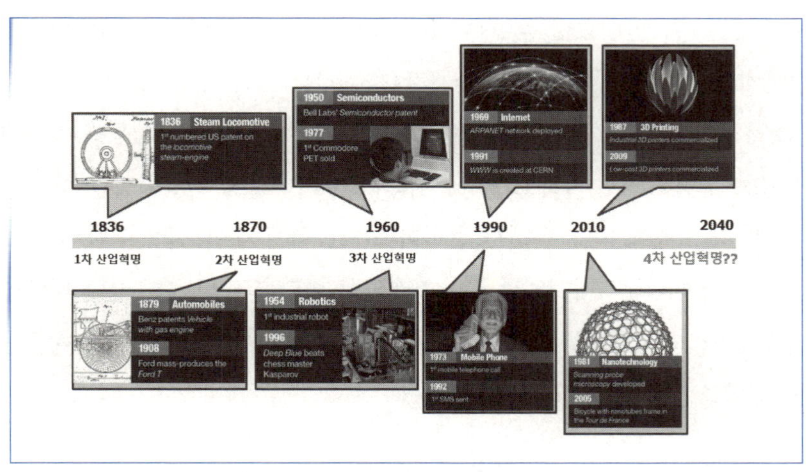

그림 10.1 기술혁명의 변천

3차산업혁명 시대를 지내고 지난 2016년 1월 다보스포럼WEF : World Economic Forum에서는 4차산업혁명이라는 화두가 세상에 던져졌다. WEF는 『The Future of Jobs』 보고서를 통해 4차산업혁명이 가까운 미래에 도래할 것이고, 이로 인해 일자리 지형변화라는 사회구조적 변화가 나타날 것이라고 하였다. 또한 4차산업혁명을 '디지털혁명에 기반하여 물리적·디지털적 공간 및 생물학적 공간의 경계가 희석되는 기술융합의 시대'라고 정의하면서, 사이버물리시스템CPS : Cyber-physical System에 기반한 4차산업혁명은 전 세계의 산업구조 및 시장경제 모델에 커다란 영향을 미칠 것으로 전망하였다.

우리가 인지하고 있지 못하는 사이에 3차산업혁명 시대를 살고 있는 것과 같이, 4차산업혁명 또한 알지 못하는 사이에 우리를 둘러쌀 것이다. 10여 년 전 지하철에서 쉽게 볼 수 있었던 '신문 접어서 보기'라는 에티켓은 '휴대전화를 진동모드로 하고 조용히 통화하기'로 바뀔 만큼 제3차산업혁명의 주요기술인 컴퓨터와 정보통신기술ICT은 이미 우리 일상생활 속에 녹아들어 있다.

지금까지 새로운 기술의 등장과 기술적 혁신에 따른 사회적 변화는 생활 편의성, 생산성 향상 및 새로운 일자리 창출 등의 긍정적인 변화가 주를 이루었다. 그러나 4차산업혁명에서는 생산성 향상이라는 긍정적인 측면과 더불어 일자리 감소라는 부정적 변화가 급격하게 나타날 것으로 보인다.

WEF의 보고서를 기점으로 수많은 미래학자와 연구기관들은 4차산업혁명과 미래사회 변화에 대한 전망들을 논의하기 시작했고 독일, 미국, 일본 등의 주요 국가들은 미래변화에 선제적으로 대응하고 미래사회를 주도하기 위해 정부차원에서 다양한 전략과 정책을 수립하여 추진하고 있다. 따라서 우리나라도 다양한 논의를 기반으로 4차산업혁명의 도래에 따른 미래사회 변화에 대응하기 위한 전략을 마련해야 할 시점이다. 이를 위해서는 4차산업혁명과 미래사회 변화 그리고 주요국의 대응방안 등에 대해 면밀하게 분석할 필요가 있고, 이를 기반으로 우리나라 환경에 적합한 대응방안 및 전략을 모색할 필요가 있다.

2. 4차산업혁명과 미래사회의 변화

(1) 4차산업혁명의 주요변화

4차산업혁명의 특징을 찾기 위해 4차산업혁명을 일으키는 원인을 살펴보고자 한다. 많은 미래 전망 보고서들은 4차산업혁명과 미래사회 변화가 기술적 측면의 변화 동인과 사회 · 경제적 측면의 변화 동인으로 인해 야기될 것으로 전망하고 있다. 특히 「The Future of Jobs(WEF, 2016)」는 업무환경 및 방식의 변화, 신흥시장에서의 중산층 등장 및 기후변화 등이 사회 · 경제적 측면에서의 주요 변화 동인이고, 과학기술적 측면에서는 모바일 인터넷, 클라우드 기술, 빅데이터, 사물인터넷IoT 및 인공지능A.I. 등의 기술이 주요변화 동인이 될 것으로 보고 있다.

보스턴컨설팅Boston Consulting Group, 옥스퍼드대학Oxford Univ 및 CEDACanadian Engineering Development Association 등 주요 컨설팅 기업, 대학 및 연구기관들도 미래사회의 변화 동인과 미래사회 변화에 대한 연구를 수행하여 다음과 같은 결과를 제시하고 있다.

보스턴컨설팅은 「인더스트리 4.0Industry 4.0」에 기반하여 독일 제조업 분야에서 나타나는 노동시장의 변화를 연구했는데, 기술적 측면의 변화 동인들이 일자리 지형에 직접적인 영향을 미쳐 기술발전을 적용함으로써 제조업 생산성이 크게 향상될 것으로 전망하고 있다. 그리고 이러한 변화의 중심에는 빅데이터, 로봇 및 자동화 등의 기술이 자리할 것으로 예측하고 있다(Boston Consulting, 2015).

옥스퍼드대학의 Martin School은 유럽에서의 미래 일자리 지형변화를 연구하였는데, 유럽 노동시장이 글로벌화와 기술적 혁신으로 인해 변화될 것으로 전망하고 있다(Oxford Univ., 2015).

과학기술의 발전이 단순 업무에서부터 복잡한 업무까지 자동화시켜 일자리뿐만 아니라 업무영역에서도 커다란 변화가 나타날 것으로 전망하고 있다. 특히 S/W 및 빅데이터 등 정보통신기술의 발달로 업무영역이 자동화되고, 자율주행기술 및 3D 프린팅 기술 등의 등장으로 일자리 지형이 크게 변화할 것으로 예측하고 있다(Oxford Univ., 2015).

CEDA는 호주 노동시장의 미래변화에 대한 연구를 수행하였는데, 과학기술적 측면과 과학기술 외적 측면에서의 변화 동인을 제시하고 있다. 과학기술 외적으로는 글로벌화, 인구통계학적 변화, 사회변화 및 에너지 부족 등이 변화 동인으로 제시되었고, 과학기술적 측면에서는 클라우드서비스, 사물인터넷IoT, 빅데이터, 인공지능 및 로봇기술 등이 변화 동인으로 제시되고 있다(CEDA, 2015). 또한 세계적 민간기업인

제너럴일렉트릭GE, General Electronics Corp은 미래 공급체인의 발전과 고객니즈 충족과 관련된 기술을 연구하였는데, 다양한 과학기술의 보고서는 다양한 과학기술의 발달이 기업의 공급체인을 발전시키고 고객의 다양한 요구를 충족시켜 경제규모를 더욱 크게 만들 것으로 전망하고 있다. 특히 클라우드, 자동화기술, 예측분석 및 선행제어를 위한 스마트시스템 등의 기술이 미래에 생산성을 높일 기술로 제시되고, 기계의 센서와 커뮤니케이션 기술, 3D프린팅 기술 등은 고객의 니즈를 충족시킬 수 있는 기술이 될 것으로 예측하고 있다(GE, 2016).

이러한 다양한 미래 전망자료를 종합 · 분석해 보면, 과학기술 측면에서 4차산업혁명과 미래사회 변화를 야기하는 주요 변화 동인이 ICBM 6 등 정보통신기술ICT 기반의 기술임을 알 수가 있다. 이를 바탕으로 우리는 4차산업혁명이 가지고 있는 특성을 이해할 수 있을 것이다.

(2) 4차산업혁명의 특징

4차산업혁명은 초연결성Hyper-connected, 초지능화Hyper-intelligent의 특성을 가지고 있고, 이를 통해 모든 것이 상호 연결되고 보다 지능화된 사회로 변화시킬 것이다.

우리사회는 이미 초연결사회로 진입하고 있다. 사물인터넷IoT, 클라우드 등 정보통신기술ICT) 급진적 발전과 확산은 인간과 인간, 인간과 사물, 사물과 사물 간의 연결성을 기하급수적으로 확대시키고 있고, 이를 통해 초연결성이 강화되고 있다. 2020년까지 인터넷 플랫폼 가입자가 30억 명에 이를 것이고, 500억 개의 스마트 디바이스로 인해 상호 간 네트워킹이 강화될 것이라는 전망은 초연결사회로의 진입을 암시하고 있다(삼성증권, 2016). 또한 인터넷과 연결된 사물Internet-connected objects의 수가 2015년 182억 개에서 2020년 501억 개로 증가하고, M2MMachine to Machine, 사물-사물 시장 규모도 2015년 5조 2,000억원에서 2020년 16조 5,000억원 규모로 성장할 것으로 전망되고 있다. 이러한 시장 전망은 초연결성이 4차산업혁명이 도래하는 미래사회에서 가장 중요한 특성임을 보여주고 있다.

4차산업혁명은 초지능화라는 특성이 존재한다. 즉 4차산업혁명의 주요변화 동인인 인공지능AI과 빅데이터의 연계 및 융합으로 인해 기술 및 산업구조가 초지능화된다는 것이다. 2016년 3월 이미 우리는 초지능화 사회로 진입하고 있음을 경험하였다. 인간 '이세돌'과 인공지능컴퓨터 '알파고Alphago'와의 바둑 대결이 그것이다. 바둑판 위의 수많은 경우의 수와 인간의 직관 등을 고려할 때 인간이 우세할 것이라는 전망과 달리 알파고의 승리는 사람들에게 충격으로 다가왔다. 이 대결은 초지능화 사회의 시작을 알리는 단초가 되었고, 많은 사람들이 인공지능과 미래사회 변화에 대해 관심을 갖기 시작했다. 사실 2011년에도 이미 인공지능과 인간과의 대결이 있었다. 미국 ABC방송국의 인기 퀴즈쇼인 '제퍼디!Jeopardy!'에서 인간과 IBM의 인공지능컴퓨터 왓슨Watson과의 퀴즈대결이 있었는데, 최종 라운드에서 왓슨은 인간을 압도적인 차이로 따돌리며 우승했다. 이 대결은 인공지능컴퓨터가 계산도구에서 벗어나 인간의 언어로 된 질문을 이해하고 해답을 도출하는 수준까지 도달했음을 보여주는 사례로 회자되고 있다.

산업시장에서도 딥 러닝Deep Learning 등 기계학습과 빅데이터에 기반한 인공지능과 관련된 시장이 급성장할 것으로 전망되고 있다. 트렉티카보고서에 따르면, 인공지능 시스템 시장은 2015년 2억 달러 수준에서 2024년 111억 달러 수준으로 급성장할 것이고(Tractica, 2015), 인공지능이 탑재된 스마트머신의 시장 규모가 2024년 412억 달러 규모가 될 것으로 보고 있다(BCC Research, 2014). 이러한 기술발전 속도와 시장성장 규모는 초지능화가 4차산업혁명시대의 또 하나의 특성이라는 점을 말해주고 있다.

그림 10.2 인공지능과의 바둑대국

4차산업혁명의 주요변화 동인을 살펴보았고, 초연결성과 초지능화라는 4차산업혁명의 특성을 이해하였다. 이제는 이러한 특성을 통해 미래사회가 어떻게 변화할 것인지에 대해 살펴볼 필요가 있다. 미래사회 변화의 방향에 대한 분석함으로써 우리는 보다 합리적이고 우리나라 현실에 맞는 대응방안을 모색할 수 있을 것이다.

표 10.1 각국의 4차산업혁명

구 분	특 징
독일	빅데이터, 로봇, 자율주행 물류자동차, 스마트 공급망, 자가조직화 기술 등
영국	바이오 및 나노 테크놀로지, 차세대 컴퓨터, 가상현실, 홀로그램, 3D 프린팅 등
미국	클라우드, 자동화기술, 센서 및 커뮤니케이션 기술, 3D프린팅, 소프트웨어, 사물인터넷, 자율주행 자동차 등
호주	클라우드, 사물인터넷, 빅데이터, 인공지능, 로봇 등

(3) 4차산업혁명에 따른 미래사회 변화

많은 미래학자들과 전망 보고서들은 4차산업혁명에 따른 미래사회 변화가 크게 기술·산업구조, 고용구조 그리고 직무역량 등 세 가지 측면에서 나타날 것으로 예측하고 있다. 앞서 언급했듯이 미래사회 변화는 기술의 발전에 따른 생산성 향상 등 긍정적인 변화도 존재하는 반면, 일자리 감소 등과 같은 부정적인 변화도 존재한다. 따라서 미래사회의 다양한 변화를 면밀하게 살펴봄으로써 우리는 보다 현실적이고 타당한 대응 방안을 모색할 수 있을 것이다.

기술·산업적 측면에서 4차산업혁명은 기술 및 산업 간 융합을 통해 산업구조를 변화시키고 새로운 스마트 비즈니스 모델을 창출시킬 것으로 판단된다. 4차산업혁명의 특성인 '초연결성'과 '초지능화'는 사이버물리시스템CSP기반의 스마트 팩토리Smart Factory 등과 같은 새로운 구조의 산업생태계를 만들고 있다. 예를 들어, 사이버물리시스템은 생산과정의 주체를 바꾸게 되는데, 기존에는 부품·제품을 만드는 기계설비가 생산과정의 주체였다면 이제는 부품·제품이 주체가 되어 기계설비의 서비스를 받아가며 스스로 생산과정을 거치는 형태의 산업구조로 변화한다는 것이다. 이로 인해 이미 제조업 분야에서 인간의 노동력 필요성이 점차 낮아지고 있어 '리쇼어링Reshoring' 현상이 나타나는 등 산업생태계가 변화하기 시작했다.

이러한 변화가 반영하듯 보스톤컨설팅그룹BCG은 2013년 보고서에서 미국이 다시 생산기지로 적합해지고 있다고 진단하였다. 이미 제너럴일렉트릭GE : General Electric Corp은 세탁기와 냉장고, 난방기 제조공장을 중국에서 켄터기 주州로 이전하였고, 구글Google도 미디어 플레이어인 넥서스Q를 캘리포니아 주 세너제이에 만들고 있다. 독일은 2011년 제조업의 혁신과 부흥을 위해 정보통신기술ICT과 제조업을 융합하여 사이버물리스템 기반의 '인터스트리 4.0Industry 4.0' 전략을 선제적으로 추진하고 있다.

사물인터넷IoT 및 클라우드 등 초연결성에 기반을 둔 플랫폼 기술의 발전으로 O2O Online to Offline 등 새로운 스마트 비즈니스 모델이 등장할 것이다. 공유경제Sharing Economy 및 온디맨드경제On Demand Economy의 부상은 소비자 경험 및 데이터 중심의 서비스 및 새로운 형태의 산업 간 협업 등으로 이어지고, 정보통신기술과 초연결성에 기반한 새로운 스마트 비즈니스 모델이 등장시킬 것으로 전망되고 있다. 또한 4차산업혁명의 주요 변화 동인이자 기술분야인 빅데이터, 사물인터넷, 인공지능 및 자율주행자동차 등의 기술개발 수준 및 주기를 고려할 때 향후 본격적 상용화로 인해 새로운 시장이 나타날 것으로 예상하고 있다.

4차산업혁명으로 인해 '고용구조의 변화'가 나타날 것이다. 즉 4차산업혁명을 야기하는 과학기술적 주요변화 동인이 미래사회의 고용구조인 일자리 지형을 변화시킬 것으로 전망되고 있는 것이다. 특히 자동화기술 및 컴퓨터 연산기술의 향상 등은 단순·반복적인 사무행정직이나 저숙련Low-skills 업무와 관련된 일자리에 직접적으로 영향을 미쳐 고용률을 감소시킬 것으로 예측되고 있다. 옥스퍼드대학Oxford Univ.의 Martin School은 컴퓨터화 및 자동화로 인해 미래에 사라질 가능성이 높은 직업에 대한 연구를 수행하였는데, 현재 직업의 47%가 20년 이내에 사라질 가능성이 높은 것으로 도출되었다. 특히 텔레마케터, 도서관 사서, 회계사 및 택시기사 등의 단순·반복적인 업무와 관련된 직업들이 자동화 기술로 인해 사라질 것으로 전망하고 있다(Oxford Univ. 2013). 호주는 노동시장의 39.6%(약 5만 명의 노동인력)가 수십 년 내 컴퓨터에 의해 대체 될 것으로 예상하고 있고, 그 중 18.4%는 업무에서의 역할이 완전히 사라질 가능성이 높을 것으로 보고 있다(CEDA, 2015).

독일 제조업 분야에서는 기계가 인간의 업무를 대체함에 따라 생산부문 120,000개

(부분 내 4%), 품질관리부문 20,000개(부문 내 8%) 및 유지부문 10,000개(부문 내 7%)의 일자리가 감소하고 생산계획부문의 반복형 인지업무Routine cognitive work도 20,000개 이상의 일자리가 사라질 것으로 예측되고 있고, 이러한 현상은 2025년 이후 더욱 가속화 될 것으로 전망되고 있다(Boston Consulting Group, 2015). 미국의 경우에도 인공지능, 첨단로봇 등 물리적 · 지적 업무의 자동화로 인해 대부분 업무의 특정 부분이 자동화 될 것으로 보고 있다. 구체적으로는 저숙련 및 저임금 노동인력이 수행하는 단순 업무와 더불어 재무관리자, 의사, 고위간부 등 고숙련 고임금 직업의 상당수도 자동화되어, 인간이 하는 업무의 45%가 자동화될 것으로 전망되고 있다(Mckinsey, 2016).

그러나 일자리 지형 변화와 관련하여 부정적인 전망만 있는 것은 아니다. 4차산업혁명과 관련된 기술 직군 및 산업분야에서 새로운 일자리가 등장하고, 고숙련High-skilled 노동자에 대한 수요가 증가할 것이라는 예측도 존재한다. 특히 산업계에서는 인공지능, 3D 프린팅, 빅데이터 및 산업로봇 등 4차산업혁명의 주요 변화 동인과 관련성이 높은 기술 분야에서 200만 개의 새로운 일자리가 창출되고, 그 중 65%는 신생직업이 될 것이라는 전망도 있다(GE, 2016). 또한 독일 제조업 분야 내 노동력의 수요는 대부분 IT와 S/W 개발 분야에서 경쟁력을 가진 노동자를 대상으로 나타날 것이고, 특히 IT 및 데이터 통합 분야의 일자리 수는 110,000개(약 96%)가 증가하고, 인공지능과 로봇 배치의 일반화로 인해 로봇 코디네이터 등 관련분야 일자리가 40,000개 증가할 것으로 전망되고 있다(Boston Consulting Group, 2015).

마지막으로, 4차산업혁명에 따른 기술 · 산업 측면의 변화와 일자리 지형의 변화는 여기에서 멈추지 않고 고용 인력의 직무역량Skills & Abilities 변화에 영향을 미치고 있다. WEF 보고서에 따르면, 4차산업혁명은 고용인력이 직무역량 안정성Skills Stability에도 영향을 미치고, 산업분야가 요구하는 주요능력 및 역량에도 변화가 생겨 복합문제 해결능력Complex Problem Solving Skill) 및 인지능력 등에 대한 요구가 높아질 것으로 전망되고 있다(WEF, 2016).

다수의 전망보고서에서도 IT 및 STEMScience, Technology, Engineering, Mathematics 분야의 지식이 효율적인 업무수행을 위해 필요함을 강조하고 있다(Oxford Univ., 2016). 특히 미국 제조업계에서는 2018년까지 전체 일자리의 63%가 STEM 분야의 교육이수를 요구하고, 첨단 제조분야의 15% 이상이 STEM 관련 고급학위를 필요로 할 것으로 전망하고 있다(GE, 2016). 또한 미래사회의 고용인력은 새로운 역할과 환경에 적응할 수 있는 유연성과 더불어 지속적인 학제 간 학습Interdisciplinary Learning이 필요하고, 다양한 하드스킬(Hard Skills)을 활용할 수 있어야 한다고 말하고 있다. 로봇이나 기계를 다루는 전문적인 직업 노하우를 정보통신기술ICT과 접목할 수 있는 역량과 더불어 다양한 지식 활용을 기반으로 소프트스킬Soft Skills이 미래사회에서 더욱 중요한 역량이 될 것으로 보고 있다(Boston Consulting Group, 2015).

직무역량과 더불어 자동화 또는 인공지능 등 기술 및 기계의 발전으로 노동력이 대체되더라도 창의성 및 혁신성 등과 같은 인간만의 주요능력 및 영역은 자동화되지 않을 것으로 전망되고 있다. 맥킨지Mckinsey는 미국 내 800개 직업을 대상으로 업무활동의 자동화 가능성을 분석한 결과, 800개 중 5%만이 자동화 기술로 대체되고 2,000개 업무 활동 중 45%만이 자동화 될 것으로 분석하고 있다. 그리고 인간이 수행하는 업무 중 창의력을 요구하는 업무(전체 업무의 4%)와 감정을 인지하는 업무는 자동화되기 어려울 것으로 보고 있다(Mckinsey, 2015).

다양한 미래전망보고서들이 제시하고 있는 4차산업혁명에 따른 미래사회 변화를 종합 · 분석해보면, 4차산업혁명은 기술 · 산업구조 및 고용구조와 같이 사회 외적인 측면에만 영향을 미치는 것뿐만 아니라 역량이라는 사회 내적인 측면이자 인간 개개인의 특성에도 영향을 미치고 있음을 알 수 있다. 이는 미래사회 변화에 대비하기 위해서 사회 외적인 측면에서의 대응과 사회 내적인 측면에서의 대응이 병행되어야 함을 의미한다. 이에 4차산업혁명의 주요 변화 동인 및 특성, 미래사회 변화에 대한 분석을 기반으로 외적인 측면과 내적인 측면의 변화에 대응하기 위해 우리가 취해야 할 전략 방안을 모색해 보고자 한다.

3. 4차산업혁명에 대비한 전략적 대응방안

4차산업혁명과 미래사회 변화는 이미 우리의 가시권 안에 들어와 있다. 많은 미래

전망보고서들이 이야기하고 있듯이, 정보통신기술ICT에 기반한 주요 변화 동인으로 인해 기술·산업구조가 변화하고, 일자리 지형이 변화하며, 미래사회에서 요구되는 직무역량도 변화할 것으로 전망하고 있다. 그리고 이러한 변화는 우리 후손뿐만 아니라 수년 내 우리가 직접적으로 직면하게 될 현실이다. 따라서 중·단기적으로는 미래사회 변화에 대응하기 위한 방안을 마련할 필요가 있고, 보다 장기적 관점에서 미래사회 변화를 주도하기 위한 전략을 수립할 필요가 있다.

4. 4차산업혁명에 대비한 범정부 차원의 전략수립

독일, 일본 등 해외 주요국은 4차산업혁명에 직접적으로 대응하기 위해 다양한 정책과 전략을 수립하여 추진하고 있는 중이다. 상기 언급된 것처럼 독일은 정보통신기술ICT과 제조분야의 융합을 통해 '인더스트리 4.0Industry 4.0, 2011.9'이라는 제조업 혁신전략을 이미 추진하고 있다. 이를 통해 대기업-중소/중견기업 간 협업 생태계 구축, IoT/CPS 기반의 제조업 혁신 및 제품개발 및 생산공정관리의 최적화와 플랫폼 표준화 등을 추구하고 있어 단순 생산기술 고도화에만 초점을 맞추고 있지 않다는 것을 알 수 있다. 일본의 경우에는 4차산업혁명을 주도하기 위해서 '신산업구조비전(2016.4)'을 수립하고 범정부 차원의 7대 국가전략을 선정하여 4차산업혁명을 성장의 기회로 활용하고 있다. 특히 신산업구조비전은 기술(데이터 관련 환경정비 등), 산업 및 고용(산업구조/취업구조 전환 원활화) 및 인력양성(인재육성 등 고용시스템 향상) 등 전 분야에 걸친 범정부 차원의 4차산업혁명 대응전략을 수립하였다.

표 10.2 4차산업과 7대 문화전략 분야

분 야	7대 전략
기술	데이터활용 촉진을 위한 환경정비, 이노베이션 신기술 개발 가속화
산업 및 고용	산업구조 및 취업구조 전환 원활화
인력양성	인재육성 등 고용시스템 유연성 향상
사회 및 경제	금융기능 강화, 지역경제 활성화, 4차산업혁명을 위한 경제사회시스템 고도화

우리나라도 4차산업혁명에 대비하여 범정부 차원에서의 국가 혁신전략을 수립할 필요가 있다. 현재 우리나라도 '차세대 정보 컴퓨팅기술개발사업(미래부)' 및 '제조업 혁신 3.0전략(산업부)' 등 미래기술과 관련된 사업 및 전략을 추진하고 있으나, 4차산업혁명에 따른 미래사회 변화에 대한 국가차원의 거시적이고 체계적인 대응에 한계가 존재한다. 이에 일본 등 해외사례를 참고하여 부처별·분야별 단편적 전략 또는 단순 생산시스템 고도화에서 벗어나, 국가 기술·산업·경제·사회 전반 측면에서 4차산업혁명에 대응할 수 있는 범정부 차원의 혁신전략을 수립할 필요가 있다.

제2절 4차산업과 여행업

전 산업부문에서 4차산업혁명으로의 조류가 빠르게 형성되고 있다. 여행업은 관광산업에 있어서 가장 대표적이며 선두적인 역할을 했다. 그러나 4차산업과 여행업에 대한 변화는 아직까지 큰 변화는 없다.

여행업의 경우 4차산업으로의 준비는커녕 IT로 대변되는 제3차산업 시스템조차 미비한 상황으로 평가된다. 항공사-여행사-랜드사의 획일적인 여행상품 구성 통로와 홈쇼핑, 인터넷 채널 등의 대량 판매가 여전히 위세를 떨치고 있는 것만 봐도 현실을 알 수 있다. 특히 여행사 중심의 여행상품 저가 가격경쟁 구조와 여행사 간 매출 양극화 심화는 여행업이 다양성과 변화를 받아들이기에는 여전히 구시대적 시스템에 갇혀 있다는 것을 나타났다.

항공사와 여행사들이 시스템 구축과 판매채널 확대를 위해 노력하지 않은 것은 아니다. 1990년대 이후 몸집이 커지며 자본력이 생긴 대형 여행사들은 단순인력 중심 구조에서 시스템 중심 구조의 운영방식으로 변화를 꾀했다. 여행업은 콜센터, 가이드, 수배 및 영업인력 등 인력 중심의 운영구조를 크게 바꾸기에는 무리가 있었다. 그래서 IT 전문인력 등용과 부서 설치를 통해 ERP(전사적자원관리), CRS(컴퓨터예약

시스템), 자체 부킹시스템, 재고관리시스템 등을 운영전반에 도입하였으나 일부 대형 업체에 한정되어 있다. 그러나 대부분의 여행업체들은 여전히 아날로그식 예약시스템과 대형여행사 채널에 기댄 소극적인 온라인 채널로 운영하고 있다.

여행업계가 자기업체 위주의 시스템 개발과 상품 저가경쟁에 몰입하면서, 타 산업 대비 선진 IT개발과 업계 간 정보 호환성에 폐쇄성을 벗지 못하고 있다는 의견이 지배적이다. 4차산업혁명으로의 변화 초입에 들어선 지금 여행사 중심의 수동적인 매출채널 구조가 변화를 기대하고 있다. 기존 판매채널과 수익구조에서 빠르게 손 바뀜이 일어나면서, 여행업체들 간의 역학구조도 크게 바뀔 것으로 기대하고 있다.

그림 10.3 4차산업과 여행상품

1. 여행업이 4차산업에 대한 기대

4차산업혁명이 여행업에 가장 큰 영향을 미치는 부분은 '판매 및 수익 채널 접근성의 다변화'가 될 것으로 전망된다. 쉽게 이야기해서 기존 주력상품 판매 채널이 상당 부분 효율성을 잃고, IOT 기반의 다양한 채널에서 단계적인 수익성을 모색해야 생존이 가능하게 됐다는 이야기이다. 이러한 필요성은 수년 전부터 FIT 추세가 강화되면서 소수의 업체만 인지한 상황이었으나, 최근에 들어서는 다수의 업체들이 이 분위기를 만들어 기업의 가치를 창출하려고 하고 있다.

최근 여행사들의 매출 및 이익 순위가 뒤죽박죽 바뀌고 있는 것도 이러한 과도기적 상황과 무관하지 않다. 여행업에서 여전히 패키지 중심 상품이 여행사 매출의 큰 부분을 차지하고 있지만, 수익성 부문에서는 평균 2% 마진도 보장받기 어려워졌다.

FIT가 대세인 것을 알면서도 자사상품과 획일적인 패키지 판매채널에 기대면서, 알짜 FIT 수익은 익스피디아와 같은 외국계 OTA(온라인여행사)들이 잠식하고 있다. 여행업체 간 정보 폐쇄성과 시스템 호환이 불가해 사실상 얼마나 많은 FIT 수요를 빼앗기고 있는지에 대한 데이터조차 전무한 실정이다.

거대 OTA들이 국내에 다양한 업체 및 채널들과 판매 및 마케팅 홍보 제휴 모델을 확대해 갈 경우 전통여행사들이 받는 충격은 시간이 지날수록 예상보다 커질 수 있다.

최근 직판여행사와 카드사들의 여행 관련 매출이 급증하는 것도 변화의 조짐을 암시한다. 최근 직판여행사들의 여행상품 판매는 사상 최고치를 매년 경신하고 있다. 단순히 중저가시장 가격경쟁에서 승리했다고 볼 수도 있지만, 그 이상의 의미를 파악해봐야 한다. 오프라인 대리점을 다수 운영하는 것보다 직판 마케팅, 판매 채널의 효율성을 높이는 것이 매출 및 수익성 향상에 오히려 도움이 된다는 관측이 나오고 있다.

직판여행사들을 통해서도 양질의 여행상품을 예약할 수 있다는 소비자들의 인식이 강해지고 있는 것이다. 물론 이러한 변화에는 직판여행사들의 과감한 홍보 · 마케팅 투자와 판매채널 다각화도 한 몫 했다고 볼 수 있다. 소비자들의 상품정보 채널 접근성이 증대되고 다각화되는 것과 비견해 직판사들의 전략적인 운영전략이 비슷하게 맞아떨어진 결과이다. 또한 여행업의 판매에 있어서 카드사들의 여행부문 매출 확대도 눈여겨봐야 할 부분이다. 현대카드 여행서비스를 대행하고 있는 타이드스퀘어와 롯데카드, KB국민카드 등은 이미 여행사업자로서 세력을 증강하고 있다.

항공권 매출만 봐도 타이드스퀘어는 이미 초대형 여행사들과 어깨를 나란히 하고 있으며 국내의 대표적 신용카드인 KB카드, 롯데카드 등도 항공권 매출 20위까지 진입하는 등 무서운 기세로 올라오고 있다.

카드사들의 경우, 소비트렌드와 유행을 가장 빠르게 반영하고 데이터를 수집하면서, 여행부문 상품 판매에서도 기존 여행사들과는 다른 독자적인 채널과 판매 전략을 만들어 가고 있다. 카드업계의 빅데이터 분석도 진화하고 있는데, 이는 소비트렌드의 정점에 있는 여행 부문 홍보·마케팅 판매에도 활력을 불어넣고 있다.

기존에는 고객이 현재 소비하는 지역과 상품 종류 등을 기준으로 소비패턴을 예상했지만, 여기서 한 발 더 나아가 고객이 가까운 미래에 무엇을 소비할지를 예측하여 미리 서비스하는 방식을 계획 중이다. 일주일 전에 해외출장 티켓을 예매한 고객이 있다면, 이 고객에게 면세점 할인정보를 미리 제공하여 고객이 활용할 수 있게까지 배려한다. 카드사들은 빅데이터 분석 자동화시스템을 구축하여 여행 소비자들의 특성을 수치화하고 개별적인 심층 분석까지 다가가고자 시도하고 있다.

카드업계 관계자는 카드고객들의 빅데이터를 활용한 맞춤형 서비스를 대부분 카드사들이 시행 중으로, 이를 실제 활용하고 적용하기 위한 분석에 공을 들이고 있다며 "보다 효과적으로 어떤 데이터를 어떻게 활용할지가 관건"이라고 말했다.

여행시장의 구조를 간파하고 선진채널 다각화에 공들이는 OTA, 빅데이터를 활용한 소비트렌드를 전략적인 여행상품 판매로 활용하는 카드사들이 증가할수록 정통 여행사들의 입지는 더욱 빠르게 붕괴될 수 있다.

2. 플랫폼의 진화 – 접근성·효율성 극대화

2017년 50주년을 맞은 세계적인 기술축제인 CES(국제전자제품박람회)에서는 인공지능AI, 사물인터넷IoT 같은 첨단 IT·전자기술 등이 자동차, 여행, 레저, 스포츠 등 타 산업과 광범위하게 융합한 형태를 선보였다.

CES 2017의 핵심키워드는 접근성이었다. 인공지능 플랫폼과 같은 시스템이 현실화되고 있는 것이다. 여행시장에도 선진 플랫폼들이 빠르게 자리를 잡아나가며, 소비자들의 상품 접근성을 포괄적으로 보장해주기 시작했다.

FIT 이용자는 20~30대가 대부분이지만, 수년 전부터는 40대 초반 이용자수의 증가율도 높아지고 있다. 그들은 익스피디아, 아고다닷컴, 호텔스닷컴, 부킹닷컴 등을 활용하는 데에 익숙하다. 1~2년 전부터는 스카이스캐너, 호텔스컴바인 등 항공가격이나 호텔가격을 비교하는 플랫폼 사이트 및 앱APP과 친숙해졌다. 카약Kayak, 트래블

하우TravelHow 등 항공과 호텔, 렌터카, 현지투어 등의 가격을 종합 비교할 수 있는 더욱 진보된 시스템까지 출시되고 있고, 여행자들에게 필수 앱으로 자리 잡고 있다.

그림 10.4 스마트폰 대표적인 앱(App)

여행 플랫폼 기술력이 업그레이드 될수록 이용객도 빠르게 증가하고 있다. 더 이상 여행사들이 자체적으로 만든 부킹시스템을 이용할 필요가 없어진 것이다. 신규여행 플랫폼은 더욱 종합적이고 더욱 소비자 요구에 세분화되는 방향으로 진화하고 있다.

온라인여행 커뮤니티에서 하나투어, 모두투어, 한진관광 등 대형여행사들에 관련된 키워드는 찾아보기 힘들어졌다. 개별 여행자들의 관심거리는 특가 항공권, 현지투어, 현지호텔 및 리조트 추천, 특정 풀빌라 · 호텔 · 리조트 브랜드, 먹을거리, 놀거리 등이 주요 관심사이다. 언제나 가격을 쉽게 비교할 수 있으니 자신이 정말 만족할 수 있는 여행계획에 필요한 정보를 수집하고 싶어 한다. 여행정보 제공과 소비트렌드의 접점에서 플랫폼의 역할과 영향력이 갈수록 커질 수밖에 없게 된 것이다.

관광여행 산업이 일찍부터 발달한 서유럽과 북미지역 여행산업은 이미 접근성과 효율성을 극대화한 고객친화적 플랫폼이 여행산업의 중심을 잡아가고 있다. 그만큼 여행시장의 기회와 위협이 상존하고 있기도 하다.

2015년 2월 익스피디아가 13억 달러(약 1조 5,000억원)를 투자해 인수한 오비츠 월드와이드Orbitz Worldwide의 경우 플랫폼 기반의 고급 여행서비스를 제공하여 그 기업 가치를 인정받았다. 하지만 호텔, 항공업계는 일제히 양사의 합병 거부를 미국정부에 요청했다. 플랫폼 사업자의 막대한 시장잠식으로 인한 부작용을 우려했기 때문이다.

한국 여행시장에서 이러한 급진적인 변화까지는 기대하기 어렵겠지만, 여행 빅데이터와 유통 플랫폼을 장악하기 위한 업체들의 경쟁은 한국에서도 속도를 내고 있다.

3. 여행산업의 위기와 기회

4차산업혁명이 여행시장의 기본 속성을 변화시킬 수는 없지만, 유통구조와 접근성의 틀을 바꿀 것은 자명해 보인다. 이와 더불어 사물인터넷 발달로 여행 전반의 인프라가 데이터 자동화, 가상현실화 될 가능성도 높아졌다.

일본 나가사키현 소재 유명 테마파크인 하우스텐보스 내에 헨나Henn-na 호텔에서는 안드로이드 로봇직원이 프런트에서 체크인을 하고 포터로봇이 짐을 방으로 옮겨주고 있다. 사람이 하던 업무의 70%를 자동화시켜 인건비의 1/3 가량을 줄인 이 호텔은 인간 같은 로봇들로 인해 저비용호텔 운영이 가능하게 되었다. 호텔 오픈 당시 72호실, 직원 30명으로 개업한 이 호텔은 1년만에 객실을 144호실로 두 배 늘렸지만, 직원은 오히려 10명으로 줄었다. 직접 해외여행을 하지 않고도 가상현실VR을 통해 원하는 여행과 액티비티를 즐길 수 있는 장치도 개발되고 있다. 영국에 직접 가지 않고도 가상현실을 통해 페달을 밟으며 런던 자전거여행을 할 수 있게 된 것이다.

인공지능화 된 자동응답시스템의 도입으로 여행사나 항공사 콜센터 관련 인력은 갈수록 줄어들 것으로 보이며, 여행예약 발권도 대부분 시스템 플랫폼이 장악하게 될 것으로 전망된다.

4차산업혁명으로 인한 새로운 도구와 인프라가 관광산업의 인력구조와 체질 자체를 뒤흔들 가능성이 더 커지고 있다. 또한 이러한 변화는 여행업계에게는 기회와 위기로 작용해, 창조적인 여행상품과 IT 융합상품 개발을 촉진하는 촉매재가 될 것으로 보인다.

그림 10.5 여행상품과 IT 융합상품 개발

4차산업혁명의 영향이 여행 · 관광산업에 모두 긍정적인 것만은 아니다. 관광산업을 포함한 대부분의 분야에서 부정적인 요소로 지적하고 있는 점은 바로 일자리 감소이다. 인공지능과 로봇을 활용한 자동화는 결국 전통적 개념의 일자리를 상당부분 감소시킬 것이라는 우려이다. 실제로 올해 일본에서는 로봇이 객실안내 등의 업무를 맡는 '로봇호텔'이 등장해 여러 각도에서 시사점을 던졌다. 2016년 세계경제포럼에서도 인공지능과 로봇의 영향으로 2020년까지 약 510만 개의 일자리가 감소할 것으로 예측한 바 있다. 하지만 여행업은 인적 · 물적 서비스가 함께 제공되는 만큼 4차산업혁명과 여행업에 관련해서는 심도 있는 많은 논의가 제고되어야 한다.

REFERENCES

박융수(2013). 국가직무능력표준 구축과 평생직업교육 정책방향, 『직업과 인력개발』, 16(5): 126-133.

교육부(2015). 2015 개정 교육과정 질의 · 응답자료, 교육부.

______(2015). 한국연구재단(2015). NCS (국가직무능력표준) 기반 교육과정 가이드라인: 개발, 운영, 및 평가, 질 관리, 교육부 · 한국연구재단.

______(2016). 전문대학 국가직무능력표준(NCS) 기반 교육과정 가이드라인 요약, 교육부.

교육부 · 고용노동부(2014). 국가역량체계(NQF) 구축을 위해 2014년부터 시범사업추진: 보도자료.

김동연 · 김진수(2014). 실전창의형 인재양성을 위한 NCS 기반 직업교육과정의 모형 개발, 『대한공업교육학회지』, 39(2), 101-121.

김미성(2017). 호텔관광경영학과의 NCS 기반 교육서비스품질이 자발적 행동의도에 미치는 영향: 지각된 가치와 교육만족의 매개효과. 배재대학교대학원 박사학위논문.

김병헌 · 윤문길(2008). 인터넷 발전과 유통구조 변화: 항공 · 여행 유통을 중심으로, 『한국항공경영학회 추계학술대회 발표논문』, 52-71.

김영규(2015). 관광분야 NCS 기반 교육과정개발과 적용에 관한 연구, 『관광연구』, 30(2): 81-95.

김영규 · 김명신(2006). 『여행업과 항공업의 이해』, 한올출판사.

김용상 · 김천중 · 이주형 · 이경모 · 차길수 · 이재섭(2003). 『여행사 경영실무』, 대왕사.

김원수(1995). 『일반상품학』, 법문사.

김주영 · 유영준(2012). 『울산관광 상품개발 연구』, 울산발전연구원.

김지선(2007). MOW(Meaning Of Work) 측정지표에 따른 일과 여가의 관계: 일지향형과 여가지향형을 중심으로, 한양대학교대학원 석사학위논문.

김지선 · 이훈(2009). 문화유산으로서 고궁관광 평가: 진정성과 HISTOQUAL을 중심으로, 한국관광학회 학술대회 발표논문.

류정아 · 홍기원 · 우주희(2007). 인구구조 변화에 따른 미래 문화수요 분석 및 대응방안, 한국문화관광연구원.

문화체육관광부 · 한국관광공사(2010). 『한식체험 관광상품개발연구』.
박동열(2013). 국가직무능력표준(NCS)을 활용한 역량교육 추진실태와 과제, 『The HRD Review』, 52-71.
박석희 · 박희주(2013). 『관광자원해설 이야기로 풀기』, 백산출판사.
백평구(2013). 대학생 핵심역량 수준과 대학생 개인변인의 관계 및 특성, 『교양교육연구』, 7(3), 349-387.
삼성증권(2016). 삼성증권보고서.
서선(2008). 한국지역의 국제선 항공권 발권수수료 연구, 『관광경영연구』, 35: 20-45.
서헌(2016). 국가직무능력표준(NCS) 학습모듈에 관한 연구, 『관광레저연구』, 28(5): 205-218.
안대희 · 박종철 · 석미란 · 양봉석 · 전영상 · 최규식(2011). 『여행사경영론』, 백산출판사.
오훈성 · 김향자 · 윤소영(2007). 여가사회변화에 따른 여가전문인력 개발, 한국문화관광연구원.
유영준 · 송재일 · 임진홍(2007). 『관광상품기획론』, 대왕사.
윤대순(1986). 『여행사경영론』, 서하문화사.
______(2002). 『여행사경영론』, 기문사.
이경모(1998). 이벤트여행 상품개발에 관한 연구, 경기대학교대학원 박사학위논문.
______(2005). 『SIT : 미래관광의 대안모색』, 대왕사.
이경모 · 김창수(2005). 『세계와 여행』, 대왕사.
이미혜(2006). 『관광상품론』, 대왕사.
이선희(2005). 『여행업경영개론』, 대왕사.
이선희 · 김근종(2003). 『관광서비스』, 백산출판사.
이순구 · 박미선(2014). 국가직무능력표준(NCS) 활용을 통한 호텔자격제도 개선에 관한 연구, 『관광레저연구』, 26(3): 185-201.
이정훈(2007). 『여행사경영실무』, 형설출판사.
임화순 · 김천중(1998). 『관광상품론』, 학문사.
정찬종(1991). 『여행사경영관리론』, 백산출판사.
조정윤(2015). 국가직무능력표준(NCS)과 국가역량체계(NQF)의 핵심쟁점과 향후과제, 『THE HRD REVIEW』, 18(5): 8-21.
______(2015). 평생학습중심대학과 NCS 활용사례, 『한국직업자격학회 학술대회논문집』, 186-190.

천덕희 · 민정아 · 김경희 · 서정원(2017). 『항공발권실무』, 대왕사.

천덕희 · 민정아 · 김경희 · 서정원 · 장윤희(2014). 『항공예약실무』, 대왕사.

천덕희 · 민정아 · 김경희 · 최현묵(2017). 『여행사경영과 실무』, 대왕사.

최동선 · 김상진 · 김선태 · 나현미 · 변숙영 · 옥준필 · 이남철 · 이영민 · 정향진 · 홍선이(2015). 국가직무능력표준(NCS) 기반 고교직업교육 교과교육과정 개발 연구, 교육부 · 서울특별시교육청 · 한국직업능력개발원.

최동선 · 김상진 · 김선태 · 나현미 · 변숙영 · 옥준필 · 이남철 · 이영민 · 정향진 · 홍선이(2015). 국가직무능력표준(NCS) 기반 고교직업교육 교과교육과정 개발연구, 교육부 · 서울특별시교육청 · 한국직업능력개발원.

최승국 · 이낙귀 · 오수경 · 윤세환 · 김도경(2007). 『여행사실무론』, 현학사.

표성수 · 장혜숙(1994). 『최신 관광계획개발론』, 형설출판사.

한국교육개발원(2011~2013). 교육통계연보.

한국산업인력공단(2016). 국가직무능력표준(NCS) 학습모듈, 한국산업인력공단.

한희영(1988). 『상품학총론』, 삼영사.

BCC Research(2014). *BCC Research: Market Research Reports & Industry Analysis.*

Boston Consulting Group(2015). *The Most Innovative Companies 2015.*

CEDA(2015). *CEDA Annual Report 2015.*

Douglas, F.(1989). *Travel and Management, Macmilan Education Ltd.*

GE(2016). *GE Annual Report 2016.*

Merle, C.(1994). *New Product Management, 4th edition*, Illinois : Richard D. Irwin.

Oxford Univ.(2013). *Financial Statements 2013/14.*

__________(2015). *Financial Statements 2015/16.*

Philip, Kotler, John Bowen & James Makens(1996). *Marketing for Hospitality and Tourism.* 2nd edition, Prentice-Hall International Inc.

Rigas, D.(2001). *The Airline Business in the 21st Century.* Routledge.

Salah, W.(1975). *Tourism Management.* Tourism International Press.

Tractica(2015). *Artificial Intelligence for Enterprise Applications to Research.*

WEF(2016). *World Economic Forum Annual Meeting 2016.*

World Economic Forum(2016). *The future of jobs : Employment, skills and workforce strategy for the fourth industrial revolution*. World Economic Forum, Geneva, Switzerland.

http://korean.seoul.usembassy.gov
http://news.joins.com/article/22107774
http://stat.tour.go.kr/ptour1/index.do
http://www.airport.kr/airport
http://www.carlsonwagonlit.com
http://www.chinaemb.or.kr/kor
http://www.ftc.go.kr
http://www.insight.co.kr/news/125738
http://www.jtb.co.jp.
http://www.mcst.go.kr
http://www.ncs.go.kr
http://www.nso.go.kr
http://www.oneworld.com
http://www.skyteam.com
http://www.staralliance.com
http://www.thomascook.com
http://www.traveltimes.co.kr
http://www.tui-group.com
http://www.work.go.kr
http:/www.career.go.kr

Profile

김규영

호주국립대학교대학원 영어교육학과(문학석사)
동아대학교대학원 관광경영학과(관광경영학박사)
현) 부산파이낸스 뉴스 국제위원
현) GMT Global Edx 대표
현) 경남정보대학교 호텔관광계열 겸임교수
전) 경주대학교 관광경영학과 교수
(사)한국관광학회 평생회원
(사)한국관광학회 특별분과 상임부회장 및 부산지역 위원장

【저 서】 관광자원론, 의료영어서비스
【연구논문】 관광목적지의 물리적 환경이 감정적 반응과 행동의도에 미치는 영향 외 다수의 연구논문이 있음

이정은

동아대학교대학원 관광경영학과(경영학석사)
동의대학교대학원 호텔관광외식경영학과(경영학박사)
현) 이코노앤리서치 컨설팅 대표
현) (주)해맑은네트웍스 여행사업부 이사
전) 경주대학교, 동명대학교, 광주대학교 외래교수
전) 농촌진흥청 국립농업과학원 연구원
(사)한국관광학회 평생회원
(사)대한관광경영학회 평생회원
(사)한국관광산업학회 이사
관광종사원자격증(국내여행안내사, 호텔서비스사)
커피조리사자격, 커피조리사 심사위원자격, 커피조리사 교육자자격

【저 서】 관광자원론, 환대산업인적자원관리
【연구논문】 관광목적지의 러브마크, 브랜드 동일시, 브랜드자산 및 행동의도와의 관계 외 56편의 연구논문이 있음

석미란

계명대학교대학원 관광경영학과(경영학석사)
계명대학교대학원 관광경영학과(경영학박사)
(주)대구코오롱세계일주 기획실장
현) 구미대학교 호텔관광과 교수

【저　　서】 성공적인 국제매너, 관광법규, 현대관광자원론, 최신여행사경영론, 관광학원론
【연구논문】 노인 여가실태 및 서비스만족도
외 관련 논문 다수

변효정

경기대학교(관광학박사)
경기대학교 관광종합연구소 연구원
한국이벤트컨벤션학회 편집간사
경기대학교, 배재대학교, 목포대학교, 초당대학교 등 출강
현) 코리아트래블 근무
현) 한빛여행개발 근무